高等职业教育"十三五"规划教材

信息检索与利用

主编 庞慧萍 罗 惠

北京理工大学出版社
BEIJING INSTITUTE OF TECHNOLOGY PRESS

图书在版编目（CIP）数据

信息检索与利用 / 庞慧萍，罗惠主编 . —北京：北京理工大学出版社，2017.7
（2019.7 重印）

ISBN 978 - 7 - 5682 - 4066 - 6

Ⅰ . ①信⋯　Ⅱ . ①庞⋯②罗⋯　Ⅲ . ①信息检索　Ⅳ . ①G254.9

中国版本图书馆 CIP 数据核字（2017）第 112972 号

出版发行 / 北京理工大学出版社有限责任公司

社　　　址 / 北京市海淀区中关村南大街 5 号

邮　　　编 / 100081

电　　　话 / （010）68914775（总编室）

　　　　　　（010）82562903（教材售后服务热线）

　　　　　　（010）68948351（其他图书服务热线）

网　　　址 / http：//www. bitpress. com. cn

经　　　销 / 全国各地新华书店

印　　　刷 / 三河市天利华印刷装订有限公司

开　　　本 / 787 毫米 ×1092 毫米　1/16

印　　　张 / 13.5　　　　　　　　　　　　　　　　责任编辑 / 王玲玲

字　　　数 / 311 千字　　　　　　　　　　　　　　文案编辑 / 王玲玲

版　　　次 / 2017 年 7 月第 1 版　2019 年 7 月第 6 次印刷　　责任校对 / 周瑞红

定　　　价 / 39.80 元　　　　　　　　　　　　　　责任印制 / 李志强

前　　言

自 1984 年国家教委（现教育部）发布《关于在高等学校开设〈文献检索与利用课〉的意见》文件以来，文献信息检索教育在高校陆续展开。经过多年的发展，信息检索课已经成为我国高等院校培养大学生信息素养最为普遍的公共课之一。

信息检索课程是一门应用性极强的公共基础课，对于着重培养实用型、应用型、高素质技能人才的高职高专院校而言，开设此课程，不仅可以为学生自主学习和创新能力的培养奠定基础，更有助于学生终身学习能力的培养。

全书共 13 章，分三部分。第一部分为基础篇（第 1～4 章），主要介绍了信息素养概述、信息检索基本知识、信息检索的方法、信息检索的途径及步骤、计算机信息检索技术；第二部分为工具篇（第 5～10 章），主要介绍了图书、期刊论文、网络信息资源、专利、标准及网络开放资源的检索与利用；第三部分为实用篇（第 11～13 章），主要介绍了检索报告、文献综述及毕业论文的撰写。

本书由四川国际标榜职业学院庞慧萍、罗惠主编，其中第 1、2、5、6、10、11 章由罗惠编写，第 3、4、7、8、9、12、13 章由庞慧萍编写。

在教材编写过程中，我们参考了国内外大量的文献资源，借鉴了许多机构的网上资料，以及国内已出版的同类教材和专著，在此向文献作者表示感谢；同时，得到了学院领导及同行专家的大力支持与指导，在此表示真诚谢意。

由于编者水平有限，书中难免存在疏漏和不妥之处，敬请读者谅解并批评指正。

编　者

目　　录

第一篇　基础篇

第二篇 工具篇

第一篇
基础篇

第一章

导　论

信息素养是信息时代大学生必备的基本素质，检索课是实施我国大学生信息素养教育的核心课程。国家非常重视大学生信息素养的教育，原国家教委和教育部分别在 1984 年、1985 年和 1992 年印发了《关于在高等学校开设"文献检索与利用课"的意见》等 3 份指导文件，目的是提高大学生的文献检索技能和基本情报意识。由此开始，以检索课为核心的、最初形态的信息素养教育便开始在高校开展起来。

为了跟上科学技术发展日新月异的步伐，适应四化建设的需要，高等学校在给学生传授基本知识的同时，必须注重培养学生的自学能力和独立研究的能力。让学生具有掌握知识情报的意识，具有获取与利用文献的技能，是培养学生能力的一个重要环节。根据国外的做法和我国部分高校近几年的经验，在高校开设文献检索与利用课程很有必要。各高等学校（包括社会科学和理工农医各专业院校）应当积极创造条件，开设文献检索与利用课。有条件的学校可作为必修课，不具备条件的学校可作为选修课或先开设专题讲座，然后逐步发展完善。

——教育部《印发〈关于在高等学校开设《文献检索与利用》课的意见〉的通知》【（84）教高一字 004 号】

开设文献检索与利用课的目的，在于使大学生和研究生增强情报意识，初步掌握利用文献与情报的技能。它不仅有助于当前教育质量的提高，还是教育面向未来的一个组成部分，对人们不断吸收新知识，改善知识结构，提高自学能力和研究能力，发挥创造才能都具有重要的意义。各高等院校应当对开设文献检索与利用课予以足够重视，采取有力措施，不断提高教学质量，并使之稳步发展。

——国家教委《印发〈改进和发展文献课教学的几点意见〉的通知》【（85）教高一司字 065 号】

文献检索课是培养学生的情报意识，掌握用手工方式和计算机方式从文献中获取知识和情报的一门科学方法课本课程的任务是：使学生了解各自专业及相关专业文献的基本知识，学会常用检索工具书与参考工具书的使用方法，懂得如何获得与利用文献情报，增强自学能力和研究能力

——教高司《印发〈文献检索课教学基本要求〉的通知》【（92）教高司一字 44 号】

高职院校作为高校的一个重要组成部分，非常重视高职学生的信息素养教育。2012 年 12 月，教育部高等学校图书情报工作指导委员会高职高专工作组在《全国高职高专院校图

书馆建设指南》中再次强调，图书馆的主要任务：开展信息素养教育，培养读者的信息意识，提高读者有效获取信息、准确评价信息、合理使用信息的能力。

第一节 信息素养

一、信息素养的概念

"信息是资源，信息是机遇，信息是资本，信息是智慧的源泉。没有信息，世界似是一片灰暗；有了信息，如同万物有了光明。"[①] 为了适应信息社会的生存环境，信息素养成为与科学素养、人文素养并列的大学生素质修养。

信息素养（Information Literacy）又称信息素质（Information quality）、信息能力（Information Competency）等。20 世纪 60 年代时的图书馆用户教育，可以认为是信息素养教育的雏形。1974 年，美国信息产业协会主席保罗·泽考斯基（Paul Zurkowaski）提出信息素养的概念，在提交给全美图书馆学与信息科学委员会的报告中首次使用了"信息素养"一词，他认为：信息素养是利用大量的信息工具及主要信息源解决具体问题的技能。目前得到普遍认可的信息素养定义是 1989 年由美国图书馆协会（American Library Association，ALA）发表的信息素养研究报告中提出的：信息素养是人们能够充分认识到何时需要信息，并有能力去获取、评价和有效利用所需要的信息的能力。信息素养是一种基本能力，是一种对信息社会的适应能力。

越来越多的国家和组织开始研究和重视信息素养。2003 年 9 月，联合国教科文组织（UNESCO）和美国图书情报学委员会（NCLIS）联合召开的信息素质专家会议（Information Literacy Meeting of Experts，Prague，The Czech Republic）上发布了《布拉格宣言：走向信息素养社会》（the Prague declaration "towards an information literate society"）[②]，将信息素质定义为一种能力，它能够确定、查找、评估、组织和有效地生产、使用和交流信息，并解决面临的问题。《布拉格宣言》宣称信息素质是人们有效参与信息社会的一个先决条件，是终身学习的一种基本人权。

"信息素养"的概念是 20 世纪 90 年代中期被介绍到国内的，但是我国的信息素养教育得到国家的重视可以追溯到 1984 年教育部下发的关于"文献检索课"的文件。2002 年 1 月，在哈尔滨召开的全国高校图书情报工作指导委员会在"全国高校信息素质教育学术研讨会"上开拓性地将"文献检索课学术研讨会"改名为"信息素质教育学术研讨会"。在 2004 年召开的中国图书馆学会年会、上海国际图书馆论坛等会议上，均将"信息素质教育"作为其中的讨论议题。2004 年 12 月 15 日，在广州由北京、天津、山东、广东联合举办了"高校信息素养教育研讨会"。从 2006 年在杭州召开"网络环境下信息素养教育创新发展研讨会"之后，虽没有明确性地对会议名称做出更改，但之后的全国性会议均以"信息素养教育"为会议基本名称，"信息素养教育"这一基本术语逐渐得到广泛应用和共识。自此，

---

① 黄如花. 信息检索. http://www.icourse163.org/course/WHU - 29001.

② http://portal.unesco.org/ci/en/file_download.php/0fee090d5195b370999e02f7b2f5d52bPragueDeclaration.pdf.

一些大学在申请项目中开始了有关信息素养课题的研究，涉及信息素养教育学的理论体系、学科建设、专门人才的信息素养教学等方面。

就目前来看，国内开展信息素养教育的主要形式是开设文献检索课、信息检索课，或者信息检索与利用等课程。其实文献检索课、信息检索课、信息素养教育可以说在一定程度上是同根同源的，只不过随着计算机科学技术和网络技术的不断进步，传统的以文献检索课为首的信息素养教育开展方式已经不能适应信息时代的不断变化和发展，所以说，信息素养教育是一门与时俱进的课程，既要保留检索课的知识沉淀，又要随着计算机技术和网络技术的不断发展而不断改革。

二、信息素养的内涵

1. 信息意识

信息意识包括两方面含义：一是在信息行为过程描述时所用的"信息意识"，它与信息意识的觉醒重叠，即"意识到自身存在信息需求"，因此应该理解为信息的觉知或觉醒，通俗地讲，就是人对周围信息敏锐的感受力、判断能力和洞察力，即人对信息的敏感程度，以及捕捉、判断、分析、评价、利用信息的自觉程度；二是作为信息素养培养目标的信息意识，主要指对信息的主动性、敏感性和持久性等，简单地说，信息意识就是当你不知道某个知识或者不懂东西的时候，要积极主动寻找答案，知道到哪里找，用什么方法找。信息意识属于意识形态范畴，一个人如果缺乏信息意识，就无法产生强烈的信息需求，也不会有合理利用信息资源的内在动力。信息意识被称为信息素养的灵魂。信息意识包括以下几个方面：

（1）对信息有敏锐的感受力

人们常常会问为什么牛顿会发现地球引力，是因为一个苹果吗？可是每天都有那么多的苹果落在地上，为什么偏偏是牛顿呢？百度的创始人李彦宏说，1999 年是百度诞生的最好的时机，现在无论是谁都无法再做一个百度出来。信息能否被利用取决于人们对于信息的态度，也就是取决于一个人的信息意识，而不是取决于信息本身所具有的价值。只有对信息有敏锐的感受力，才会有及时、迅速的信息行为，面对浩如烟海、杂乱无序的信息，他才能够去粗取精，去伪存真，进行识别，并做出正确的选择。

（2）对信息具有持久的注意力

我国最著名的"照片泄密案"，就是 1964 年《中国画报》封面刊出的一张照片。大庆油田的"铁人"王进喜头戴大狗皮帽，身穿厚棉袄，顶着鹅毛大雪，握着钻机手柄眺望远方，在他身后散布着星星点点的高大井架。日本情报专家据此解开了大庆油田的秘密，他们根据照片上王进喜的衣着判断，只有在北纬 46°～48°的区域内，冬季才有可能穿这样的衣服，因此推断大庆油田位于齐齐哈尔与哈尔滨之间。再结合其他有关报道，如《人民日报》刊登的文章中写道："王进喜同志到了马家窑，说了一声好大的油海呀！我们要把中国石油落后的帽子扔到太平洋里去。"日本公司分析：马家窑就是大庆的中心，"好大的油海"暗示着油田的储量很大。再如《人民日报》中报道说："工人阶级发扬了一不怕苦二不怕死的革命精神，大庆的设备不用马拉车推，完全是肩扛人抬。"日本公司分析：油田不会远离火车站，远了就拉不动设备。后来日本公司派了一个经济间谍以游客的身份到东北，研究铁路路线，发现了油罐车，顺着铁路找到了离马家窑不远的车站。通过照片中王进喜所握手柄的架势，推断出油井的直径；从王进喜所站的钻井与背后油田间的距离和井架密度，推断出油田的大致储量和产量。日本情报专家通过对大庆油田相关情报持久的注意力，再通过相关分析，推断出一系列准确情报，根据这些情报，他们迅速设计出适合大庆油田开采用的石油设备。当我国政府向世界各国征求开采大庆油田的设计方案时，日本人一举中标，向我国高价推销采油设施，获得了可观的经济利益。

信息使用者要习惯用探索性的目光长期、持久地关注某一方面的信息，通过观察分析相关信息，得出创新性的信息，从而产生巨大的经济利益。在信息社会中，先进的技术不在于谁先发明，而在于谁先利用。谁先掌握有价值的信息，谁就掌握了事物的主动权。正因为如此，有人曾把信息意识比作雄鹰的翅膀，宽大强劲，不畏山高路远，瞬时可把人们带入一个全新的天地。

（3）对信息价值具有判断力

只有对信息价值具有高度的洞察力、判断力，才会有合理的、有效的信息行为，才会更多、更好地开发利用信息资源，使之产生巨大的经济效益和社会效益。马云是中国互联网经济背景下具有传奇色彩的人物，但是不难发现，马云具有独到的信息的判断能力。1995 年，马云在美国第一次接触互联网，发现在神奇的互联网上居然找不到一点儿中国的信息，感到震惊和不可思议，敏锐的直觉告诉他，互联网肯定会影响整个世界，而中国还没有，马云的脑海中闪出一个念头："回国创业，做 Internet！"他对互联网未来的走势的判断力决定了他今天在中国互联网经济时代的地位。

综上所述，同一种信息，如果被信息意识水平较强者利用，则可能发挥较高的利用价值；如果被一个信息意识平庸的人利用，其价值只能发挥出一部分，甚至全部淹没。如果一个人信息意识还没有达到发现、认识、评价某种信息价值的程度，没有实际掌握利用方式或不善于使用现代化技术手段等，那么就无法将这种信息纳入自己的利用范畴。

2. 信息知识

信息知识是指与信息获取、评价、利用等活动有关的知识、原理和方法，包括传统文化素养、信息的理论知识、现代信息技术及外语能力，是指人们对信息的基本常识、信息的使用工具、信息的获取储存、信息的传递控制、信息的创新升值等的掌握和了解。不管是信息理论知识还是信息技术知识，都是以传统文化知识为基础的，如果没有扎实的文化知识基础，是不可能具备丰富的信息知识的。

（1）文化素养

文化素养包括读、写、算的能力。阅读是获取信息的基本能力，快速阅读、精确阅读的能力都是一个人获取信息的必要手段。只有能快速阅读，才能在信息时代，在成千上万的信息中迅速获得有价值的信息。只有精确阅读、分析，才能够将隐含在信息中的重点抓住，从而获取更多有用的信息。

（2）信息的基本知识

信息的基本知识包括信息的理论知识，只有对信息、信息源、信息检索方法、途径等都了解，才能够更快、更准确地获取信息。

（3）现代信息技术知识

包括信息技术的原理、信息技术的作用、信息技术的发展及其未来，其中计算机软硬件的应用是必备的知识。

（4）外语

信息社会是全球性的，在互联网上有 80% 的信息采用的是英文，要想相互顺畅交流，及时了解相关领域的最新发展动态，就需要了解国际信息，对英文网站、数据库应具备基本的阅读能力，适应国际文化交流的需要。

3. 信息能力

信息能力包含信息检索与获取能力、信息分析、鉴别与评价能力及信息运用与创新能力。人们只有在掌握了一定的信息检索技能前提下，学会鉴别、评价信息，再通过对有价值的信息的整合，才能有效地开展各种信息活动，从而创造信息并充分发挥信息的价值，最终实现变信息为优势的目的。

（1）信息检索的能力

信息检索的能力是指从各种信息源中收集与所需内容有关信息资源的能力。首先，掌握信息相关的知识，了解信息源，分析信息需求，选择正确的数据库；其次，熟悉和掌握各种数据库的检索技巧和方法，制订各种检索策略，以保证信息获取的准确性。信息检索能力的培养是目前我国很多高校信息检索课的主要内容。

在高职院校，学生对信息检索能力的培养不重视，很多学生只会简单使用百度等网络搜索引擎，除此之外，他们不了解其他的信息源，更不会使用一些专业的数据库来帮助自己学习。

（2）信息评价的能力

分析与鉴别信息的能力是指能从众多信息中筛选出有用信息，并经过分析综合，从信息中找出解决问题的方法的能力。首先，要对获得的信息的正确性、权威性、先进性进行鉴别、分析和判断，从众多信息中筛选出权威的、有价值的信息；其次，要运用科学的理论、方法和手段，在对凌乱无序的信息进行挖掘、加工、评价的基础上，透过错综复杂的表面现象，挖掘信息内容的实质，获取对客观事物运动规律的认识。

（3）信息整合与创造的能力

信息的整合与创造能力是指把信息创造性地运用于实践的能力，即根据分析后的信息引申出新的概念、创造出新的方法、提炼出新的思想等。在此基础上，信息整合与创造不仅要利用信息伦理道德等因素获取的信息，也要融合个人已有知识结构，采用不同的分析方法，让知识创新成为时代主流。

英国技术预测专家詹姆斯·马丁（James Martin）说："人类的知识在 19 世纪是每 50 年翻一番，20 世纪初是每 10 年翻一番，70 年代是每 5 年翻一番，而近 10 年是每 3 年翻一番。"科学技术正在以 5～10 年为周期加速更新。一个人在大学阶段只能获得需用知识的 10% 左右，其余 90% 的知识要在工作中不断学习和获取。面对浩如烟海的信息，单凭急切的欲望只是望洋兴叹，每个人要在具备生存技能之外，掌握自我发展的技能。随着社会信息化进程加快，大量新知识的获得主要依靠自学，而自学能力的培养，实质上就是大学生信息素养能力的培养，而以培养高级专门人才为基线的大学教育已不再是高校的"终点教育"，取而代之的是培养学生终身学习的能力，即信息素养。信息素养是学生今后走向工作岗位用以进行终身学习的基本素质。当学生步入社会从事具体工作时，良好的信息素养将有助于及时了解国内外最新工作动态，合理地制订工作计划，既可以少行弯路，避免不必要的重复劳动，又能多出原创性的成果。

4. 信息道德

信息道德也称信息伦理，美国圣·克劳德大学图书馆工作人员罗伯特·豪普特曼（Robert Hauptman）在 20 世纪 80 年代提出："所有对与信息生产、信息储存、信息访问和信息发布伦理问题相关的研究统称为信息伦理。"信息道德要求信息的组织与利用、信息交流与传递的目标与社会整体目标相一致，遵循信息法律法规，抵制信息污染，尊重知识产权和个人隐私。在当今社会，网络带来了前所未有的海量信息，它为同学们的生活、学习、观念、行为带来了巨大的影响，对原有的习俗、规范、法律、道德等发出了无声的挑战，对人们的信息伦理道德修养提出了更高的要求。由于网络固有的开放性，加之目前对网络上的信息发布缺乏有力的规范措施，导致网络上的信息良莠并存，垃圾信息、不健康的信息乘虚而入，不文明、不健康的信息正影响着大学生的认知习惯，出现有些学生缺乏自律、发布不良信息、不尊重他人知识产权等现象。正如在不同的社会时期人们需要不同的社会行为规范来维持社会的秩序稳定一样，信息化社会需要靠信息道德来约束和规范人们的行为。

（1）信息交流与传递的目标要与社会整体目标相一致

由于利用信息技术可以进行跨越时空限制的大面积传播，因此，在信息传播过程中，大学生应该保证自己所传播的是符合人类的道德规范、促进人类文化发展的信息，而不是有害于人类文化健康发展的东西。例如，同学们在信息的交流、传递过程中应该传播科学的人生观、世界观，传播正能量，而不应该传播污秽的信息等。

（2）遵循信息法律法规、抵制信息污染

面对网络时代铺天盖地的信息时，由于同学们缺少历练，对各种信息的理解和甄别处于混沌的状态，很容易被污染信息侵蚀，被假信息蒙蔽，从而做出一些荒唐的事情来。在高校中，很多学生被网络上的一些假消息所骗，受雇于某些网络公关公司，为他人发帖、回帖、造势，形成所谓的"网络水军"，从而达到公司一些商业上或其他方面的目的。有的学生不清楚或不遵守信息行业的网络社交安全规则，以致形成网络欺诈、网络成瘾及进入网恋误区等。

（3）尊重知识产权和个人隐私

近年来，知识产权和个人隐私常常被提起，人们对尊重知识产权和个人隐私的意识有所提高。不剽窃他人的研究成果，在引用他人成果时要明确指出来，未经别人同意不随意下载、传播别人的信息。

信息知识、信息意识、信息道德渗透在信息能力的全过程。具有强烈的信息意识，才能激发信息能力的提高；信息能力的提升，又促进了信息知识的学习，加强了人们对信息及信息技术作用和价值的认识，进一步增强了信息意识；信息道德则是信息能力正确应用的保证，它关系到信息社会的稳定和健康发展。据统计，任何一项新的技术发明，其中约 90% 的知识是通过吸取前人的技术成果、汇聚各种信息而获得的，真正创造性的工作仅占 10% 左右。牛顿就曾谦虚地将自己的成就归因于"站在巨人的肩上"。这就告诉我们，要培养创造型人才，就必须培养学生综合利用信息的能力。

在信息时代，同学们只有坚持学习，不断提高自身信息素养，才能具备终身学习的能力，顺应社会发展的客观需要。

三、信息素养的标准

信息素养评价标准用来衡量个体信息素养是否达到要求，或者达到什么样的要求，同时也是"信息素养理论研究深化发展的必然方向，是信息素养理论研究成果具体化并应用于教育实践的必经途径，是从理论研究通往信息素养培养和教育实践的桥梁"。信息素养标准体系的建立为信息素养的评价提供了可操作的标准和基本依据。

1998 年，美国图书馆协会和教育传播协会制定了学生学习的九大信息素养标准，概括了信息素养的具体内容。

标准一：具有信息素养的学生能够有效和高效地获取信息。

标准二：具有信息素养的学生能够熟练和批判地评价信息。

标准三：具有信息素养的学生能够精确和创造性地使用信息。

标准四：作为一个独立学习者的学生具有信息素养，并能探求与个人兴趣有关的信息。

标准五：作为一个独立学习者的学生具有信息素养，并能欣赏作品和其他对信息进行创造性表达的内容。

标准六：作为一个独立学习者的学生具有信息素养，并能力争在信息查询和知识创新中做得最好。

标准七：对学习社区和社会有积极贡献的学生具有信息素养，并能认识信息对民主化社会的重要性。

标准八：对学习社区和社会有积极贡献的学生具有信息素养，并能实行与信息和信息技术相关的符合伦理道德的行为。

标准九：对学习社区和社会有积极贡献的学生具有信息素养，并能积极参与小组的活动探求和创建信息。

美国高等教育图书研究协会（ACRL）在 2000 年制定了曾引起世界范围广泛关注的《高等教育的信息素养能力标准》（Information Literacy Competency Standards for Higher Education）[①]。该标准分为三个板块：标准、执行指标和效果。有 5 大标准 22 项执行指标和若干个子项：

标准一：具有信息素养能力的学生能决定所需要的信息种类和程度。

标准二：具有信息素养能力的学生能有效而又高效地获取所需要的信息。

标准三：具有信息素养能力的学生能评判性地评价信息及其来源，并能把所遴选出的信息与原有的知识背景和评价系统结合起来。

标准四：具有信息素养能力的学生，无论是个体还是团体的一员，都能有效地利用信息达到某一特定的目的。

标准五：具有信息素养能力的学生懂得有关信息技术的使用所产生的经济、法律和社会问题，并能在获取和使用信息中遵守公德和法律。

2015 年 2 月，美国研究图书馆协会（ACRL）推出了《高等教育信息素养框架》

---

① http://www.ala.org/acrl/nili.

（Framework for Information Literacy for Higher Education）①，《高等教育信息素养框架》客观地反映了当前人们对知识创造与传播新模式、全球高等教育和学习环境变革的深刻认识，倡导挖掘信息素养的巨大潜能，使其成为更有深度、更加完整的学习项目。《高等教育信息素养框架》围绕6个主题构建了新的信息素养体系②：

①权威是建构的，并与情境相关；

②信息创造是一种过程；

③信息拥有价值；

④研究及探究过程；

⑤学术及交流过程；

⑥检索及策略式探索。

2000年的《高等教育信息素养能力标准》与2015年的《高等教育信息素养框架》，从教育目标上来看，前者强调信息技能的学习；明确信息需求、有效获取信息、评估信息、合理合法利用信息等；具备阶段性的价值。后者强调知识的学习与发现；更广泛、更灵活地理解信息本质，构建自身的信息系统和学习模式，以进行终身学习；具备长远的可持续的价值。从评估标准来看，《高等教育信息素养能力标准》明确、具体；教学目标、学习方法、评估指标比较具体，可操作性相对较强。《高等教育信息素养框架》模糊、开放；给信息素养教师组织教学内容、学生自主学习和自我引导带来自由度，也造成一定的困惑。

我国目前仍未发布全国性的信息素养评价标准。我国在信息素养能力评价问题上尚未有明确的衡量标准和系统科学的评价体系。高校信息素养能力评价体系的建立是高校进行信息素养教育的目标，是学生能力水平的评判依据。随着对国外信息素养评价标准的引进和评介，国内学者陆续开展了尝试制定我国信息素养评价标准的研究。但大多是研究者根据个人对信息素养的理解，编制相应的信息素养评价标准，指标项目的取舍具有很大的随意性。但有三项是由专门研究机构在广泛吸纳了各学科专家意见，并有专家参与的基础上进行的研究，其中一项是北京高校图书馆学会在2005年完成的北京地区高校信息素养能力指标体系的设计，一项是2005年8月由中国科学技术信息研究所承接的联合国教科文组织的中国国民信息素养教育研究项目。这两项研究在对信息素养内涵进行深入研究的基础上构建了信息素养评价指标体系，具有较强的学术性、专业性，有较高的参考价值。还有一项是2008年4月，图工委信息素养教育工作组组织北京地区部分高校图书馆专家，在北京高校信息素养教育研究会制定的《北京地区高校信息素养能力指标体系》基础上进行修改，提出了《高校大学生信息素养指标体系（讨论稿）》，这都为高校实施信息素养教育和评价人才综合素质提供了重要指标和依据，并对信息素养教育的研究起到很强的指导作用。

《北京地区高校信息素养能力指标体系》是我国第一个正式的并且比较有权威的信息素养评价标准体系，该指标体系来源于由清华大学图书馆、北京航空航天大学图书馆所承担的北京地区高校信息素养能力示范性框架研究项目，项目得到了北京地区多所高校图书馆的支持，通过数理分析和专家访谈等方法设计出了一套信息素养评价指标体系。该指标体系将高

---

① http://www.ala.org/acrl/sites/ala.org.acrl/files/content/issues/infolit/Framework_ ILHE.pdf.

② 秦晓燕. 美国高校信息素养标准的改进与启示——ACRL《高等教育信息素养框架》解读 [J]. 图书情报工作，2015.

校学生毕业时应具有的信息素养能力科学化、具体化，细化为一个指标集合，它参照了前面介绍过的美国大学和研究图书馆协会（ACRL）、澳大利亚大学图书馆员协会（CAUL）、英国高校国家图书馆协会（SCONUL）的三个信息素养标准，共分 7 个一级指标（称为维度）、19 个二级指标（称为指标）、61 个三级指标（称为指标描述），是目前国内比较详细的信息素养评价指标体系。该体系从信息意识、信息能力、信息知识、信息道德四个方面反映了对高校学生毕业时应具有的信息素养能力的要求，其中的信息能力包括信息系统的使用能力、信息的获取能力、信息的处理能力、信息的交流能力与信息的生成能力。

《高校大学生信息素养指标体系（讨论稿）》共有 6 项一级指标、17 项二级指标，另外又提出了高校大学生素质教育知识点，分别从七个方面共列出 35 个知识点，从而使该体系具有较好的操作性和较强的针对性。《高校大学生信息素养指标体系（讨论稿）》是在《北京地区高校信息素养能力指标体系》基础上进行修改而提出的，在指标内容上，减少了信息道德这一一级指标，用 17 项二级指标（其内容与《北京地区高校信息素养能力指标体系》的前 17 项二级指标完全相同），作为评价大学生信息素养的指南，体系结构上是一个树形结构的二级指标集合。

四、信息素养教育的必要性

21 世纪是信息化的社会，随着信息化、知识化、网络化的程度不断加深，信息素养对个人及国家的意义显得越发重要，目前世界各国对这一点都已经有了充分认识。随着计算机和网络技术的发展，信息资源的数量、信息的更新速度、信息载体和获取信息的渠道得以迅速增长。如今继土地、资本、能源之后，信息已经成为另一项重要的资源，推动着人类社会的改革和发展。由于信息社会具有知识数量多、更新快的特点，要跟上信息社会的发展步伐，人们就必须树立终身学习的观念；而要进行终身学习，信息素养是不可或缺的条件之一。

1. 信息素养是其他综合能力的基础

在当今这个信息技术飞速发展、信息资源日益丰富的社会，信息素养是日益重要的一种素养，也是个人综合能力的基础。信息技术的发展、信息资源的丰富，使每个人都面临着多样的信息选择。图书馆、社区、专门机构、媒体和互联网络，以及日益增多的其他来源的信息，以其未经过滤的本来姿态出现在人们面前，由此产生了一系列问题，包括信息的准确性、有效性、可靠性等。另外，人们还可以通过多媒体获得图片、声音、文本等多种信息，这些新的媒体形式不可避免地对人们评估信息、理解信息提出了新的挑战。信息质量的不稳定、信息数量的无限扩张，都会对社会产生巨大的影响。如果不具备有效地利用信息的能力，没有足够的信息素养，大学生就不能成为拥有更多知识、更有见识的合格人才。信息素养是思维能力、解决问题的能力、决策能力和合作能力的基础，这些能力的有机整合形成了个人的综合能力，具有这种综合能力的人才具有较强的实践能力和创新能力。因此，信息素养是其他综合能力的基础。

2. 信息素养是终身学习的基础

在现代社会中，在职学习和终身学习是人的一生中主要的学习方式。联合国教科文组织出版的《学会生存》一书中指出："未来的文盲，不再是不识字的人，而是没有学会怎样学的人。"信息素养是终身学习的基础，这是因为只有具备一定的信息素养，把信息技术作为支持终身学习的手段，学习者才能有效地获得学习的内容，才能对所做的研究进行扩展，学会更好地进行自我导向，并对自己的学习进行更有效的控制。具备较高信息素养的人，能够充分认识到何时需要信息，并能有效地检索、评价和利用信息，这样才能懂得如何组织、发现和使用信息，成为具有终身学习能力的人。信息素养作为一种高级的认知技能，与批判性思维、分析问题、解决问题的能力一起构成了知识创新的基础。

3. 信息素养是生存和发展的基础

现代社会的发展日新月异，决定社会经济发展的不再只是物质资源的拥有量和利用能力，信息资源的拥有量及利用能力成为更加重要的决定因素。信息素养将成为个人生存与发展的基础。掌握信息、利用信息是创新的首要标准之一。当今社会，高素质人才往往离不开信息技术和人际交往能力，这两者都包含了对信息素养的要求。可以想象，如果不能掌握计算机基本知识及其操作技能，不能正确使用现代通信工具，没有较强的信息意识，大学生很难成为广受欢迎的人才。

4. 信息素养是胜任工作的条件

信息时代的各类工作都需要具有与其相适应的信息素养的人才。现代社会政治、经济、科技、文化的高速发展，使信息数量呈几何级数增长，也使其传播方式发生了巨大的变化。这种新的信息环境的出现对人们原有的信息能力提出了新的挑战，具体表现在无限增长的信息对人们有限的阅读时间的挑战，爆炸膨胀的信息对人们原有接受能力的挑战，大量更新的知识对人们理解能力的挑战，以及千变万化的传播方式对人们原有检索利用能力的挑战。显然，培养和提高信息素养是现实社会的迫切需要。在信息社会中，作为一个具有文明修养的大学生，应适应社会的发展，积极、正确、有效地应用信息系统，正确地认识和了解信息技术，掌握信息传播的途径与方法，充分地利用各种信息资源，以提高自身适应信息社会需求的信息素养。

知识小课堂

信息素养概念自 1974 年诞生以来，引起了世界范围内的研究与讨论，最具影响力的是 2000 年 ACRL 制定的《标准》，其引用了美国图书馆协会（American Library Association, ALA）在 1989 年给出的比较权威的定义，认为信息素养是指"个人能认识到何时需要信息，有效地搜索、评估和使用所需信息的能力"。到今天，大数据时代（4V 特征：Volume，数据体积大；Variety，数据类型繁多，来源各异；Velocity，数据产生和更新的频率快，数据量增长速度快；Value，价值性，价值密度低，在数据总量中有用数据所占比例低，整体价值高，潜在价值大）的来临，信息素养的定义被不断扩充，黄如花教授在《数据素养教育：大数据时代信息素养教育的拓展》一文中认为数据素养的外延与内涵均比信息素养宽泛，涉及的学科范围更广。

第二章

信息检索概论

第一节　信　息

一、信息的概念

21 世纪是信息的时代，信息、材料、能源被认为是构成当代社会的三大资源。"信息"围绕着生活的方方面面，人们随时都与信息打交道，如获取信息、接收信息、传递信息、存储信息、处理信息、利用信息等。

我国最早使用"信息"一词是在南唐诗人李中（约920—974 年）的《暮春怀故人》诗句："梦断美人沉信息，目穿长路倚楼台。"其中"信息"一词就是音信、消息的意思；而英语的 information 一词语源于拉丁词 informatio，意思是通知、报道或消息。随着社会的发展，信息逐渐渗透各个学科、不同领域、不同行业。人们对信息的定义有着不同的解释和理解：

①美国学者、信息论的创始人克劳德·艾尔伍德·香农（Claude Elwood Shannon）认为，信息是一种用来减少随机不确定性的东西。

②美国应用数学家、控制论的奠基人诺伯特·维纳（Norbert Wiener）则认为，信息是"我们在适应外部世界、控制外部世界的过程中同外部世界交换的内容的总称"。这意味着信息是人与外部事物交流的内容总称。

③美国信息管理专家霍顿（F. W. Horton）给信息下的定义是："信息是为了满足用户决策需要而经过加工处理的数据。"简单地说，信息是经过加工的数据，或者说，信息是数据处理的结果。

④经济管理学家认为"信息是提供决策的有效数据"。

⑤电子学家、计算机科学家认为"信息是电子线路中传输的信号"。

本书采用钟义信教授在《信息科学原理》一书中对信息的定义："事物运动的状态与（状态改变的）方式。"① 此定义具有最大的普遍性，不仅能涵盖所有其他的信息定义，还可以通过引入约束条件转换为其他的信息定义。"事物"泛指一切可能的研究对象，包括外部世界的物质客体，也包括主观世界的精神现象；"运动"泛指一切意义上的变化，包括机械运动、物理运动、化学运动、生物运动、思维运动和社会运动等；"运动方式"是指事物运动在时间上所呈现的过程和规律；"运动状态"则是事物运动在空间上所展示的性状与态势。

---

① 钟义信. 信息科学原理［M］. 福州：福州人民出版社，1988.

从本体论上讲，信息不受任何条件约束，它所表征的事物实际的运动状态与方式也不受主体意志的影响，不以主体的条件为转移，因而具有最广泛的适应性。

从认识论上讲，信息是认识主体所感知和表述的事物运动的状态和方式。

二、信息的特征

1. 普遍性

所谓普遍性，是指信息普遍存在于自然界和社会生活中，可以说有实物的地方就有信息。人类在社会实践和生产实践中不断地产生信息和利用信息，古有烽火传军情、鸿雁传书的典故，而今天信息更是围绕在我们每个人的周围。

奥地利学者克·符利士做了一个蜜蜂采集蜂蜜的实验，可以充分证明信息的普遍性。盛有果酱的盘子被放在离蜜蜂箱不远处，一只蜜蜂发现了它，不久就来了大批蜜蜂，开始了盘子—蜂箱—盘子之间的飞行，直到把果酱搬完为止。侦察蜂与群蜂是通过舞蹈动作联系的。据统计，当盘子距离蜂箱 100 米时，舞蹈 9~10 次；当盘子距离蜂箱 200 米时，舞蹈 7 次；当盘子距离蜂箱 2 千米时，舞蹈 4 次；当盘子距离蜂箱 6 千米时，舞蹈 2 次；若舞蹈方向垂直向上，表示朝太阳方向飞行；若舞蹈方向垂直向下，表示向太阳相反的方向飞行。若舞蹈有一定角度，则相应朝偏离太阳一定角度的方向飞行。在整个过程中，蜜蜂个体与个体之间，个体与自然环境之间通过交换信息，达到调节群体活动、采集食物、维持生存的目的[①]。

2. 客观性

信息不是物质，而是物质的产物，即先有信息反映的对象，然后才有信息。无论借助于何种载体，信息都不会改变所反映对象的属性。即使是主观信息，如决策、判断、指令、计划等，也有它的客观实际背景，并受客观实际的检验。例如，天气预报无论是通过广播、电视、报纸还是其他媒介，反映的都是自然界的客观变化。

3. 时效性

信息的时效性是信息的重要特征，是指信息发出、接收、利用的时间间隔及其效率，所以，在获取和利用信息时必须注重时效性。信息的时效性与信息的价值性密不可分。任何有价值的信息，都是在一定条件下起作用的，如时间、地点、事件等，离开一定的条件，信息将会失去应有的价值。从某种意义上讲，信息的价值取决于信息的时效性，特别是反映客观事物某种发展趋势的信息，时效性越强，信息的价值越大，反之，信息就会失去作用。

4. 可传递性

信息是可以传递的，无论是在时间还是在空间上。信息可以借助一定的物质载体传递给感受者、接收者。信息可以进行空间和时间上的传输，传输速度越快，效用就越大。科技的发展，使传播信息的网络覆盖面越来越大，从而使信息得以迅速扩散开来。信息的可扩散性与信息传递技术的发展密切相关，信息的扩散速度与传递技术的发展成正比，即传递技术发

---

① 党跃武. 信息检索导论［M］. 北京：高等教育出版社，2006.

展得越快，信息扩散的速度越快。

5. 可共享性

共享性是指信息能够同时为多个使用者所利用，信息扩散后，信息载体本身所含的信息量并没有减少，这是信息与实物、能量等的根本区别。通过传递，信息迅速为大多数人所接收、掌握和利用，并会产生出巨大的社会效应。正因为信息的这一特性，社会才会保护信息开发者。

6. 可处理性

信息可以通过一定的方法进行加工处理，从无序变为有序，从冗杂变为精练，从分散变为集中。与其他事物一样，信息有一个从产生到发展，再到成熟，最后消亡的过程，这个过程就是信息的生命周期。

三、与信息相关的概念

1. 文献

文献的概念有广义和狭义之分。广义的文献是指记录知识和信息的一切载体。我国古代早期的文献概念基本上是广义的，"文献"一词最早出现于春秋战国时期的《论语·八佾》中。孔子说："夏礼吾能言之，杞不足征也；殷礼吾能言之，宋不足征也；文献不足故也，足，则吾能征之矣。"这段话的意思是：夏代的制度我知道，杞国的不足以作为证据；殷代的制度我知道，宋国的证据不足；这是文献不足的缘故，如果足，那么我就能知道了。三国时期魏国家玄学何晏在其《论语集解》中引汉代经师郑玄注："献，犹贤也。"至南宋，朱熹在《四书章句集注》中沿袭郑玄、何晏的训诂，进一步明确注释为："文，典籍也；献，贤也。"在此，"文"是指典章制度的文字资料，"献"是指见多识广、熟悉掌故的人。如今狭义的文献是指具有历史保存价值和现实使用价值的书刊文物资料，包括各学科重要的书刊资料，主要有图书、期刊和各种出版物。

2. 知识

古往今来，人们对知识的理解是仁者见仁，智者见智。最早对它下定义的是古希腊哲学家柏拉图，他把知识定义为"证明（Justified）了的真信念"，这个定义直到20世纪60年代仍然被广泛接受，成为知识论的一个基本概念。

当代著名的认知心理学家皮亚杰认为："知识是主体与环境或思维与客体相互交换而导致的知觉建构，知识不是客体的复本，也不是由主体决定的先验意识。"《现代汉语词典》的解释是："知识是人们在实践中获得的认识和经验的总和。"客观世界的信息经过人脑的接收、选择、加工，产生系统化的信息。系统化的信息是人们对客观世界新的认识，也就是知识。新的知识首先产生并储存于人脑中，借助语言符号，通过物质载体记录下来，成为可以传递的知识，也就是文献。知识（Knowledge）是人类通过信息对自然界、人类社会及思维方式与运动规律的认识与概括，是人的大脑通过思维重新组合的系统化的信息，是信息中最有价值的部分。信息是创造知识的原材料，知识是信息加工的抽象产物。随着人类对主观世界认识的加深，逐渐形成完整的知识体系，这是人类创造的宝贵的精神财富。

3. 情报

广义的情报是指被传递的知识或者事实。狭义的情报是指在特定的时间、特定的状态下，为特定的人提供的有用的知识。

"情报"一词在我国最初的含义多与战事相关。其典型的定义是："战时关于敌情之报告，即情报。"在现代，学术界对于情报的理解存在认识上的共性。其一，情报来自知识，来自对知识的加工处理；其二，情报不等同于广义的知识，而只是"作为交流对象的有用知识"。现代的情报概念，已经延伸至"特定性"情报、"决策性"情报和"竞争性"情报等，进入了社会各阶层、各领域。情报具有目的性、特定性的观点已为人们所普遍接受。信息、知识要称为情报，必须是被社会所需求的，这种需求被情报系统接收后，由专门的情报人员进行分析、研究，进而产生情报，再由社会情报系统传递出去，为社会所利用，并产生一定的社会效果。社会在利用情报的过程中，可能产生新的需求，也可能产生新的信息。

4. 文献、知识、情报与信息的关系

文献、知识、情报与信息之间有密切的联系。信息即事物运动的状态与方式。每一种事物都有着不同于其他事物的信息。将知识和信息记录在一定的载体上就是文献。客观世界接收的信息经过人脑的接收、选择、加工，由感性认识上升到理性认识，就形成系统化信息，这就是知识。为特定用户传递的信息和知识就是情报。

第二节 信 息 源

一、信息源的概念

信息源，顾名思义，是指信息的来源。从图书中获取系统的知识，从期刊中得到各种研究资料，从报纸上看到国内外的新闻，或者企业家从客户的需求中获取市场信息，这些能给人们提供信息的环境、人或者事物都叫作信息源。因此，广义的信息源就是一切产生、记录、持有或传递信息的媒介、个人或者机构。狭义的信息源是指图书情报界的信息源，即人们在科研活动、生产经营活动和其他一切活动中所产生的成果和各种原始记录，以及对这些成果和原始记录加工整理得到的成品。不断寻找、发现和利用对自己生活、工作、学习和研究有用的信息源，对每个人来说都是非常重要的，一个同学如果清楚地了解学习所使用的信息源，那么就掌握了获取知识的途径，找到了打开知识之门的钥匙。

二、信息源的种类

信息源可以分为文献信息源、实物信息源和口头信息源。

1. 文献信息源

文献信息源是指以文字、图形、符号、声频、视频等方式记录在各种载体上的信息和知

识，它的特点是经过加工后，较为系统、准确、可靠，便于保存和利用。这是一种最重要的信息源，是人们获取信息和知识的最主要的途径。文献信息源按照不同的角度可以划分为不同的文献类型。

（1）按照文献编辑出版的特征和适用范围划分

信息源按照文献编辑出版的特征和适用范围可分为正规文献和非正规文献。

1）正规文献

正规文献是指公开出版的文献，包括图书、期刊、报纸和政府出版物。

①图书。

图书是人们为了保存和传播知识，有意识地用文字、图像、声频、视频等手段将知识记录在一定的物质载体上的著作。图书的特点是装订成册，由一定的篇幅、封面、书名页、正文、版权页等部分组成。

图书是人类积累、存储、传播知识的重要手段之一，它具有保存人类精神产品、交流传递知识信息、进行社会教育和丰富人类文化生活等多种社会功能。图书是社会生活的产物，是影响社会发展的有力因素。它是最早出现的文献类型之一，至今在文献中仍占着重要的地位，是主要的信息源。

②期刊。

期刊又称杂志，是指有固定名称，用卷、期或年、季、月顺序编号，按照一定周期出版的成册的连续出版物。期刊具有以下特征：①连续出版，定期或者不定期的连续出版，有按序无限延伸出版的可能；②定期出版，每年至少出版一期，有卷、期或年、月等表示连续出版性质的序号；③有一个固定的名称，每一种期刊都有比较固定的名称；④出版形式统一，期刊编排格式比较固定。我国已颁布国家标准，对科技学术期刊和检索期刊编排格式等进行了规定。期刊还有较固定的编辑者，负责组织稿源，以及内容的加工等工作。一般期刊有编辑部、编辑委员会等机构，有的刊物每期都列出主编和编辑委员会等。

期刊内容新颖、时效性强，能够及时地报道国内外科学技术的最新消息和成就，是传播和交流情报信息的主要文献之一。期刊根据不同的性质，可以划分为学术性的期刊、普及性期刊和资料性期刊。其中学术期刊中的核心期刊是各个学科的重点期刊，往往重点反映某一学科的学术思想和学术发展的先进水平，得到高度重视。

③报纸。

报纸是具有固定名称，面向公众，定期、连续发行，发布新闻、评论、信息的纸质载体。

相对于期刊、图书，报纸具有受众面广、发行数量庞大、信息量大、时效性强、制作简便、成本低廉、影响力大等特点，是一种重要的信息源。

④政府出版物。

政府出版物又称官方出版物，是各国政府及其所属机构颁布的文件，包括书、期刊、小册子、影片、磁带及其他声像资料，如政府公报、会议文件和记录、法令汇编、条约集、公告、调查报告等。它所包括的内容范围十分广泛，几乎涉及整个知识领域，但重点主要在政治、经济、法律、军事、制度等方面。

政府出版物具有正式性和权威性的特点，对于各国了解科学技术发展情况具有独特的参考价值。因此，欧美发达国家及日本等国对政府出版物都比较重视。政府出版物也是重要的信息源。

2）非正规文献

非正规文献是指不公开出版，通过正规渠道难以获得的具有重要参考价值的文献，也称为内部文献、限制流通文献，西方多称之为"灰色文献"。灰色文献有其独特的信息价值和实用价值，越来越引起用户的重视。按照《科学引文索引》（SCI）所进行的研究，以及诸如美国国家航空与航天局（NASA）、德国卡尔斯鲁厄专业情报中心和意大利高级卫生研究所编辑部等组织所做的估计，灰色文献在文献信息资源中所占的比重可能已经超过20%，而且还有不断上升的趋势。[①] 灰色文献具有内容复杂、信息量大、形式多样、出版迅速、时效性强、隐藏性大、规范性强、权威性大等特点，是不容忽视的信息源。

灰色文献包括会议文献、学位论文、档案文献、标准文献、统计资料和内部刊物。

①会议文献。

会议文献指在各类会议特别是学术会议上宣读或书面交流的论文、报告、讨论记录和其他有关资料。随着科学技术的迅速发展，世界各国的学会、协会、研究机构及国际性学术组织举办的各种学术会议日益增多，世界上每年举办的科学会议达数万个，产生几十万篇会议论文。会议文献没有固定的出版形式，有些刊载在学会、协会出版的期刊上，作为专号、特辑或增刊，有些则发表在专门刊载会议录或会议论文摘要的期刊上；据统计，以期刊形式出版的会议录约占会议文献总数的50%。一些会议文献还常常汇编成专题论文集或出版会议丛刊、丛书，还有些会议文献以科技报告的形式出版。此外，有的会议文献以录音带、录像带或缩微品等形式出版。许多学术会议还在互联网上开设了会议网站，或者在会议主办者的网站上设会议专页，利用网站报道会议情况和出版论文。

会议文献的特点是传递信息比较及时，内容新颖，专业性和针对性较强，种类繁多，形式多样。会议文献一般是经过精心挑选和设计的文献，质量高，能及时反映学术研究中的新发现、新成果和学科学发展的方向。

②学位论文。

学位论文主要指各高校、科研机构的学生为了获得学位，在导师指导下独立完成并获论文答辩通过的学术研究论文。学位论文的特点是学术性强，内容比较专一，引用材料比较广泛，阐述较为系统，论证较为详细。学位论文少数在答辩后公开出版，多数不公开发行，只在授予单位的图书馆中保存在一份，以供阅览和复制。

从内容来看，学位论文可分为两类：一类是作者参考了大量资料，进行了系统的分析、综合，依据充实的数据资料，提出本人的独特见解，称为综论；另一类是作者根据前人的论点或结论，经过实验和研究，提出进一步的新论点。从学位名称角度来看，学位论文有博士论文、硕士论文和学士论文之分。其中博士学位授予在大学或研究单位中有独创性研究和贡献的博士生，且研究课题是在有该课题专长的导师指导下进行的，其论文需经该领域里著名学者审查通过，所以博士论文大多质量较高，有新的信息，是一种很有参考价值的文献。

③档案文献。

档案文献是指国家机构、社会组织及个人在从事各项活动中直接形成的、具有保存价值、经过立卷归档、集中保存起来的具有较高价值的文件。

---

① 朱红，王素荣．信息资源管理导论．北京：国防工业出版社，2006．

　　档案文献是一种原始的历史记录，它是由人们在社会生活中自然形成的文件转化而来的，不是随意编写和搜集而来的；档案文献是有组织的文件体系，不是零散的文件堆积，而是按照一定的规律挑选和组织而成的文件体系。档案文献对了解历史、预测未来以及解决当前各项工作中的问题都具有重要的参考价值，是进行社会科学研究必不可少的第一手参考资料，是一种很有价值的信息源。

　　④标准文献。

　　标准文献简称标准，狭义的标准是指由专门委员会制定，经过权威机构和国家行政主管部门批准的一套具有法定约束力的规范化文献，包括各种级别的标准、部门规范和技术规程。广义的标准是指与标准化工作有关的一切文献，包括标准形成过程中的各种档案、宣传推广标准的手册及其他推广物，包括标准目录、索引和文献目录。

　　标准文献的特点包括：第一，标准文献描述详尽、可靠、具有法律效力。标准文献的技术成熟度高，且又作为一种依据和规范提出，因此内容详尽、完善可靠；同时它又具有一定的法律效力，使产品生产和工程建设有据可依。第二，标准文献单独出版、自成体系。标准文献无论是编写格式、语言描述、内容结构，还是审批程序、管理办法、代号系统等，都独自成为一套体系。第三，标准的时效性很强。国际标准化组织规定每5年重新审定一次，个别情况可以提前修订，以保证标准的先进性。第四，标准文献交叉重复、相互引用。从企业标准到行业标准再到国际标准之间，并不意味着技术水平等级依次上升，在制定标准时，同一级别的标准甚至不同级别的标准经常相互引用和交叉重复。

　　⑤统计资料。

　　统计资料即反映事物现象及其过程特征和规律性的数据资料。统计资料包括统计数据、数据分析和根据统计资料编辑而成的数据集、数据表等。统计资料是科研中进行定量分析必不可少的资料，是进行决策的重要依据。

　　⑥内部刊物。

　　内部刊物是指政府机关、高等院校、研究机构、出版发行等单位非公开出版的刊物。内部刊物主要反映部门政策、教学科研成果、学术动态等，一般内部发行，内部交换。

　　（2）按照载体的形式划分

　　信息源按照载体的形式，划分为纸质文献产生以前的各种载体文献、纸质文献和新型载体文献。

　　1）纸质文献产生以前的各种载体文献

　　纸质文献产生以前，在世界不同地区和不同的时代，人们使用过不同形式的文献。古埃及使用过以纸沙草为载体的纸草文献，欧洲使用过以羊皮为载体的羊皮文献。我国使用过以龟甲兽骨为载体的甲骨文献，以青铜为载体的金文文献，以石头为载体的石刻文献，以竹简为载体的金文文献，以丝织品为载体的帛文献。古代人通过刀刻、手写等方式将知识或者信息存储在这些载体上，这些载体存储信息的密度很低，而且一次只能产生一份文献。因此，这些文献从产生、阅读、传播到保存，都不方便。

　　2）纸质文献

　　纸质文献是以纸张为载体，通过手写、木刻、石印、油印、复印、铅印、胶印、影印等手段形成的文献。自从发明了纸张，纸张文献就成为信息记载和传递的主要工具，成为人们生活中获取知识的重要手段。相对于之前的文献，纸质文献具有携带、书写、保存方便的优点。

3）新型载体文献

新型载体文献包括缩微型文献、声像型文献和电子型文献。

· 缩微文献

缩微文献是利用缩微复制技术所得到的缩微胶片、缩微胶卷、缩微印刷品等文献资料，即含有缩微影像的各种载体的文献。缩微型文献产生于 19 世纪 30 年代，到第二次世界大战以后，才在欧美等一些发达国家得到使用，如大量出版的某些成套书刊、专利说明书、学位论文及绝版书、孤本书和珍本书等。缩微型文献具有下述的优点：记录知识的密度高，拍摄速度快，忠于原文献，而且图像清晰，节省空间，放大还原容易，保存期长，便于文献资料的搜集和交流。它是当前优异的记录知识的载体。但是，使用缩微文献时，需用阅读器阅读，造成阅读的不便。此外，缩微设备需要大量投资。因此，目前在我国还正待普及①。

· 声像文献

声像文献又称视听资料、影像制品、直观文献，是以磁性材料、光学材料等为记录载体，利用专门的机械记录有声音又有图像的文献。如利用录音带、录像带、电视录像片等直接通过声音和图像记载和传播知识的载体。声像文献有其自身的独特性和优越性：可提高学习和研究的效果。这是因为，用文字不易表达的内容，用声像文献则可见其形、闻其声，同时，这种资料可节省人们的精力和时间，也可大大提高情报传递速度。声像文献一般要通过视听设备才能加以利用。

· 电子文献

电子文献是以数字方式将图、文、声、像等信息储存在磁、光、电介质上，通过计算机、网络或相关设备使用的，记录有知识内容或艺术内容的文献信息资源，包括电子书刊、数据库、电子公告等。电子文献实际上是指电子出版物生产发行手段的计算机化。

电子文献经历了三个阶段，第一个阶段就是以传统的图书、报纸、期刊为出版物，只有在生产过程中使用计算机进行编辑排版和制作技术，最后的产品还是以纸张为载体，可以说是电子出版技术在传统出版领域的运用。第二个阶段不仅出版物借助电子出版技术，而且出版发行的产品也是电子形式的。第三个阶段是依托于计算机网络，以电子形式在网络环境中自由存取和传递各种信息和知识。第一、二阶段过程中形成的数字化文献称为电子文献，第三个阶段过程形成的数字化文献称为网络信息资源，当前网络信息资源是大家最常用的一种资源。网络信息源是指以现代信息技术为基础和互联网为依托的条件下，用数字化的形式记录、多种媒体的形式表达，以及分布在互联网中不同主机上，通过计算机网络通信的方式进行传递并在网络终端显现的具有"检索意义"或者"参考意义"各种信息资源的集合和总称②。比如各种网站信息、广告信息、开放存取、博客、QQ 交流信息。网络信息源是当今社会生活中不可或缺的信息源。

（3）按照加工情况划分

信息源按照加工情况，可划分为一次文献、二次文献和三次文献。

1）一次文献

---

① 张念宏. 教育百科辞典［M］. 北京：中国农业科技出版社，1988：637.
② 梁平. 网络参考信息源特点与类型研究［J］. 现代情报，2005（8）：47–51.

一次文献指作者本人在科学研究、工作实践中直接记录其研究成果的原始文献，所以又称为原始文献，如会议文献、学术论文、专著、专利说明书、档案材料等多属于一次文献。这种文献具有原始性、创造性的特点，有很高的直接参考和借鉴使用价值，同时也是文献参考与利用的主要对象。但是，因为一次文献的数量大，范围涉及面广，其载体形式也多种多样，因此不注重储存和保管，也难以系统化。

2）二次文献

二次文献又称为线索性文献或者检索性文献，是在一次文献的基础上进行加工、整理，使之系统化、条目化的，以方便查找的文献。二次文献有书目、题录、索引、文摘等。二次文献是将分散的、各种形式的一次文献进行系统化、条目化的结果，是检索一次性文献的主要工具。二次文献具有汇编性、检索性、报道性及科学性的特点。在科学研究中，要了解某一课题的信息或者检索某一课题的特定信息，对二次文献的掌握是十分必要的。

3）三次文献

三次文献又称为资料型文献、参考性文献，是根据需要在二次文献的基础上对一次文献进行系统分析、筛选、整理，并以此为根据论述其主要内容的文献，如综述、辞典、年鉴、手册、专题评述、进展报告、百科全书等。它具有综合性、参考性、广泛性等特点，对学术研究具有指导和参考作用。如果想了解某一学科和某一课题当前的研究动态，可以利用三次文献。

2. 实物信息源

实物信息源即信息附着于某种实际的物品（如产品、样品、样机等）上面。信息用户通过参观或考察来采集其中的有用信息。其优点是直观、真实，易检验或仿制。但一般需经过复杂的分析或解析过程才能将其中的有用信息分离出来，各种展览会是获取实物信息的重要渠道。

3. 口头信息源

口头信息源即信息以人的声音为载体，信息提供者或发送者直接用口头谈话的方式将信息传送出去，如各种报告会、新闻发布会或个别交谈等。口头信息源具有传递速度快、选择性强、反馈迅速等优点。其缺点是直接传播面较窄，信息容易遗失，而且难以实行有效的社会监督。

第三节 信息检索的基本概念

一、信息检索的含义

"检索"一词源于英文"Retrieval"，其含义是"查找"，信息检索作为一种实践活动由来已久，但作为一个比较规范、正式的学术术语，信息检索这个术语于1950年由美国信息科学的先锋 Calvin Northrup Mooers（1919—1994）首先提出。

广义的信息检索是指将信息按一定的方式组织和存储起来，并根据信息用户的需要找出有关信息的过程。它包括信息检索和信息存储，即"存"与"取"两个环节。信息的存储是信息工作者对信息的特征加以描述、加工，使其变得有序化。存储是检索的基础，只有在有序的环境下，信息检索才可能顺利地进行。狭义的信息检索仅指"取"的过程，即查找信息的过程。

二、信息检索的原理

信息检索的原理，简单地说，就是怎么存进去的，怎么取出来。信息工作者对大量分散无序的文献信息进行组织、存储，建立各种各样的检索系统，并通过一定的方法和手段使存储与检索这两个过程所采用的特征标识达到一致，以便有效地获得和利用信息源。信息检索基本原理的核心是用户信息需求与文献信息集合的比较和选择，是两者匹配的过程。

一方面是用户的信息需求，另一方面是组织有序的文献信息集合。检索就是从用户特定的信息需求出发，对特定的信息集合采用一定的方法、技术手段，根据一定的线索与规则从中找出相关的信息。

其中，存储是检索的基础，检索是存储的目的。文献信息的存储和检索的全过程可用图2－1表示。要完成这种匹配与选择，需要做好以下三个方面的工作。

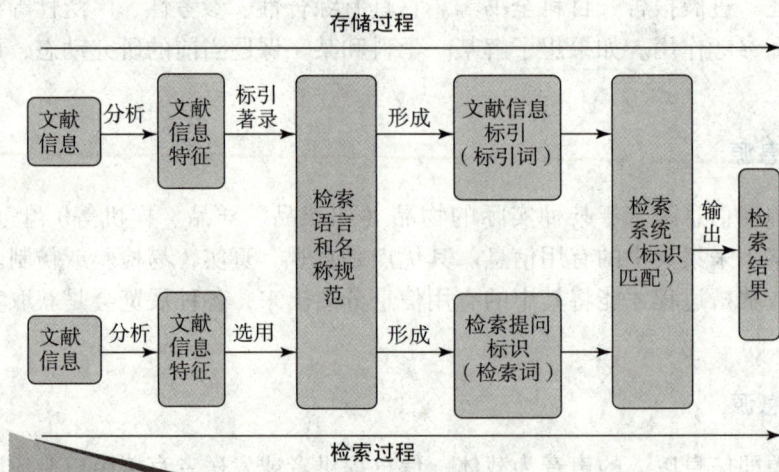

图2－1　文献信息的存储和检索的全过程

（1）文献替代

将表示文献资源特征的元数据替代它指代的资源，文献替代过程实际上是对原始文献的外表特征（包括题名、著者、出处等）和内容特征（包括分类号、主题词、摘要等）进行描述的过程，这项工作通常称为著录。著录的结果是将原始文献制成它的替代文献——二次文献。

（2）文献整序

文献整序就是对替代文献进行标引，给出文献标识（如分类号、主题词等），将所有替代文献按其标识进行有规律的组织排列，形成可检索的信息资源集合。

（3）文献特征标识与检索提问标识的匹配

检索者在查找所需文献时，只要以该系统所用的标识作为提问标识，与系统中的文献特征标识进行比较，并将文献特征标识与提问标识一致的文献线索从检索系统中检出，检出的部分就是检索的结果。

三、信息检索的类型

1. 根据内容和检索的对象划分

（1）文献型信息检索

文献型信息检索是以文献（包括题录、文摘和全文）为检索对象的检索。凡是查找某一主题、时代、地区、著者、文种的有关文献，以及这些文献的出处和收藏处所等，都属于文献型信息检索的范畴。完成文献型信息检索主要借助于各种数据库。其中全文检索系统是近几年随着网络技术的发展，在超文本技术的支持下，检索信息资源的新方法，而且随着信息技术的不断发展，自然语言深入揭示知识单元，检索可以深度到文献内部，检索出词语、句子。

（2）多媒体型信息检索

多媒体型信息检索包括基于文本的多媒体检索和基于内容的多媒体信息检索两种方式。其中基于内容的多媒体信息检索方式是多媒体检索发展的方向，它是根据媒体和媒体的对象内容及上下文的联系，在多媒体数据库中进行检索。其目的是提供自动识别或理解声音、图像、视频重要特征的算法。

（3）事实型信息检索

实事型信息检索是以客观事实为检索对象，查找某一事物发生的时间、地点及过程的检索，其检索结果主要是客观事实或为说明事实而提供的相关资料。

（4）数据型信息检索

数据型信息检索是以数值或数据为对象的一种检索，包括文献中的某一数据、公式、图表，以及某一物质的化学分子式等。数据型检索分为数值型与非数值型。数据型信息检索主要借助于各种数值数据库和统计数据库。

2. 根据检索手段划分

（1）手工检索

手工检索是利用人工进行信息存取系统进行检索信息的过程，例如，书本式目录、卡片式目录。信息检索最初就是来源于图书馆的参考咨询工作。20 世纪初期，读者提出需求，图书馆工作人员利用书目工具和索引去检索资料。手工检索的工具包括四种：目录、题录、文摘和索引。

手工检索是计算机检索的基础，现在计算机检索的基本理论和方法都是从手工检索发展而来的。手工检索工具的检准率很高，所以了解手工检索也是很必要。

（2）机械检索

机械检索是 20 世纪 50 年代开始用机械进行情报检索的机械系统，是手工检索向计算机检索的过渡阶段。机械检索最初是从简单的穿孔卡片逐步发展起来的。机械信息检索主要包括两种基本类型：

1）机电信息检索

机电信息检索是用诸如打孔机、验孔机、分类机等机电设备记录二次文献，用电刷作为检索元件的信息检索系统。

2）光电信息检索

光电信息检索是用缩微照相记录二次文献，以胶卷或胶片边缘部分若干黑白小方块的不同组合做检索标志，利用光电检索元件查找文献。

机械信息检索系统利用当时先进的机械装置改进了信息的存储和检索方式，通过控制机械动作，借助机械信息处理机的数据识别功能部分代替人脑，促进了信息检索的自动化。但它并没有发展信息检索语言，只是采用单一的方法对固定的存储形式进行检索。而且过分依赖于设备，检索复杂，成本较高，检索效率和质量都不理想。机械信息检索系统很快被迅速发展的计算机信息检索系统取代。

（3）计算机检索

计算机检索是利用计算机和一定通信设备查找所需信息的检索方式。需要用到计算机硬件、应用软件、系统软件和通信硬件设备等。利用这种方式能够对大量的信息进行存储，并可以根据用户要求从存储的信息中快速抽取特定信息，并且有删除、修改等功能。计算机检索的特点是速度快、效率高、检全率高。计算机检索经历了四个阶段：

1）脱机批处理检索阶段

计算机的诞生给信息检索带来了革命性的变化，1946年第一台计算机问世后不久，信息工作者就将其运用到信息检索行业，早期只是运用一台计算机的输入/输出装置进行检索，用磁带作为存储介质，一般为连续的顺序检索方式。检索者将很多的检索提问汇集到一起，进行批量检索，然后把检索结果反馈给用户，用户不直接接触计算机，因此称为脱机检索。

1954年，美国海军军械实验中心利用IBM701机将有关海军军械的4 000篇技术报告进行了计算机存储与检索的试验，建立了世界上第一个计算机文献信息检索系统。

脱机检索存在一些不足：第一，用户不能直接与计算机接触，用户的检索表达和检索的检索反馈都会因为距离受到限制。第二，由于检索介质的原因，检索者需要收集很多的检索内容，然后一次性地进行定题检索，所以，很多时候检索用户无法快速获得信息反馈。第三，检索过程中不能随时修改检索式，检索的结果不能得到保证。

2）联机检索阶段

20世纪60年代末，计算机的软件和硬件技术都得到了提升，出现了计算机磁盘存储介质后，人们可以在磁盘上建立可以随时存储和读取的文件，这样建立起了一台主机带多个终端的联机检索系统。这种系统采用实时操作技术，用户可以使用终端设备直接与计算机进行对话，随时浏览信息，修改检索提问，而且可以随时得到结果。这种系统允许多个用户同时在不同的终端进行独立的操作。联机检索系统是由用户终端、通信网络、计算机及数据库组成。

1965年，SDC公司首次进行了全国范围的联机网络试验，并研制成功ORBIT联机情报检索软件，这标志着联机信息检索的开始。20世纪70—80年代，随着卫星通信、公共数据通信网等技术的进一步发展，联机检索系统迅速发展，出现了如DIALOG、STN等国际著名的大型联机检索系统，80年代联机检索系统具有实用化、规模化、产业化的特点。20世纪90年代开始，随着互联网的迅速发展及超文本技术的出现，基于客户与服务器的检索软件的开发，原来的主机系统被服务器所取代，以此为标志，传统联机检索服务向网络联机检索服务转化。

3）光盘检索阶段

光盘是一种用激光记录和读取信息的盘片，具有信息存取密度高、容量大、读取速度快、信息类型多、保存时间长、成本低等优点。相对于磁盘，光盘存储的容量很大，例如，一张 CD－ROM 的容量是一张磁盘的 500 倍。光盘数据的类型也在不断地丰富，从文本数据到图像型、声像型、多媒体型等多种形式的 CD－ROM 产品。

从 1972 年荷兰飞利浦公司最早研制的激光唱盘，到 1983 年日本首张 CD－ROM 的问世，光盘作为计算机的外部存储设备引起了世界信息界的极大兴趣。随着 1985 年第一张 CD－ROM 数据库产品——美国国会图书馆机读目录（Bibiofile）的诞生，光盘成为大型脱机式数据库的主要载体。20 世纪 90 年代，在单机光盘数据库检索系统的基础上，又开发了光盘塔和光盘网络软件，这使光盘数据库检索系统实现了局域网范围内共享。

光盘检索的特点是费用低廉、数量大、数据种类丰富、耐用、复制方便。缺点是信息的更新需要定期进行，检索的时效性差；检索步骤多，需反复操作，费用高。

4）网络化的检索阶段

进入 20 世纪 90 年代，随着卫星通信、公共数据通信、光纤通信等技术及信息高速公路在全世界的迅猛发展，计算机信息检索走向了全球大联网。网络信息检索彻底打破了信息检索的区域性和局限性，用户足不出户就可以获得所需要的文献信息。随着信息技术的发展，信息检索方法和方式都得到了拓展。

网络信息检索是由网络站点、网页浏览器和搜索引擎组成的检索系统。在网络检索的初期，网站相对较少，查找比较容易，但是随着因特网快速的发展，海量的信息出现在人们生活中，在浩瀚的信息海洋中检索自己需要的信息变得越来越困难，1994 年 4 月，为了帮助用户全面、经济、快速地获取所需信息，斯坦福大学的两名博士生——David Filo 和美籍华人杨致远（Gerry Yang）共同创办了网鸟资源目录"Yahoo!"；同年 7 月，最早现代意义上的搜索引擎——Lycos 诞生并成功地使搜索引擎的概念深入人心。1999 年，李彦宏在硅谷创立了百度，搜索引擎高速发展，深入人心，成为人们检索信息的最直接、最高效的检索工具。

第四节　信息检索的语言

信息检索语言是信息检索系统的重要组成部分，是信息存储人员和检索人员都要使用的语言工具。信息检索语言对于信息检索的重要性不言而喻，是必须掌握的基本工具。

一、信息检索语言的概念

信息检索语言是信息存储与检索过程中用于描述信息特征和表达用户信息提问的一种专门语言，是将标引语言和检索用语进行相符性比较的人工语言。这种人工语言就是从自然语言中精选出来并加以规范化的一套词汇符号，是概括文献信息内容或外在特征及其相互关系的概念标识体系，是沟通文献信息存储和检索两个过程中信息标引人员和信息检索人员双方思路的桥梁，是编制检索工具的各种索引的依据。

当信息存储时，标引人员将搜集到的信息按其外表特征和内容特征用一定的语言加以描述，并赋予一定的标志，如题名、著者、关键词等，将其整理、加工、存储于检索系统中。用户进行信息检索时，首先要对检索课题进行分析，用同样的语言，抽取出几个能代表检索课题要求的检索标志，通过与检索系统中存储的标志相匹配，获取所需信息。这种在信息检索中用来联系文献信息和用户需求的"语言"就是信息检索语言。所以，信息检索语言是适应信息检索的需要，并为信息检索特设的专门语言。

二、信息检索语言的功能

检索语言在信息检索过程中起着重要的作用，是信息存储与信息检索两者的桥梁，要想准确检索到想要的信息，必须掌握检索语言。信息检索语言的主要功能有：

①具有必要的语义和语法规则，能准确地表达各学科领域中的任何标引和提问的中心内容及主题。

②具有表达概念的唯一性，即同一概念不允许有多种表达方式，不能模棱两可。

③具有检索标志和提问特征进行比较和识别。

④不管用于手工检索工具，还是用于计算机检索系统，都能够使文献信息的存储集中化、系统化、组织化，便于检索者按照一定的排列次序进行有序检索。

三、信息检索语言的类型

目前，世界上的信息检索语言有几千种，依其划分方法的不同，其类型也不一样。常用的划分方式是按照表述文献特征、结构原理、组配方式。

1. 按照表述文献特征进行划分（图2-2）

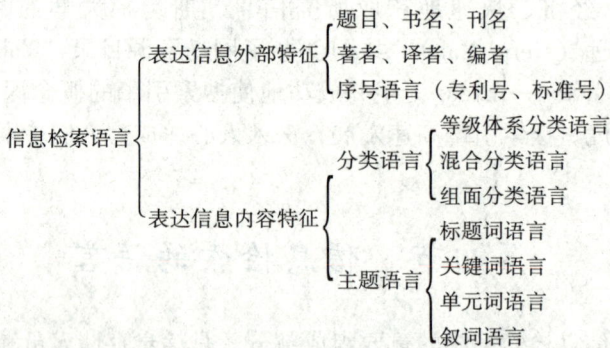

图2-2　按照表述文献特征进行划分

（1）表达信息外部特征的语言

表达信息外部特征的检索语言主要是指文献的篇名（题目、书名、刊名等），著者语言（著者、译者、编者、团体著者等），序号语言（专利号、标准号、报告号等）。

（2）表达信息内容特征的语言

文献内容特征主要指文献正文所论述的主题、观点、简介、结论等。主要是分类语言（等级体系分类语言、混合分类语言、组面分类语言等），主题语言（标题词语言、关键词语言、单元词语言、叙词语言等）。这类检索语言在标引中提供分类和主题相关的检索途径。

2. 根据检索语言的结构划分

根据检索语言的结构划分，信息检索语言可以划分为分类语言、主题语言、名称语言、代号语言和引文语言，如图 2 – 3 所示。

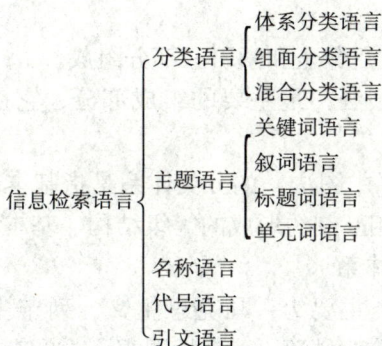

图 2 – 3　根据检索语言的结构划分

（1）分类语言

分类语言是用分类号和相应的分类款目名称来表达信息主题概念，并将信息按学科性质分门别类地系统组织起来的一种检索语言。分类语言能反映事物的从属派生关系，便于按学科门类进行检索。它又分为体系分类语言、组面分类语言和混合分类语言三种。

1）体系分类语言

体系分类语言是一种直接体现分类等级概念的标志系统。它以科学分类为基础，以信息内容的学科性质为对象，运用概念的划分与概括的方法，按照知识门类的逻辑次序，从上到下、从总到分，进行层次划分，每划分一次，就产生许多类目，逐级划分，就产生许多不同级别的类目。这些类目层层隶属，形成一个严格有序的等级结构体系。如《杜威十进制分类法》、《中国图书馆分类法》（简称《中图法》），使用的就是典型的体系分类语言。分类表则是这种语言的具体体现。体系分类语言的主要特点是：按学科、专业集中信息，并从知识分类角度揭示各类信息在内容方面的区别和联系，提供从学科分类检索信息的途径。

2）组面分类语言

组面分类语言是用科技术语进行组配的方式来描述信息内容。这些科技术语按其学科性质分为若干组，称为"组面"。组面内各个术语都附有相应的号码。标引信息时，根据信息内容选择相应的组面和有关术语，把这些术语的号码组配起来，构成表达这一信息内容的分类号。例如，印度阮冈纳赞的《冒号分类法》，其对"牙医外科"的分类号为 L124:4:7，其中字母 L 代表医学，数字 124 表示牙齿，数字 4 表示疾病，数字 7 表示外科，这些字母和数字通过冒号组配就形成一个分类号。

组面分类语言是体系分类语言的发展，组面分类的分类标志是散组式的、组合的、可以分拆的，其中诸因素是可以变换位置的，这样给分类语言带来了很大的灵活性，克服了体系分类标引能力差的弱点，以及"集中和分散"的基本矛盾，在提高检索效率上前进了一大步。

3）混合分类语言

它是组面分类和体系分类语言的结合，两者有所侧重，因而又有组面体系分类语言和体系组面分类语言之分。《中图法》是我国第一部集中了全国图书馆和信息部门的力量共同编制的一部综合性大型文献分类法。目前广泛应用于各类型图书馆。《中图法》主要是从科学分类和知识分类的角度来揭示文献内容的区别和联系，按学科和专业集中文献，提供从学科和专业出发检索文献的途径。

《中图法》主要由类目表、复分表和索引三部分组成。

①类目表。类目表是《中图法》最主要的组成部分，它由基本部类、基本大类、简表及详表构成。

a. 基本部类和基本大类。《中图法》的分类体系是指基本部类与基本大类的构成及其序列，以及所有类目相互联系与相互制约形成的等级结构。基本部类与基本大类的构成及其序列是《中图法》最基本的分类体系。

《中图法》的五大基本部类主要为：马克思主义、列宁主义、毛泽东思想、邓小平理论；哲学、宗教；社会科学；自然科学；综合性图书。这是整个分类表最先确定、最本质、最概括的区分。

《中图法》在基本部类的基础上，根据当前学科状况区分形成了一组具有独立体系的纲领性类目，即一级类目，这是在基本部类基础上展开的知识分类体系框架，是传统的、稳定的、较为概括的学科或知识领域。《中图法》在五大部类的基础上设置了 22 个基本大类的分类框架。

b. 简表。简表是在基本大类的基础上进一步区分出的类目。它是整个分类表的骨架，起着承上启下的作用。简表一般包括一、二、三级类目，可以反映出整个分类表的概貌。

c. 详表。详表是在简表的基础上扩展而成的。这是分类表最主要、最本质的组成部分，是分类表的主体，也是文献分类标引和分类检索的主要依据。

《中图法》的详表是由分类号和类目组成的集合。类目是类的名称，是具有共同属性的一组概念。分类号是类目的标志符号，其主要作用就是简明、系统地表示每个类目在分类体系中的位置，以便组织分类目录和图书排架。类目和分类号一一对应，相辅相成。

《中图法》的编号制度采用基本的层累制。层累制是根据类目的不同等级，配以相应不同位数号码的编号方法，类目的等级与其号码位数是相对应的。层累制的号码可以无限纵深展开，可充分满足类目体系层层展开配号的需要，同时又有良好的表达性。

《中图法》的标记符号采用汉语拼音与阿拉伯数字相结合的混合号码。其中字母表示大类，数字表示其大类下进一步细分的小类（下位类）。一般情况下，数字位数的多少代表其类目划分的级数。

②复分表。复分表又称为辅助表、附表，是由共同性的子目构成单独编制，供有关类目进一步区分时共同使用的表。《中图法》的复分表分为总论复分表、世界地区复分表、中国地区表、国际时代表、中国时代表、世界种族与民族表、中国民族表、通用时间地点表。

③索引表。《（中国图书馆分类法）索引》单独出版发行，它收录了分类表中已列出的具有检索意义的概念，并将这些概念依汉语拼音字顺排列起来。它的编制目的主要在于提供从字顺查检分类表类目的途径，其次是使分类表具有一定程序的主题检索功能。

（2）主题语言

主题语言又称主题词语言，是一种描述性语言，是用自然语言中的词、词语来描述信息内容特征，即信息所论述或研究的事物概念。换而言之，不论学科分类如何，主题语言直接借助于自然语言的形式，作为信息内容的标志和检索依据，是一种以主题词字序为基本结构的检索语言，比较直观。

主题语言可分为关键词语言、标题词语言、叙词语言、单元词语言四种。

1）关键词语言

关键词是直接从信息的标题、正文或摘要中抽取出来，未经过规范化处理，能够表达信息主题内容的关键性词汇。关键词语言是一种未经过规范化的自然语言，但具有表达信息概念直接、准确等特点，被广泛应用于手工检索和计算机检索。

关键词索引是以信息中的一些主要关键词作为检索标志，按字顺排列，并指出信息出处的一种索引。按其款目是否保留非关键词（冠词、介词、连词等）及不同的排检方法，分为单纯关键词索引、题内关键词索引和题外关键词索引。

关键词语言的主要特点是：标引完全专指，易于实现自动标引。其不足之处是：由于对词汇不经控制或少量控制，其检索质量较差。

2）标题词语言

标题词是从自然语言中选取并经过规范化处理的，表达事物概念的词、词组或短语。标题词语言是用经过规范化处理的名词术语来直接表达信息所论及的事物或主题，并将全部标题词按字顺排列起来而形成的一种检索语言。它是一种先组式的检索语言，也是最早使用的主题语言。

标题词表是根据标题词语言编制的，收录标题词及其规则的一部标题词典。它对标题词进行规范化处理和管理，通过参照系统显示词与词直接的逻辑关系，是标引和检索信息的依据。例如，美国工程信息公司编制的《工程主题词表》（简称 SHE）。

标题词语言的主要特点有：形式直观，含义明确，操作简便。其主要不足是：概念难以多向成族，无法从多个因素、多个途径检索，灵活性较差等。

3）叙词语言

叙词语言是从自然语言中优选出来并经过规范化处理的名词术语。叙词语言是采用表示单元概念的规范化语词的组配来对信息内容主题进行描述的后组式词汇型标志系统的检索语言，也是目前使用最广泛的主题语言。

叙词受词表控制，词表中词与词之间无从属关系，都是相互独立的概念单元。检索时可根据需要选出相应的叙词，按照组配原则任意组配检索概念。叙词语言的主要特点是：组配准确，标引能力强；组配方式灵活，可实现多向成族、多途径、多因素检索，检索效果较好。其不足之处是：词表编制和管理难度大，对标引人员要求高，标引难度大。

《汉语主题词表》是由中国科学技术信息研究所、国家图书馆主编的我国第一部全面反映自然科学和社会科学领域名词术语的大型综合性汉语叙词表。它是一种将自然语言转换为检索语言的叙词控制工具，是叙词语言的具体表现。

4）单元词语言

单元词语言是以单元词作为文献内容标志和检索依据的一种主题语言。所谓单元词，是从文献正文、摘要或题目中抽取出来的最一般、最基本的，其概念不可再分的词。它一般未经过规范化，也无词表。检索时，根据检索课题的内容特征，选取恰当的单元词进行组配检索。例如，美国化工专利使用的《化学专利单元词索引》。

单元词语言的主要特点有：词表体积小，标引专指度高，概念可多向成族，可进行多因素和多途径组配检索，灵活性较大。其不足之处是：直接性较差，采用字面组配，在字面分解与语义分解不一致时，容易产生误差，概念显示不充分，难以进行相关检索。

（3）名称语言

名称语言是以人名、地名、书名等代表信息特征的名称为检索标识，作为标引和检索的桥梁。不同的数据库中所设置的作者检索途径、机构检索途径等都是运用名称语言对信息的特征予以描述和展开的结果。

（4）代号语言

代号语言是文献特有的顺序号（包括标准号、合同号等）。在检索时，代号语言的标引和检索都较为直接和有效，检索起来也非常准确。

（5）引文语言

引文语言是利用文献之间引用与被引用之间的关系，来表达检索文献主题之间的相互关系，不需要标引文献，检索简单而有效，现在数据库检索中用得很多。

3. 根据检索语言的组配方式划分

根据检索语言的组配方式，信息检索语言可以分为先组式信息检索语言和后组式信息检索语言（图 2-4）。

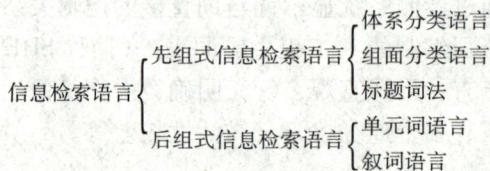

$$
\text{信息检索语言}
\begin{cases}
\text{先组式信息检索语言}
\begin{cases}
\text{体系分类语言} \\
\text{组面分类语言} \\
\text{标题词法}
\end{cases} \\
\text{后组式信息检索语言}
\begin{cases}
\text{单元词语言} \\
\text{叙词语言}
\end{cases}
\end{cases}
$$

图 2-4　根据检索语言的组配方式划分

（1）先组式信息检索语言

先组式检索语言是指在检索之前，表述文献主题概念的标识已经拟定好的检索语言。先组式语言又分为定组型和散组型两种。定组型是指表述文献主题概念的标识，在编制检索语言词表时已经预先固定组配；散组型是指表述文献主题概念的标识，在编制检索语言时并不预先固定组配，而是在标引文献时，根据文献信息的主题内容予以组配，检索阶段也通过相同的组配与之匹配。主题检索语言中的标题词语言属于先组定组型检索语言，而叙词语言当作标题词语言使用时，则属于先组散组型检索语言。

（2）后组式信息检索语言

后组式表达文献信息主题概念的标识，在编制检索语言词表和标引文献的时候，不预先固定组配，而是在检索进行时根据检索的实际需要，按照组配规则临时进行组配的检索语言。叙词语言属于此种类型。

知识小课堂

　　智能化、可视化是信息检索发展两个重要的方向，智能化检索的基本原理是检索系统对输入关键词的重新组配，与元数据串联来实现更精准的检索。可视化信息检索指的是将集中抽象的数据及其语义关系转化为可视展示，以及将内部检索过程展示给用户这一过程。

　　智能化检索中，智能代理（Intelligent Agent，IA）技术已经在国外广泛使用了，其也是我国智能技术研究的核心课题。在国外，不仅麻省理工学院这些先进的大学在研究，很多研究机构也在关注这个课题。IA目前已经制作出一系列的软件程序，这些软件可以让用户授权给软件代理通信协议，让软件能与用户进行信息交换，通过这些软件能精准地给用户提供解决方案。比如，用户想要找一个信息，但是无法提供非常精准的定位关键词，这时软件可以通过对用户的网络痕迹、倾向和习惯，对用户给的模糊关键词进行分析，比如，可以进行信息查询追踪、筛选剔除无用数据、管理用户信息等。AI技术能帮助用户进行模糊信息精准化，自动剔除无用信息，给网络信息检索带来一个光明的未来。

　　可视化检索中，可视化检索是将检索过程，即文献信息、用户提问、各类检索策略及利用检索策略，进行信息检索的整个过程。用户可以随时控制检索，通过交互式输入，在可视化空间进行动态移动，实时反馈。信息检索的可视化不仅用图形、图像来显示多维的非常空间数据，而且用形象直观的形式指引检索过程。它包括过程的可视化与检索结果的可视化。可视化检索为改善人机交互性能提供更直观透明的环境。信息可视化技术方法目前有数据库发现技术、图像分割技术、三维重建技术等。虚拟现实（Virtual Reality）技术通过视觉、听觉、触觉、味觉、嗅觉等作用，利用计算机生成逼真的虚拟的现实环境，使用户身临其境，实现用户与环境的直接交互。

第三章

信息检索的方法、途径和步骤

第一节　信息检索的方法

信息检索方法即查找信息的方法，与信息检索的课题、性质和所检索的信息类型及检索工具的现状有关。

一、常用的信息检索方法

信息检索的方法有很多种，分别适用于不同的检索目的和检索要求。一般来说，信息检索的方法有四种：常用法、提高法、辅助法和综合检索法。这四种方法，无论是计算机检索还是手工检索，都是常用的方法。

1. 常用法

常用法是信息检索中最常用的一种方法，由于该方法是利用检索工具或检索系统查找信息的一种方法，故又称为工具法。根据查找时间的顺序不同，可分为顺查法、倒查法和抽查法三种。

（1）顺查法

顺查法是根据检索课题的发生时间，利用选定的检索工具或检索系统，由远及近，按时间顺序进行检索信息的方法。

这种检索方法的优点是能较全面、系统地检索某一课题的信息，漏检率较低，检全率和检准率都较高。其缺点是检索工作量大，比较费时费力。

该检索方法适用于检索研究范围较大，时间较长的检索课题。

（2）倒查法

倒查法又称逆查法、回溯法。它是根据检索课题的时间范围，由近及远，逆时间顺序检索文献的方法。这种方法注重检索信息的新颖性、关键性和及时性，一旦检出的信息已经符合用户的需求，即可停止检索。

这种检索方法的优点是可以节省时间和人力，但主要不足是检索不够系统，不如顺查法检索的信息全面，漏检的可能性较大。

该检索方法适用于有较强时效性要求的，仅需了解当前或近期新的研究信息，或只查找急需的课题信息，不太注重历史渊源的检索课题。

（3）抽查法

抽查法是指根据课题需要检索某一段时间信息的方法。

这种检索方法的优点是在较短的时间内可以检索到较多的和质量较高的文献，但漏检的可能性大。

该检索方法适用于检索者熟悉课题所属学科的发展特点，对其历史情况有较多了解和掌握的检索课题。

2. 提高法

提高法可分为排除法、限定法和假设法三种。

（1）排除法

排除法是排除明显与课题无关的信息，在可能性较大的范围内检索的一种方法。

比如，要检索申奥成功给我国经济发展的影响方面的文章，确定我国申奥成功的时间为2001年7月13日，则可排除2001年之前的报刊资料，这就是排除法。

正确使用排除法，既能保证检索信息质量，又能有效避免不必要的劳动。

（2）限定法

限定法是相对于排除法而言的，指对被查找对象在时间和空间上加以内在的肯定。例如，通过对资源类型、时间、语种、数量等的限定，使检索结果逼近用户需求。

正确使用限定法，既能保证检索质量，又能大大提高检索速度。

（3）假设法

假设法是当检索陷入困境时，运用联想和假设，以扩大线索的一种方法。检索不到文献的原因很多，可能是使用的检索词不准确，或者检索途径选择不合适，抑或是数据库选用不对，等等。总之，应该想一想可能出现的情况，采用相应的办法试一试。

3. 辅助法

辅助法有两种：直查法和引文法。

（1）直查法

直查法，又称浏览法，指不依靠检索工具直接查阅原始文献获取信息的方法。这种方法不依靠检索工具，因此不能算是严格意义上的信息检索方法。

这种方法的优点是能够明确判断文献中所包含的信息是否需要，缺点是检索范围不够宽，漏检率较大，费时费力。

该检索方法适用于检索课题单一，文献相对集中，且检索人员对文献比较熟悉的情况下。

（2）引文法

引文法，又称追溯法、扩展法、追踪法，是指利用现有文献所附的参考文献、注释、索引为线索，逐一扩大检索范围，依据文献引用与被引用之间的关系获得与内容相关的文献的方法。

引文法包括两种方法：一种是根据原始文献所附的参考文献进行追溯，另一种是利用引文索引检索工具进行追溯。

通过引文法获得的文献，针对性强，数量较多，在缺乏检索工具或检索工具不齐全的情况下，用此方法能够获得一些相关的文献信息。但是由于原文作者记录参考文献存在着不全面与不准确的情况，所以有时很难达到理想的结果。

4. 综合检索法

综合法又称为循环法，它是把常用法、提高法和辅助法结合起来查找文献信息的方法。

常用法、提高法和辅助法各有优缺点，在实际检索时，应根据检索课题的特点、要求等选择最合适的检索方法。实践证明，这几种检索方法结合使用效果最好。

二、计算机检索方法

随着信息技术的发展，计算机检索逐步占了主导地位。计算机检索方法也称为检索方式或检索界面。计算机检索方法主要归纳为以下几种：

1. 基本检索（图 3 - 1）

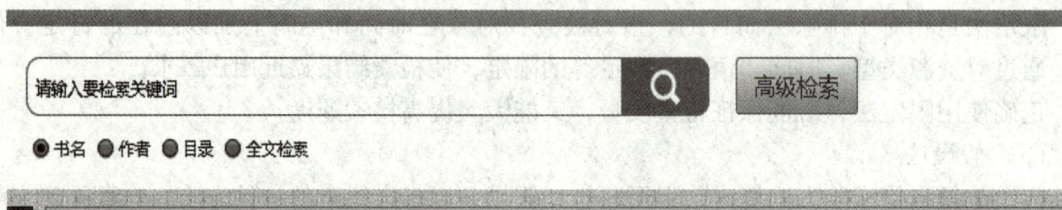

图 3 - 1　超星电子图书馆的基本检索界面

基本检索又称为简单检索、快速检索，多数数据库只提供一个检索框且只能输入一个词语或一个词组检索。这种检索方式能快速得到检索结果，但检准率较低。

2. 高级检索（图 3 - 2）

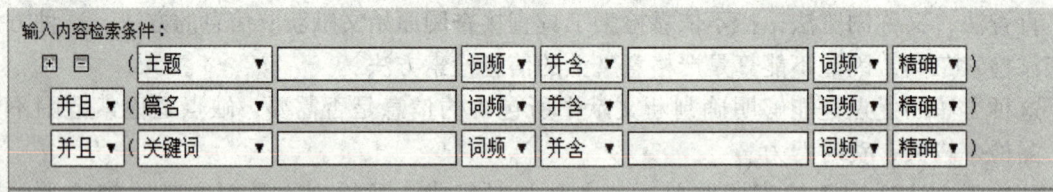

图 3 - 2　中国知网的高级检索界面

在高级检索中，用户可通过点选检索系统给定的检索运算符对多词进行逻辑组配检索。

高级检索提供的检索框也较多，一般一个检索框只能输入一个词语或一个词组，检索框多控制在 2 ~ 5 个。

3. 专业检索（图 3 - 3）

专业检索一般只有一个大检索框，要求用户自己输入检索词、字段、检索运算符进行组配检索。专业检索要求用户有熟练的检索技术。

图 3 - 3　中国知网的专业检索界面

4. 分类检索（图 3 - 4）

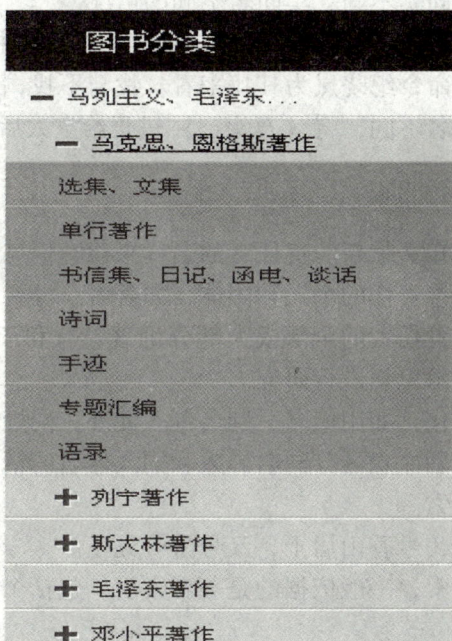

图 3 - 4　超星电子图书的分类检索界面

一般按分类表进行限定检索，或按学科进行一级一级的浏览。

5. 二次检索

二次检索是在以上单项检索的基础上，进一步选用新词进行缩小范围的检索。

第二节　信息检索的途径

信息检索途径是指检索文献的出发点及路径，有时也称"检索入口"。检索途径与信息特征和检索标识相关。归纳起来，有两类检索途径：一是反映信息内容特征的途径；二是反映信息外部特征的途径。检索工具就是根据文献信息的外部特征与内容特征来组织的。

不同的特征形成不同的检索途径。按外部特征，检索途径可分为题名途径、责任者途径、序号途径等；按内容特征，检索途径可分为分类途径、主题途径等。

一、题名途径

题名途径是直接利用文献的题名来查找所需信息的方法。题名包括文献标题名（篇名）、图书名、刊名、标准名、文档名、数据库名等。这是把文献题名按分类、字顺或时间顺序等方法排列起来形成的检索系统。在已知文献题名的情况下，选择题名途径检索最方便。在利用计算机检索系统时，可使用"题名索引"或"题名目录"。

通过题名途径检索时，要注意不同文献可能会有相同的名称，不同名称可能会是同一个文献，也就是要注意区别名同实不同、实同名不同的情况。

例如，《铁嘴铜牙纪晓岚》这部电视剧中有一个情节：《红楼梦》在乾隆时期被列为禁书，而皇太后非常喜欢看，命令纪晓岚为其找来看。找与不找，纪晓岚都面临着被杀头的危险，为此，纪晓岚巧用实同名不同，将《石头记》进贡给皇太后。

二、责任者途径

责任者途径是指根据已知文献新的责任者的名称来检索信息的途径。责任者是指对文献内容进行创作、整理负有直接责任的个人和团体，如著者、译者、编者等。从已知责任者名称查找文献，可系统查出该责任者的全部或大部分论著，有利于了解某一学者的学术思想，进而对这一作家的作品和学术思想进行研究。

但是责任者名称多有变化，如用笔名、别名等。此外，同姓名者也很多，因此，利用责任者途径检索文献时，要特别注意区分同名异人和同人异名的情况，还要熟悉责任者的笔名等别称，以便从别称途径检索。

例如，白居易，字乐天，号香山居士，又号醉吟先生。

利用责任者途径进行检索，一般依据的是著者索引，包括个人著者索引和机关团体索引两种。

三、序号途径

序号途径是根据文献本身出版时的序号特征来查找信息的途径。有些文献有特定的序号，如专利号、报告号、合同号、标准号、国际标准书号和刊号等，可以根据这些专用编号来检索文献信息。若已知文献号码，使用这种检索途径，不仅简单，而且不易造成错检或漏检。文献序号对于识别一定的文献，具有明确、简短、唯一性的特点。

常用的检索工具有号码目录、号码索引等。号码目录、索引一般按字母顺序加号码顺序的方法排列。

四、分类途径

分类法是主要按照信息内容的学科属性，运用概念划分或归纳的方法形成各级类目，从而组织信息，形成一种有序化的知识体系。这是组织信息的方式之一。根据文献信息所属的学科体系来检索信息的途径就是分类途径。

分类途径的优越性在于，把性质相同的文献信息按学科体系相对集中，较好地体现了学科系统性及事物的关联性，便于族性检索。分类途径的局限性在于，不能集中于事物有关的各方面的文献信息，不能有效满足用户检索综合性课题的需求；同时，由于分类体系较为稳定，一些论述新概念、新事物的文献信息不能及时用新类目加以反映，容易漏检；还由于分类体系的单线排列，一些边缘学科、交叉学科、相关学科难以反映揭示出来等。因此，在使用分类途径时，还应当学习掌握其他文献信息检索途径，多种方法配合使用，才能有效、正确地利用各种文献信息。

用户对分类途径的使用，一般可首先通过查找各种分类法的分类详表或类目索引获得相关线索（类目名或类号），再利用检索系统设有分类号的检索字段限定检索，如多种馆藏目录系统；二是通过数据库的学科分类目录树或导航树、搜索引擎的分类类目体系层级展开、浏览选择实现。

目前，我国通用的主要分类法有《中国图书馆分类法》（简称《中图法》）、《中国科学院图书馆图书分类法》（简称《科图法》）和《中国人民大学图书馆图书分类法》（简称《人大法》）三种。其中《中图法》是国家推荐统一使用的分类法，使用范围最广泛。国外常用的有《杜威十进分类法》《国际十进分类法》《美国国会图书馆分类法》等。

《中图法》有 5 个部类和 22 个大类，类号采用英文字母与阿拉伯数字的混合号码，用一个字母代表一个大类，以英文字母的顺序反映大类的序列，在字母后用数字表示大类下类目的划分。如 G252.7，G 表示的是"文化、科学、教育、体育"大类，252.7 代表的是"文献检索"。《中图法》基本大类类目如下：

A　马克思主义、列宁主义、毛泽东思想

B　哲学

C　社会科学总论

D　政治、法律

E　军事

F　经济

G　文化、科学、教育、体育

H　语言、文字

I　文学

J　艺术

K　历史、地理

N　自然科学总论

O　数理科学和化学

P　天文学、地球科学

Q　生物科学

R　医药、卫生

S　农业科学

T　工业技术

U　交通运输

V　航空、航天

X　环境科学、安全科学

Z　综合性图书

《杜威十进分类法》简称 DC 或 DDC 或《杜威法》，又名《十进制图书分类法》，是美国图书馆学家麦威尔杜威（Melvil Dewey）创制的，初版于 1876 年（联机图书馆中心（OCLC）初版），至 1989 年已出版 20 版。全书共有 3 388 页。《杜威法》根据 17 世纪英国哲学家培根关于知识分类的思想，并将其倒置排列，展开 10 个大类（下列类名引自《杜威法》第 20 版）：

000　Generalities 总论

100　Philosophy and related disciplines 哲学

200　Religion 宗教

300　Social sciences 社会科学

400　Language 语言

500　Pure sciences 自然科学和数学

600　Technology（Applied sciences）技术（应用科学）

700　The arts 艺术、美术和装潢艺术

800　Literature（Belles – Lettres）文学

900　General geography and history 地理、历史及辅助科学

五、主题途径

主题途径是以表达文献主题内容的主题词及其派生出的关键词为标志检索信息的途径。表示文献所论述和研究的事物、问题、现象的概念叫作主题；用以表达文献信息主题概念的词叫作主题词，并作为检索标识。在文献检索中，大多数检索工具都提供了主题目录或主题索引。

主题目录按文献内容主题词组织，以文献所讨论的主题直接检索，可以检索到分散于各个学科的同一主题的文献。主题索引是以主题词为标引对象，并按主题词字顺排列的索引。它可以揭示包含这一主题的文献资料在文献正文中的位置。

主题途径的最大特点就是专指性和直观性强，因而通用、方便。由于一篇文献可有多个主题词，而各主题词之间是相互独立的，故主题法可以从不同角度揭示文献内容。同时，主题法方便添加、修改或删节，易于检索与课题有关而分散于各学科的文献。

六、其他途径

除上述途径外，还有时间途径、地区途径、论文集、资料汇编等途径。

1. 时间途径

时间途径是根据文献信息的时间先后来检索信息的途径。有些检索工具是按时间顺序排

列的，如年表、年鉴、大事记等。要检索某个时间发生的事件，从时间途径检索比较方便。这类检索工具有《中国历史纪年表》《中华人民共和国大事记》《中国统计年鉴》等。

2. 地区途径

地区途径是根据文献信息产生的地区来检索信息的途径。地区途径主要用于检索地理信息与地方社科信息。这类检索工具有《中国地方志联合目录》《中国行政区域简册》等。

3. 论文集、资料汇编等途径

直接利用有关专题的论文集、资料汇编、全集、总集、地方志等检索文献信息也是一个值得注意的途径。这些途径不仅能提供需要检索的文献信息，往往还提供较大范围的信息线索。这类检索工具有《报刊资料选汇》等。

以上各种检索途径各有优缺点，检索时应根据检索信息的特点和现有检索工具的情况选择检索途径。如果采用一种检索途径查找效果不佳，可换另一种途径，也可以将两种或两种以上检索途径结合使用，这样容易取得比较理想的检索效果。

第三节　信息检索的步骤

检索步骤是根据研究课题的需要，使用检索工具查找文献信息的具体过程。检索步骤没有固定模式，一般而言，信息检索要经过以下七个步骤：受理检索课题、分析检索课题、确定检索入口、选择检索工具、构造检式式、实施检索、答复检索课题。

一、受理检索课题

检索课题是课题研究所需要查找的文献信息或需要解决的疑难问题。受理检索课题，即接受用户提出的信息检索的要求。这是信息检索工作的起点。

二、分析检索课题

要进行信息检索，首先要对检索的课题进行具体分析，确定检索的目标。分析研究课题的目的在于明确课题所要解决的问题，把握关键，有的放矢，这是检索效率高低或成败的关键。其主要要求为：分析检索课题，明确检索要求，弄清课题涉及的学科范围、主题词、信息类型、语种、出版年代、机构人物及课题产生的时代背景等。

①分析检索课题的主题，根据检索课题的要点提炼出能准确反映课题核心内容的主题概念（即检索用词），了解准确、具体的检索需求。

②分析课题内容涉及的学科范围，明确主题概念及概念间的关系，以便选择检索方法。

③分析课题所需信息的类型，包括文献载体、出版类型、所需文献量、年代范围、地域范围，涉及的语种、有关的著者及机构等。

④分析课题对查新、查准、查全的指标要求。新、准、全是最重要的三个检索指标。若要了解某学科、理论、课题、工艺过程等最新的进展和动态，则要检索最近的文献信息，强调"新"字；若要解决研究中的某具体问题，找出技术方案，则要检索有针对性、能解决实际问题的文献信息，强调"准"字；若要撰写综述、述评或专著等，要了解课题、事件

的前因后果、历史和发展，则要检索详尽、全面、系统的文献信息，强调"全"字。

⑤其他要求，如时间、费用要求等。

三、确定检索入口

确定检索入口就是选择检索途径和检索用词等。

检索途径可以根据文献的内部特征和外部特征来决定。

检索用词的选择方法有两种：直接提取法和间接概括法。直接提取法是直接从检索课题中选用检索词；间接概括法是选用一个能概括检索课题主题的词作检索词。

四、选择检索工具

1. 检索工具的概念及功能

检索工具也称为检索系统，是指按一定学科、一定主题进行收集、整理有关一次文献，加工而成的二次、三次文献，以作为存储、查检、报道一次文献的工具。

检索工具应当具备两个基本功能：一是存储功能，既可以存储原始信息，也可以存储原始信息的替代品，并且通过一定的检索语言，描述信息的内容特征和外部特征，再按照一定分类体系或排检方法组织起来，从而完成信息存储的过程。二是检索功能，即提供各种检索手段，便于人们在需要这些信息时，按照既定的检索方法，从中找出所需要的原始信息，或者至少是原始信息的替代品，从而完成信息检索过程。

2. 检索工具的类型

检索工具根据不同的划分标准，可分为不同的类型。

①按照检索方法划分，可以分为手工检索工具、机械检索工具、缩微文献检索工具与计算机检索工具。

②按照文献收录的范围划分，可以分为综合性检索工具、专业性检索工具、单一性检索工具。

③按照著录形式划分，可以分为全文检索工具和二次检索工具。

全文检索工具主要指的是全文数据库，不仅检索结果可以直接提供全文，还可以对全文中的字、词、句进行检索，包含一次文献或原始文献，还包括三次文献。

二次检索工具主要指目录、文摘、索引数据库。优点是收录范围广，数量庞大、全面、遗漏较少；缺点是不能直接提供全文，还需要进一步寻找。

目录又称书目，是对图书、期刊或其他单独出版的文献信息的系统化的记载及内容的揭示，如《全国总书目》《金盘图书馆书目检索系统》《全国中文期刊联合目录》等。

文摘又称摘要，以简明扼要的文字对一次文献信息进行概括性、准确性的描述。它是将一次文献中的主要论点、数据、观点、结论等内容摘录出来，注明出处，并按一定方式编排的检索工具。如美国的《化学文摘》、英国的《科学文摘》等。

索引是报道和检索文献内容及外表特征的检索工具。如各种检索工具常见的"主题索引""著者索引"等。

3. 检索工具的选择

选择检索系统时，应考虑的主要问题有：

①专业范围、信息类型（目录型、文摘型、全文型）、时间范围、编制的质量（是否齐全、标引的深度）、系统提供的检索途径是否方便等。

②有手检工具，也有机检工具，应首选机检工具。

③考虑价格和可获取性，应选择容易获取的检索系统，注意数据库的价格，权衡价格效益比。

五、构造检索式

用各种运算符将检索词连接起来就构成了检索式，通过检索式可以提高检索结果的精确度。

六、实施检索

实施检索是根据检索策略确定的检索方法和检索工具实际检索文献，获取文献信息的过程。

获得检索结果后，应及时检查检索结果是否符合用户要求，特别注意检全率和检准率。如不符合，应及时调整检索策略，直至检索出符合用户要求的信息。

七、答复检索课题

答复检索课题是检索人员向用户提供信息检索结果，实现检索课题与文献信息有机联系的最后程序。

检索流程图如图 3-5 所示。

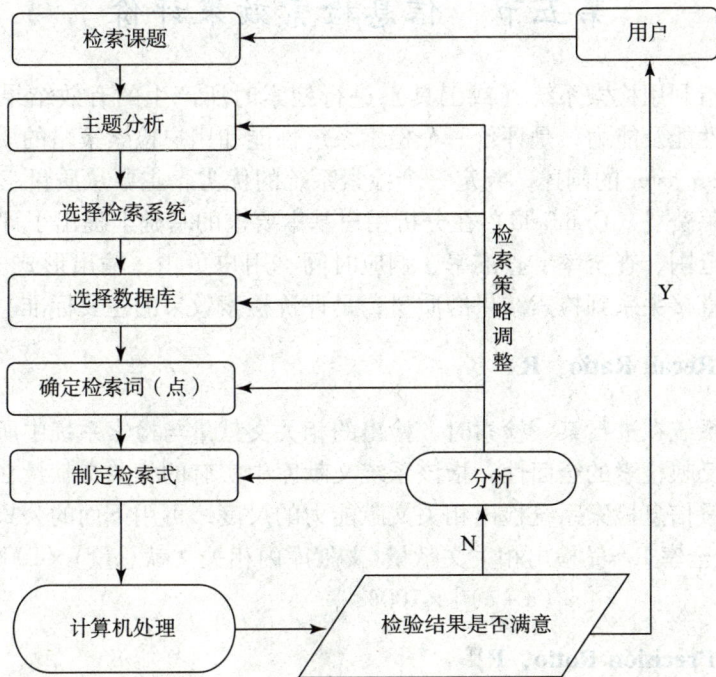

图 3-5 检索流程图

第四节　信息检索策略

所谓信息检索策略，即将课题的提问及其检索词与检索系统的收录内容、编排特点相匹配而确定的检索方案或程序。制定检索策略就是选择检索工具、确定检索方法和途径。

广义的检索策略是指为实现检索目标而制定的全盘计划和方案，是对整个检索过程的科学规划和指导，包括在明确检索目的、分析课题特征的基础上，选择合适的数据库和检索系统，拟定检索方式，选定检索词，构建检索式，执行检索并调整检索式，直至获得较满意的检索结果的全过程。

狭义的检索策略是指根据用户情报需求，为达到检索目标而制定的检索实施方案或计划，可包括选择适当的数据库、确定检索途径、制定出检索表达式实施检索，并通过对检索结果的评估，进一步修改和完善上述步骤，调整、优化检索的过程。

检索策略是否准确、周密，会直接影响到检索的效率和成败。正确的检索策略可以优化检索过程，提高检索效率，需要根据问题或课题的检索取向，确定检索系统、确定检索途径、选定检索词、科学运用检索方法和检索技巧，适时调整检索策略。

检索策略输入检索系统后，系统响应的检索结果有时不一定能满足课题检索的要求，或者检出的篇数过多，而且不相关文献所占比例较大，或者检出的文献数量太少，有时甚至为零，这时就需要调整检索策略，扩大检索范围或缩小检索范围。一般将检索范围设置得太小、命中文献不多，需要扩大检索范围的方法称为扩检；而将检索范围设置得太大、命中文献太多，需要缩小检索范围的方法称为缩检。

第五节　信息检索效果评价

检索效果是指利用检索系统（或工具）进行检索时所产生的有效结果。它直接反映了检索系统的检索性能及能力，是评价一个检索系统性能和用户检索策略的质量标准。

根据 F. W. Lancaster 的阐述，判定一个检索系统的优劣，主要从质量、费用和时间三个方面来衡量。克莱费登（Cranfield）在分析用户基本要求的基础上提出了评价检索系统的六条标准，即收录范围、查全率、查准率、响应时间、用户负担、输出形式。在这些标准中，查全率和查准率直接关系到检索结果的质量，是评价检索效果的主要标准。

1. 查全率（Recall Ratio，R）

查全率是指系统在进行某一检索时，检出的相关文献量与检索系统中所有相关文献总量的比率。查全率反映检索的全面性，指该系统文献库中实有的相关文献量在多大程度上被检索出来。它是衡量信息检索系统检出相关文献能力的尺度，可用下面的公式表示：

$$查全率\ R = (检出相关文献量/文献库内相关文献总量) \times 100\%$$
$$= [a/(a+c)] \times 100\%$$

2. 查准率（Precision Ratio，P）

查准率是指系统在进行某一检索时，检出的相关文献量与检出文献总量的比率。它用来描述系统拒绝不相关文献的能力，反映了检索的准确性。有人也称查准率为"相关率"。可用下面的公式表示：

$$查准率 P = （检索的相关文献数量/检出的文献总量）\times 100\%$$
$$= [a/(a+b)] \times 100\%$$

需要指出的是，查全率和查准率之间是互补的关系。在一个特定的检索系统中，在查全率不断提高的同时，查准率就会降低；反之，在查准率提高的同时，查全率又会降低。

在查全率和查准率的基础上，又衍生了两个指标，即漏检率和误检率。

3. 漏检率（M）

漏检率指没有被检出的相关文献数量与系统文献中相关文献总量的比率，可用下面的公式表示：

$$漏检率 M = （未检出的相关文献数量/文献库内相关文献总量）\times 100\%$$
$$= [c/(a+c)] \times 100\%$$

漏检率与查全率是一对互逆的检索指标，查全率高，漏检率必然低。

4. 误检率（N）

误检率是指检出的不相关文献数量与检出的文献总量的比率，可用下面的公式表示：

$$误检率 N = （检出的不相关文献数量/检出的文献总量）\times 100\%$$
$$= [b/(a+b)] \times 100\%$$

误检率与查准率是一对互逆的检索指标，查准率高，误检率必然低。

评价检索系统的检索效果的主要指标是查全率和查准率。与之相应的，评价信息检索系统的检索误差的主要指标是漏检率和误检率。误差越大，效率越低，检索系统的性能就越低；误差越小，效率越高，检索系统的性能就越高。由此可见，产生漏检和误检的原因是影响检索系统效果的主要因素。

现实中影响检索效果的因素有很多，如检索系统（或工具）的收录范围、标引质量、检索人员的自身素质及所制定的检索策略，这些都与查全率、查准率存在非常密切的关系。要达到最佳的检索效果，一方面，应当深入了解各种检索工具的覆盖面、索引方式、标引质量，从中选择最恰当的高质量检索工具，必要时可综合使用多种检索工具；另一方面，应当结合各种信息检索技术，灵活运用各种检索方法，优化检索策略，从而最大限度地发挥检索系统的功能。

第四章

计算机信息检索技术

第一节 计算机信息检索技术

计算机信息检索的实质是"匹配运算"，即由检索者把检索提问变成计算机能识别的检索表达式输入计算机中，由计算机自动对数据库中各文档进行扫描、匹配。掌握计算机检索技术，快速、准确地构建计算机能识别的检索表达式是进行计算机检索的重要环节。

计算机检索技术主要指检索词的组配技术和检索式的构成规则。检索词包括主题词、关键词、名称、分类号、分子式、专利号及各种号码等。检索式主要是运用各种逻辑运算符号、位置逻辑算符、截词符及其他限制符号等，把检索词连接组配起来，确定检索词之间的关系，准确表达检索课题的内容。

常用的计算机检索技术主要有布尔逻辑检索技术、词位检索技术、截词检索技术、字段限制检索技术、加权检索等。

一、布尔逻辑检索技术

布尔逻辑检索技术，又称布尔检索法，是指利用布尔检索运算符连接各个检索词，然后由计算机进行相应逻辑运算，以找出所需信息的方法。它使用面最广，使用频率最高。在具体检索时，是通过以下三个布尔运算符来实现其功能的。

1. 逻辑"与"

这种组配关系用"AND"或"＊"表示，是对具有交叉关系和限定关系的一种组配。如果用 AND 连接检索词 A 和检索词 B，则检索式表示为：A AND B（或 A＊B），即表示让系统检索同时包含检索词 A 和检索词 B 的信息集合，如图 4-1 所示。

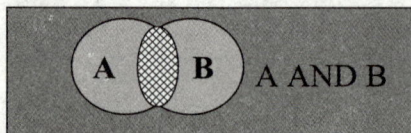

图 4-1　A AND B

逻辑"与"的作用是缩小检索范围，提高检索的查准率。

2. 逻辑"或"

这种组配关系用"OR"或"＋"表示，是对具有并列关系概念的一种组配。如果用

OR 连接检索词 A 和检索词 B，则检索式表示为：A OR B（或 A + B），即表示让系统查找检索词 A、B 之一，或同时包括检索词 A 和检索词 B 的信息，如图 4－2 所示。

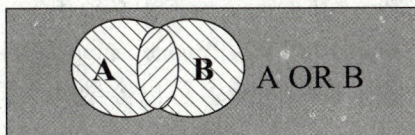

图 4－2　A OR B

逻辑"或"的作用是扩大检索范围，提高检索的查全率。

3. 逻辑"非"

这种组配关系用"NOT"或"－"表示，是对具有排斥关系的概念的一种组配。如果用 NOT 连接检索词 A 和检索词 B，则检索式表示为：A NOT B（或 A－B），即表示检索含有检索词 A 而不含检索词 B 的信息，即将包含检索词 B 的信息集合排除掉，如图 4－3 所示。

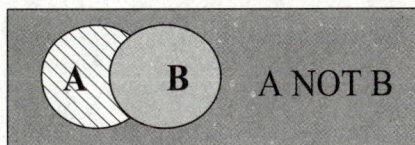

图 4－3　A NOT B

逻辑"非"的作用是排除不必要的概念，减少检索结果，提高查准率。

当一个检索式中，同时出现不同的布尔逻辑算符时，它的运算级别是不同的。布尔逻辑算符的运算次序通常是：在有括号的情况下，括号内的逻辑运算先执行；有多层括号时，先执行最内层的括号。逻辑"与""或""非"的运算次序是：先执行逻辑"非"操作，再执行逻辑"与"，最后执行逻辑"或"。其公式如下：

括号 > 逻辑"非" > 逻辑"与" > 逻辑"或"

或者

( ) > NOT > AND > OR

二、词位检索技术

词位检索法就是利用位置运算符连接各个检索词，让计算机进行相应的位置逻辑运算，从而查找出所需信息的检索方法。其中，位置运算符是用于规定检索词在文献记录中的位置关系的符号。在实际检索中，利用位置运算符可有效提高查全率和查准率。

常用的位置运算符有以下几种。

① （W）算符：表示用此符号连接的两个检索词必须按原次序紧挨着，词序不能颠倒，中间不得插入其他词、字母或代码，但允许有空格或标点符号，也可用（ ）表示。例如，teaching（W）method 仅表示"teaching method"这个词组，其中 teaching 和 method 两词次序不能颠倒。

② （nW）算符：表示用此符号连接的两个检索词中间可插入 n 个词，但这两个词之间的顺序不可颠倒。例如，wear（1W）materials 可检索出 wear of materials 和 wear materials。

③ （N）算符：表示用此符号连接的两个检索词必须相连，中间不得插入其他词，但词序可以颠倒。例如，money（N）supply 可检索出 money supply 和 supply money 两个词组。

④ （nN）算符：表示两个检索词中间最多可以容纳 n 个词，且词序可以颠倒。例如，economi？（2N）recovery 可检索出 economic recovery、recovery of the economy 等词组。

⑤ （F）算符：表示两个检索词必须同时出现在同一个字段内，但两词的词序和中间插入的词数不限。例如，environmental（F）impact/DE，TI 表示这两个词必须同时出现在叙词字段和篇名字段中。

⑥ （S）算符：表示两个检索词必须在同一个子字段中，但两词的词序和所在的字段不限。例如：literature（S）foundation，只要 literature 和 foundation 两词出现在同一句子中，就满足检索条件。

⑦ （C）算符：表示两个检索词必须出现在同一记录中，但两词的词序和所在的字段不限。

⑧ （L）算符：表示两个检索词之间存在从属关系或限制关系，如果其中一个为一级主题词，另一个就为二级主题词。

三、截词检索技术

截词检索就是利用检索词的词干或不完整的词形查找信息的一种检索方法。严格意义上它只适用于西文文献信息的检索。

具体检索时，系统将检索者输入的词干或不完整的词形到数据库中进行查找，凡与之相匹配的字串，不论其后、其前是何字母，均属命中内容。

西文的构词比较灵活，在词干上加上不同性质的前缀就可以派生出许多新的词汇，而且这些词汇在意义上都比较相近，如单数和复数形式、动词与动名词形式，或者同一词的英美两种不同的拼法等。这些词如果在检索时不加以考虑，就会出现漏检的现象，但是将这些词全部罗列又相当烦琐，而截词检索正好可以解决这一问题。

截词的方式有多种。按截断的字符数量来分，可分为有限截断和无限截断两种类型。有限截断是指有具体截去的字符数，而无限截断则不指明具体截去的字符数。按截断的位置区分，可以划分为前截断、后截断和中截断。

截断常使用截断符号，各检索系统所使用的截断符号有所不同，一般有"？""＄""＃"及"＊"等。

1. 前截断

截去某个词的前部，是词的后方一致比较，也称后方一致检索。例如，输入"＊magnetic"，能够检出含有 magnetic、electromagnetic、paramagnetic、thermomagnetic 等词的记录。

2. 后截断

截去某个词的后部，是词的前方一致比较，也称前方一致检索。例如，输入"geolog

＊”，将会把含有 geological、geologic、geologist、geologize、geology 等词的记录检索出来。

3. 中截断

截去某个词的中间部分，是词的两边一致比较，也称两边一致检索。例如，输入"organi？ation"，可以检出 organization、organisation；输入"f？？t"，可查出 foot、feet。

四、字段限制检索技术

字段限制检索是指限定检索词在数据库记录中的一个或几个字段范围内查找的一种检索方法。

不同数据库和不同种类文献记录中所包含的字段书目不尽相同，字段名称也有区别。在一些网络数据库中，字段名称通常放置在下拉菜单中，用户可根据需要选择不同的检索字段进行检索。

在检索系统中，数据库设置的可供检索的字段通常有两种：表达文献主题内容特征的基本字段（或基本索引）和表达文献外部特征的辅助字段（或辅助索引）。基本索引有"题名""摘要""叙词"和"标识词"四种；辅助索引有"作者""作者单位"等20多种。一般常用的限定字段包括了基本索引的部分和辅助索引的部分，详情见表4-1。

表4-1 常用限定字段表

限定字段名称	字段代码	限定字段名称	字段代码
题名（Title）	TI	刊名（Journal）	JN
摘要（Abstract）	AB	语种（Language）	LA
叙词（Descriptor）	DE	作者（Author）	AU
文献类型（Document Type）	DT	作者单位（Corporate Soure）	CS

利用字段限制技术构造的检索表达式有两种：后缀式和前缀式。

1. 后缀式

后缀式是将字段代码放在检索词之后，并用"/"号连接。

例如，management/TI 表示检索题名中有 management 的文献。

management/TI,AB 表示检索题名或者摘要中有 management/TI 的文献。

2. 前缀式

前缀式一般用于表达文献外部特征的字段，将前缀代码放在检索词之前，用"="连接。

例如，AU = Liu,Zhang。

五、加权检索技术

加权检索是某些检索系统中提供的一种定量检索技术。加权检索与布尔检索、截词检索等一样，也是文献检索的基本检索手段，但与它们不同的是，加权检索的侧重点不在于判定检索词或字符串是不是在数据库中存在、与别的检索词或字符串是什么关系，而是判定检索词或字符串在满足检索逻辑后对文献命中与否的影响程度。

第二节 检索词的提炼

一、检索词的概念和类型

检索词即检索标识，是指能表达检索课题主题概念和信息需求的名词术语、分类号、名称及代码等的总称，包括主题词、关键词、名称、分类号、分子式、专利号及各种代码等。

按照表达文献信息特征的形式不同，检索词可分为以下四种类型：

①表示主题的检索词，如标题词、单元词、叙词、关键词等。

②表示分类的检索词，如分类号等。

③表示责任者的检索词，如作者姓名、机构名等。

④表示特定意义的检索词，如分子式、专利号、ISBN 号、ISSN 号等。

检索词是表达文献信息需求的基本元素，也是计算机检索系统中进行匹配的基本单元。

检索词选择正确与否，将直接影响到检索结果。在全面了解检索课题的相关问题后，应提炼主要概念与隐含概念，排除次要概念，以便确定检索词。

二、确定检索词的基本原则

①优先选用主题词。当所选检索工具或系统具有叙词表或主题词表时，优先选用叙词或主题词作为检索词，以便获得最佳的检索效果。

②选用数据库规定的代码。许多数据库的文档中使用各种代码来表示各种主题范畴，有很高的匹配性。例如，世界专利文摘数据库中的分类代码、化学文摘数据库中的化学物质登记表。

③选用常用的专业术语、专业词（低频词），不用"研究""应用""开发""建设"等泛词；在数据库没有专用的词表或词表中没有可选的词时，可以从一些已有的相关专业文献中选择常用的专业术语作为检索词。

④选用同义词与相关词，包括同义词、近义词、相关词、缩写词、学名、别名、俗名、商品名、缩略语、元素符号等。词形变化应尽量选全，以提高查全率，如"土豆"的同义词"马铃薯"。

⑤上、下位词的互代，如"果树的栽培技术"中的"果树"是概念过大的词，不一定能代替"桃树""梨树"等下位词。

⑥相似性词的借代，如"成都研究生体育工作调查研究"，"成都"可以考虑"上海""北京"等。

三、提炼检索词的步骤

检索课题是一个语句，首先将语句切分到词，再对词进行筛选，对不需要者进行删除，对不合格者进行替换，然后对选中的词进行限定、还原，或补充同义词、相关词。

1. 切分法

切分法是对课题语句进行切分，以词为单位划分句子或词组。

例如：计算机情报检索方法

切分为：计算机/情报/检索/方法

词是语义切分的最小单位，也是检索的最小单位。切分必须彻底，必须"到词为止"，同时，切分必须适度，只能"到词为止"，不能因切分而改变语义。

例如：龙眼，不能切分为"龙"和"眼"。

2. 删除法

①删除不具有检索意义的虚词及其关键词。不具有检索意义的词，如介词、助词、副词、连词等虚词，以及与课题相关度不大的其他关键词。经过删除，语句可转换为关键词的集合。

例如：豆科\植物\中\土壤\酸\碱\度\对\锌\吸收\的\效果

删除为：豆科\植物\土壤\酸\碱\锌\吸收

②删除过分宽泛和过分具体的限定词。过分宽泛的词没有触及课题的实质，太苛刻、太狭义、过分具体的限制条件则会挂一漏万。过分宽泛和过分具体的词均属于不必要的限定词，应去掉。

例如：干洗涤/的/近况、/生产工艺/、配方/及/其/应用

删除为：干洗涤

③删除存在蕴涵关系的可合并词。如果两个词之间存在相互蕴含的关系，可酌情去掉其中一个。

例如：图书馆/教育/的/视听教具

删除为：图书馆　视听教具

3. 替换法

用概念更明确、更具体、更本质、更可行的词，替换用户课题中概念模糊、宽泛、狭窄或不可行的词，或者将同义词、相关词增加到课题原来的概念组种，同时保留原有的词。

例如：煤气　中毒

替换为：一氧化碳　中毒（或：煤气一氧化碳中毒）

4. 还原法

有些词是由词组或句子缩略而成的，检索时可反其道而行之，将缩略词补充还原，并将这个词作为原词的同义词补充入检索式。

例如：中小学

还原为：中小学　中学　小学

5. 补充法

补充检索词的同义词和相关词，以增加检全率。

例如：文献

补充为：文献　信息　情报

6. 限定法

一词多义是普遍现象。为避免一词多义而导致的误检，应增加限定词。其方法有两种：用逻辑"与"增加限定词；用逻辑"非"排除异义词。

例如：电子科技大学

检索词：电子科技大学　成都（或西安　杭州）

第三节　检索式的构造

一、检索式的概念及类型

检索式，又称为检索表达式、检索提问式，是计算机信息检索中用来表达用户检索提问的逻辑表达式，由检索词和各种布尔逻辑算符、位置运算符、截词符及系统规定的其他组培连接符号组成。

检索式是人机交流的入口语言，对检索效率有直接的影响。检索式构造的优劣关系到检索策略的成败。

检索表达式分为简单表达式和复合表达式两种。简单表达式是指单独使用一个检索词所进行的检索。复合表达式是指将两个或两个以上的检索词用各种逻辑算符、位置算符、截词符及系统认可的其他符号连接起来的检索系统可识别和执行的命令表达式。

二、检索式构建案例

针对检索课题进行分析，然后确定检索词，构建检索式。以下列出了部分案例。需要注意的是，不同的检索工具可支持的检索式不同，需根据实际情况灵活调整检索式。

1. 关于住宅玄关设计的探讨

检索词：住宅　玄关　门厅　设计

检索式1：住宅 and（玄关 or 门厅）and 设计

检索式2：住宅 and 玄关 and 设计

检索式3：住宅 and 门厅 and 设计

2. 日本艺妓妆容研究

检索词：日本　艺伎　町伎　妆容　妆面

检索式1：日本 and（艺伎 or 町伎）and（妆容 or 妆面）

检索式2：日本 and 艺伎 and 妆容

检索式3：日本 and 町伎 and 妆容

检索式4：日本 and 艺伎 and 妆面

检索式5：日本 and 町伎 and 妆面

3. 我国空姐妆容设计方面的文献

检索词：我国 中国 空姐 空乘 妆容 设计

检索式 1：（我国 or 中国）and（空姐 or 空乘）and 妆容 and 设计

检索式 2：（我国 or 中国）and 空姐 and 妆容 and 设计

检索式 3：（我国 or 中国）and 空乘 and 妆容 and 设计

检索式 4：我国 and 空姐 and 妆容 and 设计

检索式 5：……

4. 电子科技大学概况

检索词：电子科技大学 成都 概况

检索式：电子科技大学 and 成都 and 概况

或者：

检索词：电子科技大学 西安 杭州 概况

检索式：电子科技大学 and 概况 not（西安 or 杭州）

5. Research on security testing of cloud computing（云计算安全监测研究）

检索词：security；secure；safety；test；check；determination；detection；cloud computing

检索式：（securi * or safety）and（test or check or determination or detect *）and cloud comput *

第二篇

工 具 篇

第五章

图书检索工具

第一节　联机公共检索目录

一、OPAC 概述

据统计，当今全世界每年出版大约 100 万种新书，其中绝大部分被图书馆收藏。获取这些图书信息的主要检索工具是联机公共检索目录，也称为馆藏机读目录数据库。联机公共检索目录英文名称为 "Online Public Access Catalog"，简称 OPAC。OPAC 是图书馆面向用户提供的电子目录查询服务，也是用户检索和使用图书馆信息资源的一种重要手段。OPAC 提供了利用计算机终端来查询图书馆馆藏资源的一种现代化检索方式，也就是说，读者通过互联网可以在任何地方对提供 OPAC 服务的图书馆馆藏资源进行检索。OPAC 于 20 世纪 70 年代初产生于美国大学和公共图书馆，是一种通过网络查询馆藏书目资源的联机检索系统。经过多年的发展，OPAC 成为用户使用图书馆书目资源的主要入口，它是方便用户使用并实现图书馆资源共享的系统。

在传统的图书馆中，用户要查找某一本图书或期刊，需要使用目录柜翻看一张张的卡片，再根据卡片上的信息选择自己需要的图书或期刊。而现在，用户在办公室、实验室、宿舍里，只要通过连网的计算机，随时都可以利用书目检索系统查找所需的书目信息。书目检索系统比手工查询书目卡片更迅速、更准确、更方便，大大提高了书目检索的效率。

OPAC 系统可能因集成系统的不同，系统平台、用户界面都不尽相同，但是它的功能大致是相同的，包括馆藏书刊信息查询、读者借阅情况查询、续借和预约图书、荐购图书、读者留言等一系列功能。各馆可以根据自身资源和特色增减服务。

二、四川国际标榜职业学院的金盘图书馆书目检索系统

1. 金盘图书馆书目检索系统概述

四川国际标榜职业学院图书馆选用的 OPAC 系统是金盘图书馆书目检索系统。标榜图书馆金盘图书馆书目检索系统于 2005 年对外开放。经过几年的建设，目前已拥有中文图书、外文图书、中文期刊、外文期刊、中文视听资料、外文视听资料、小牛津分馆 7 个数据库三十几万条馆藏书目数据。

在地址栏中输入 "http://lib. polus. edu. cn/poluslib/"，进入四川国际标榜职业学院图书馆的主页，如图 5-1 所示。

图 5-1　图书馆网站

单击"纸本图书、期刊",进入金盘图书馆书目检索系统,如图 5-2 所示。

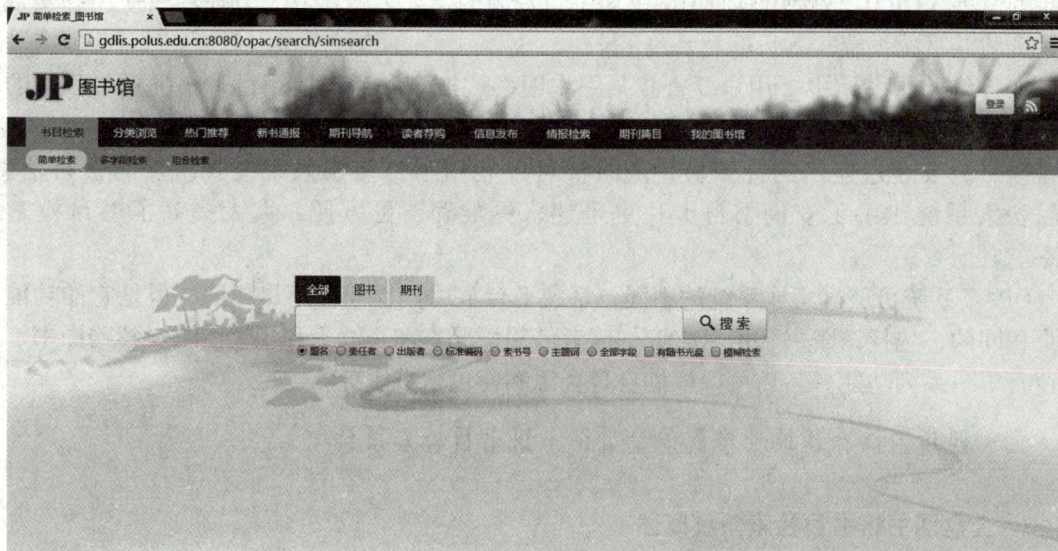

图 5-2　金盘图书馆书目检索系统

2. 四川国际标榜职业学院馆藏书目检索

（1）书目查询

简单检索,是指选择一个检索的途径来检索所需要的图书,即选择题名、责任者、出版者、标准编码、索书号、主题词、全部字段中的任意一个检索途径进行检索，如图 5 - 3 所示。

图 5 - 3　简单检索界面

　　多字段检索，是指用多个检索途径进行组配检索，即在题名、责任者、索书号、出版者、标准编码、主题词等途径中任意选择几个途径进行组配检索，检索的结果往往比简单检索要更精确，如图 5 - 4 所示。

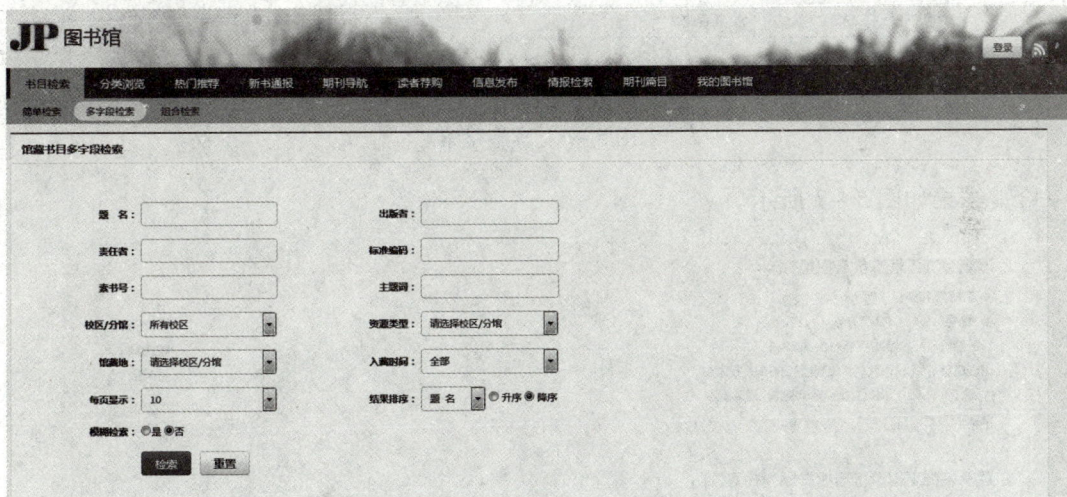

图 5 - 4　多字段检索界面

　　组合检索，也是用多个检索途径进行组配的检索，如图 5 - 5 所示。相对于多字段检索而言，组合检索的途径选择更灵活，可以在题名、责任者、索书号、出版者、标准编码、主题词、文献名等途径中任意选择一个途径进行检索，并且途径可以重复选择、途径与途径之间的逻辑关系可以选择，这个非常适合之前学的检索式的检索。

　　检索案例：检索园林景观及建筑装饰的工程造价方面的图书资料。

　　检索步骤：

　　①设置检索词：园林景观、建筑装饰、工程造价。

　　②设置检索式：（园林景观 or 建筑装饰）and 工程造价。

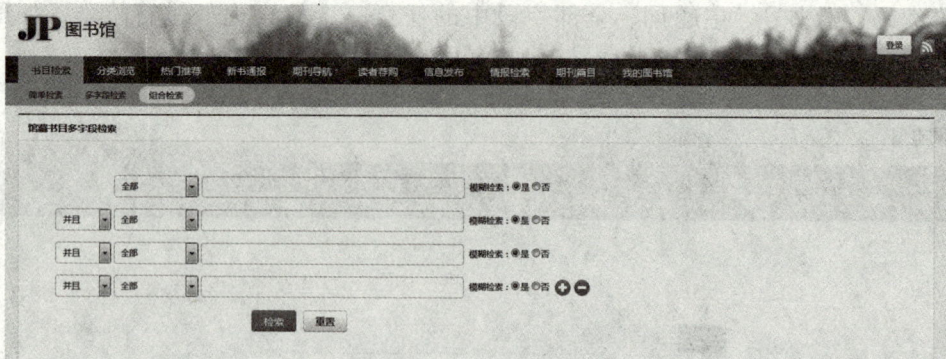

图 5-5　组合检索界面

③实施检索：将检索式（园林景观 or 建筑装饰）and 工程造价放入检索框进行检索，如图 5-6 所示。

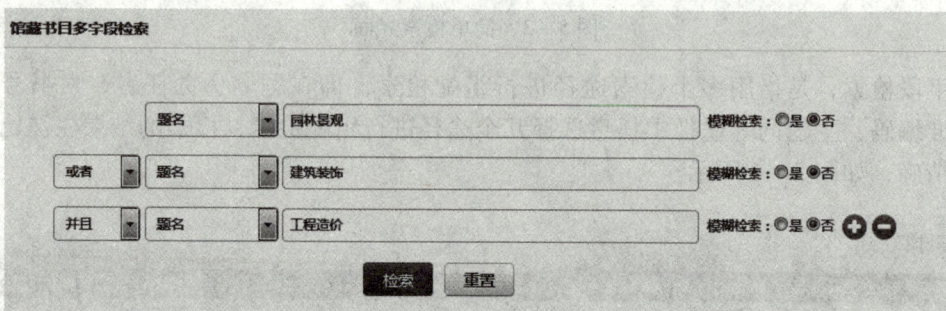

图 5-6　实施检索

检索结果如图 5-7 所示。

建筑装饰工程造价与招投标

— 苏晓梅主编

索书号：	TU723/4
标准编码：	978-7-5310-3088-1
出版信息：	河北美术出版社 2008.9 石家庄
主题词：	建筑装饰 建筑装饰 建筑装饰

中文图书
馆藏数：5
可借数：5
★收藏

馆藏预览▼

建筑装饰工程造价与招投标

— 张文萃编著

索书号：	TU723/6
标准编码：	978-7-5473-0566-9
出版信息：	上海盛尚文化传播有限公司 2013.03 上海
主题词：	建筑装饰 建筑装饰 建筑装饰

中文图书
馆藏数：5
可借数：5
★收藏

馆藏预览▼

建筑装饰工程造价与招投标

— 李瑞锋主编

索书号：	TU723/4
标准编码：	978-7-5310-3088-1
出版信息：	东方出版中心 2008.6 上海
主题词：	建筑装饰 建筑装饰 建筑装饰

中文图书
馆藏数：5
可借数：5
★收藏

馆藏预览▼

图 5-7　检索结果

观察检索结果后发现，只有建筑装饰工程造价方面的图书，是否馆内没有关于园林景观工程造价方面的图书呢？将检索式中检索词的位置进行交换（建筑装饰 or 园林景观）and 工程造价，输入检索框，如图 5－8 所示。

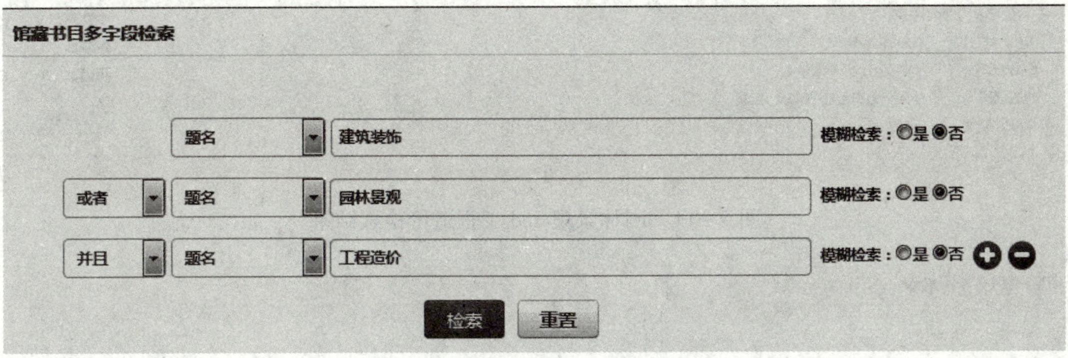

图 5－8　将检索式中检索词的位置进行交换

检索结果如图 5－9 所示。

图 5－9　检索结果

观察检索结果，发现图书馆有园林景观工程造价方面的图书，再次检查检索过程，检索式、检索途径、检索步骤都是正确的，经过多个检索实验，发现在金盘书目检索系统中，"逻辑与""逻辑或""逻辑非"不能够同时进行检索，所以需要将检索式（园林景观 or 建筑装饰）and 工程造价拆分成园林景观 and 工程造价、建筑装饰 and 工程造价两个检索式分别进行检索。

⑤实施检索：将检索式园林景观 and 工程造价、建筑装饰 and 工程造价分别放到检索框中进行检索，得到检索结果，如图 5－10～图 5－13 所示。

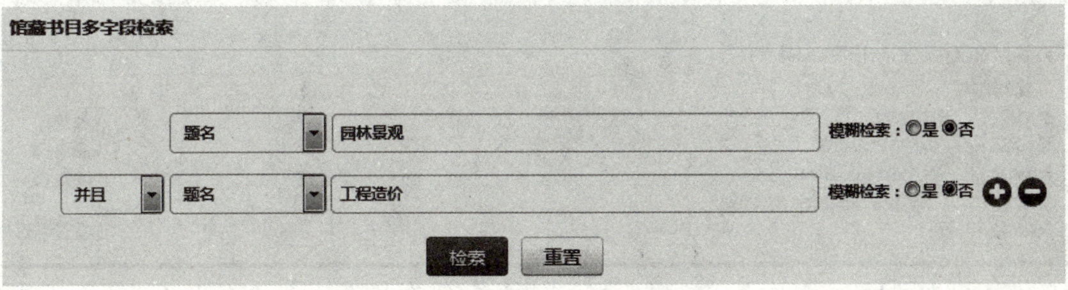

图 5－10　园林景观 and 工程造价

搜索　全部的资源 1 条结果，用时 0.0 秒　显示

园林景观工程造价常见问答精编 📖

——张年春, 吴晓伶主编

索书号：	TU986.3-44/2
标准编码：	978-7-5123-0626-4
出版信息：	中国电力出版社 2010 北京

馆藏预览 ▾

中文图书

馆藏数：3
可借数：3

⭐ 收藏

图 5 - 11　园林景观 and 工程造价检索结果

馆藏书目多字段检索

| 题名 ▾ | 建筑装饰 | | 模糊检索：◯是 ⦿否 |

| 并且 ▾ | 题名 ▾ | 工程造价 | 模糊检索：◯是 ⦿否 ➕ ➖ |

检索　　重置

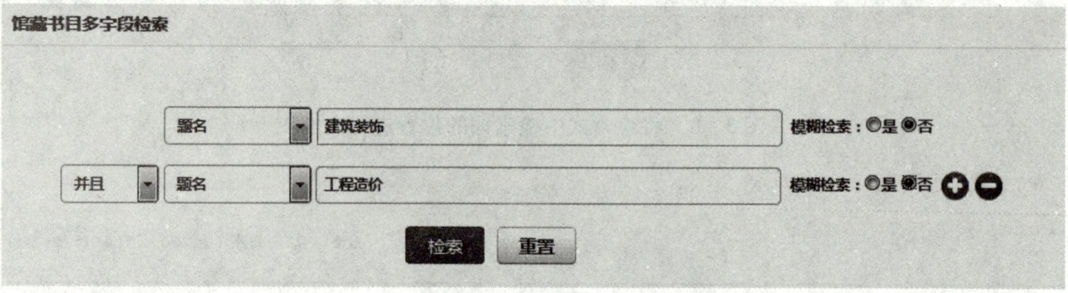

图 5 - 12　建筑装饰 and 工程造价

搜索　全部的资源 3 条结果，用时 0.015 秒　显示方

建筑装饰工程造价与招投标 📖

—— 苏晓梅主编

索书号：	TU723/4
标准编码：	978-7-5310-3088-1
出版信息：	河北美术出版社 2008.9 石家庄
主题词：	建筑装饰　建筑装饰　建筑装饰

馆藏预览 ▾

中文图书

馆藏数：5
可借数：5

⭐ 收藏

建筑装饰工程造价与招投标 📖

—— 张文萃编著

索书号：	TU723/6
标准编码：	978-7-5473-0566-9
出版信息：	上海盛尚文化传播有限公司 2013.03 上海
主题词：	建筑装饰　建筑装饰　建筑装饰

馆藏预览 ▾

中文图书

馆藏数：5
可借数：5

⭐ 收藏

建筑装饰工程造价与招投标 📖

—— 李瑞锋主编

索书号：	TU723/4
标准编码：	978-7-5310-3088-1
出版信息：	东方出版中心 2008.6 上海
主题词：	建筑装饰　建筑装饰　建筑装饰

馆藏预览 ▾

中文图书

馆藏数：5
可借数：5

⭐ 收藏

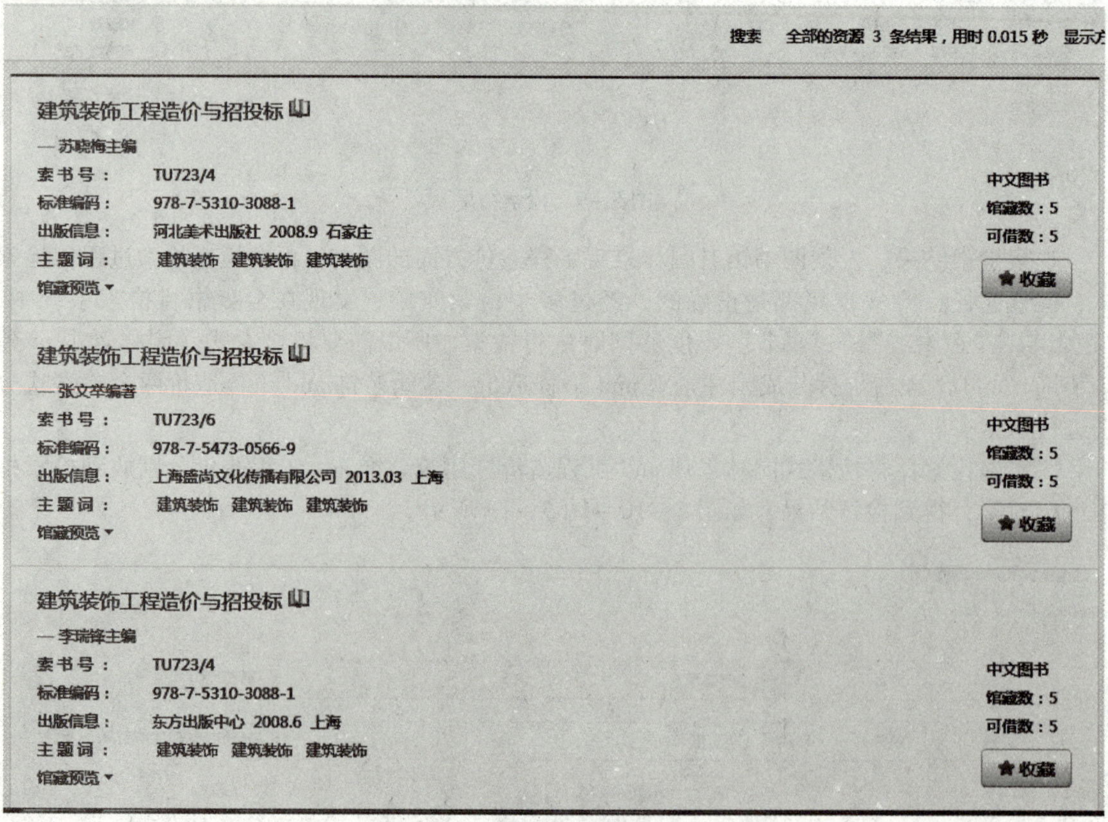

图 5 - 13　建筑装饰 and 工程造价检索结果

⑥查看书目信息（查看检索结果，即检索数目及馆藏信息），如图 5－14 所示。

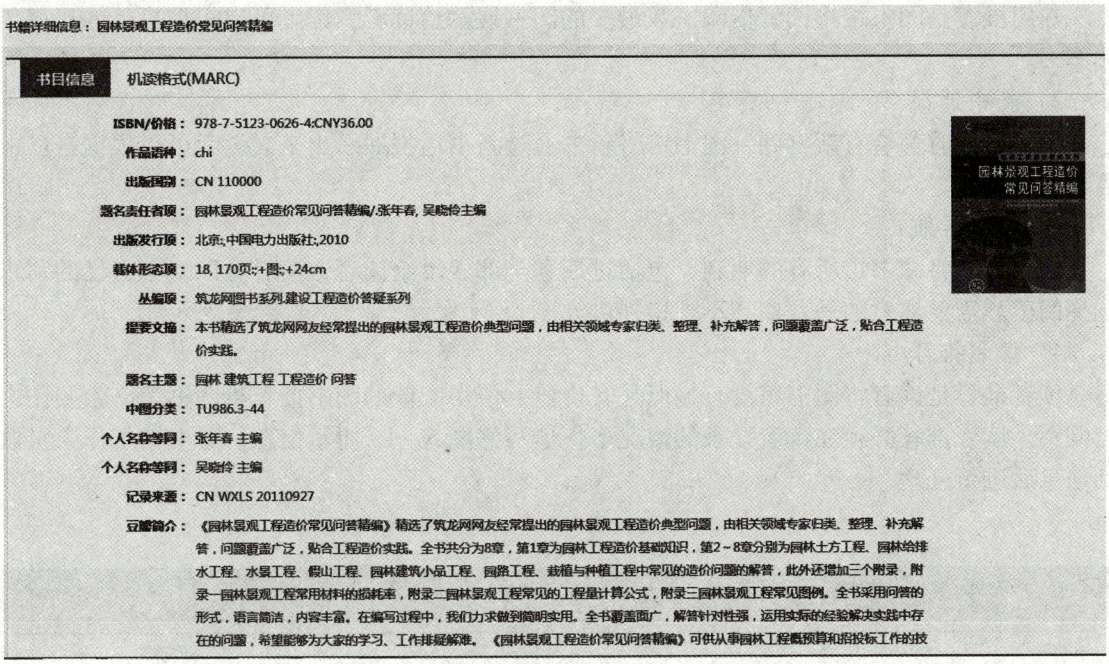

书籍详细信息：园林景观工程造价常见问答精编

书目信息　机读格式(MARC)

ISBN/价格：978-7-5123-0626-4:CNY36.00
作品语种：chi
出版国别：CN 110000
题名责任者项：园林景观工程造价常见问答精编/张年春, 吴晓伶主编
出版发行项：北京:中国电力出版社,2010
载体形态项：18, 170页;+图;+24cm
丛编项：筑龙网图书系列.建设工程造价答疑系列
提要文摘：本书精选了筑龙网网友经常提出的园林景观工程造价典型问题，由相关领域专家归类、整理、补充解答，问题覆盖广泛，贴合工程造价实践。
题名主题：园林 建筑工程 工程造价 问答
中图分类：TU986.3-44
个人名称等同：张年春 主编
个人名称等同：吴晓伶 主编
记录来源：CN WXLS 20110927
豆瓣简介：《园林景观工程造价常见问答精编》精选了筑龙网网友经常提出的园林景观工程造价典型问题，由相关领域专家归类、整理、补充解答，问题覆盖广泛，贴合工程造价实践。全书共分为8章，第1章为园林工程造价基础知识，第2～8章分别为园林土方工程、园林给排水工程、水景工程、假山工程、园林建筑小品工程、园路工程、栽植与种植工程中常见的造价问题的解答，此外还增加三个附录，附录一园林景观工程常用材料的损耗率，附录二园林景观工程常见的工程量计算公式，附录三园林景观工程常见图例。全书采用问答的形式，语言简洁，内容丰富。在编写过程中，我们力求做到简明实用。全书覆盖面广，解答针对性强，运用实际的经验解决实践中存在的问题，希望能够为大家的学习、工作排疑解难。《园林景观工程造价常见问答精编》可供从事园林工程概预算和招投标工作的技

图 5－14　查看书目信息

（2）分类浏览

分类浏览是根据自己的需要在目录逐层选择需要的图书，如图 5－15 所示。

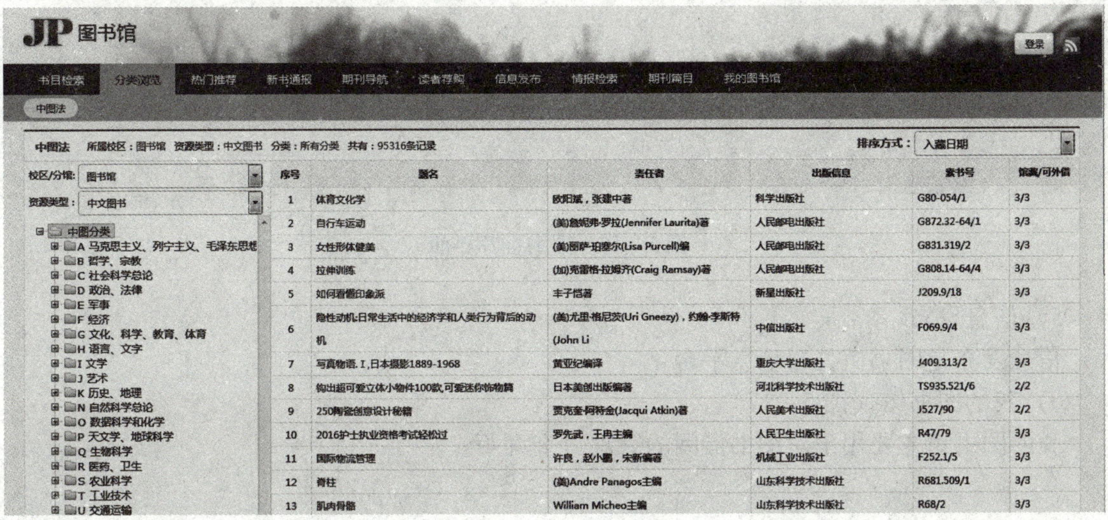

JP 图书馆　登录

书目检索　分类浏览　热门推荐　新书通报　期刊导航　读者荐购　信息发布　情报检索　期刊篇目　我的图书馆

中图法

中图法　所属校区：图书馆　资源类型：中文图书　分类：所有分类　共有：95316条记录　排序方式：入藏日期

校区/分馆：图书馆
资源类型：中文图书

中图分类
A 马克思主义、列宁主义、毛泽东思想
B 哲学、宗教
C 社会科学总论
D 政治、法律
E 军事
F 经济
G 文化、科学、教育、体育
H 语言、文字
I 文学
J 艺术
K 历史、地理
N 自然科学总论
O 数据科学和化学
P 天文学、地球科学
Q 生物科学
R 医药、卫生
S 农业科学
T 工业技术
U 交通运输

序号	题名	责任者	出版信息	索书号	馆藏/可外借
1	体育文化学	欧阳斌，张建中著	科学出版社	G80-054/1	3/3
2	自行车运动	(美)詹妮弗·罗拉(Jennifer Laurita)著	人民邮电出版社	G872.32-64/1	3/3
3	女性形体健美	(美)丽萨·珀塞尔(Lisa Purcell)编	人民邮电出版社	G831.319/2	3/3
4	拉伸训练	(加)克雷格·拉姆齐(Craig Ramsay)著	人民邮电出版社	G808.14-64/4	3/3
5	如何看懂印象派	丰子恺著	新星出版社	J209.9/18	3/3
6	隐性动机:日常生活中的经济学和人类行为背后的动机	(美)尤里·格尼茨(Uri Gneezy)，约翰·李斯特(John Li	中信出版社	F069.9/4	3/3
7	写真物语. I,日本摄影1889-1968	黄亚纪编译	重庆大学出版社	J409.313/2	3/3
8	钩出超可爱立体小物件100款,可爱迷你饰物篇	日本美创出版编著	河北科学技术出版社	TS935.521/6	2/2
9	250陶瓷创意设计秘籍	贾克奎·阿特金(Jacqui Atkin)著	人民美术出版社	J527/90	2/2
10	2016护士执业资格考试轻松过	罗先武，王冉主编	人民卫生出版社	R47/79	3/3
11	国际物流管理	许良，赵小鹏，宋新编著	机械工业出版社	F252.1/5	3/3
12	脊柱	(美)Andre Panagos主编	山东科学技术出版社	R681.509/1	3/3
13	肌肉骨骼	William Micheo主编	山东科学技术出版社	R68/2	3/3

图 5－15　分类浏览界面

（3）其他人性化功能

1）热门推荐

热门推荐是图书馆将读者借阅次数最多的图书展示给读者，读者可以根据自己的喜好借阅图书。

2）新书通报

图书馆随时都会有新书到，图书馆将新书通过新书通报展示出来，读者可以根据自己的需求进行借阅。

3）期刊导航

期刊导航将图书馆所有的期刊，包括过期刊全部展示给读者，读者可以根据自己的需求选择阅读。需要注意的是，期刊不支持外借。

4）读者推荐

读者推荐是读者将图书馆没有，但是有价值、值得阅读的图书推荐给图书馆，希望图书馆购买。读者推荐必须在读者登录的情况下，填写好图 5－16 所示信息，图书馆工作人员收到信息后进行处理。

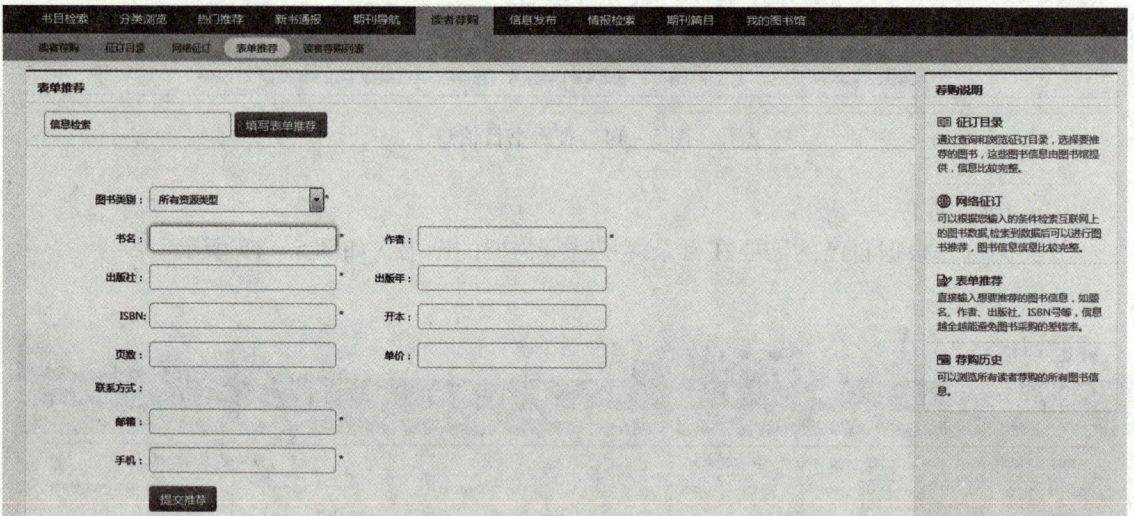

图 5－16　图书推荐界面

5）信息发布

信息发布是图书馆公布信息平台。

6）我的图书馆（图 5－17）。

我的图书馆主要用于对图书借阅的管理、查询等。

图 5 – 17 我的图书馆界面

三、成都市图书馆的书目检索系统

1. 成都市图书馆的书目检索系统概述

　　成都市图书馆新馆是市委、市政府"为民办实事"项目。2003 年 10 月 1 日正式对外开放。馆舍占地 10 亩①，建筑面积 2.198 万平方米，是成都市重要的精神文明建设阵地和公共文化服务窗口。成都图书馆于 2006 年获文化部"公共文化设施管理先进单位"光荣称号；2007 年被文化部授予"文化遗产日获奖单位"，四川省文化厅授予"首届中国成都非物质文化遗产节优秀组织奖"，市委宣传部颁发的"文化科技卫生三下乡先进集体"；2008 年中国图书馆学会授予"全民读书先进单位"称号，荣获四川省妇联颁发的"省三八红旗手集体"；2009 年"蜀风雅韵·成都非物质文化遗产数字博物馆"荣获文化部第三届创新奖。成都市图书馆还是全国古籍重点保护单位、成都市首批青少年科普教育场馆、成都市青少年校外活动示范基地。

　　新馆藏书 201 万册（其中古籍 10.5 万册）。在数字图书馆建设方面，即成都图书馆网站（www.cdclib.org），全国文化信息资源共享工程成都支中心网站（cddcn.cdclib.org），蜀风雅韵 o 成都非物质文化遗产网站（www.ichchengdu.cn），第一、二届中国成都国际非物质文化遗产节官方网站（www.ich2007.org 及 www.ich2009.cn）。

　　"读者第一、服务至上、公益性、人性化"是成都图书馆的办馆宗旨，"创新与品牌"是成都市图书馆的服务理念。

　　四川国际标榜职业学院的图书馆在 2015 年 6 月成为成都市图书馆的分馆，共享成都市图书馆的图书资源。

　　在地址栏输入"http://www.cdclib.org/website/"，进入成都市图书馆的主页（图 5 – 18）。成都市图书馆的书目检索系统包括成都市图书馆总馆的书目检索系统和全市联合书目检索系统两个。全市联合书目检索系统就是成都市图书馆各分馆的图书目录系统，通过该系统可以检索到成都市各区县的 18 个分馆的书目信息。

---

① 1 亩 = 666.67 平方米。

图 5-18　成都市图书馆界面

2. 成都市图书馆馆藏书目检索（图 5-19）

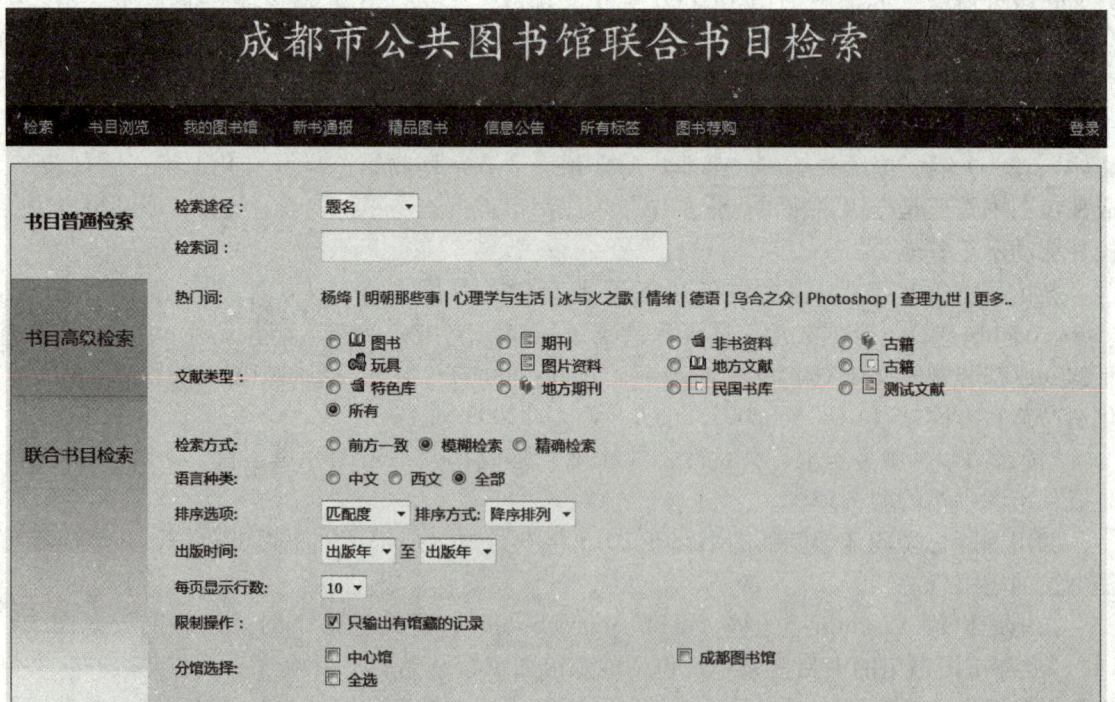

图 5-19　成都市图书馆联合目录检索

（1）检索

1）书目普通检索

进行书目普通检索时，选择题名、正题名、ISBN/ISSN、著者、主题词、分类号、控制号、订购号、出版社、索书号中任意一个检索途径，在检索词一栏中输入相对应的词语，在文献类型中选择需要的文献类型，然后选择前方一致、模糊检索、精确检索的检索方式，确定想要的语言类型，同时选定排序选项及出版的时间等。需要注意的是，◯表示单选，▢表示可以多选，如图 5 – 20 所示。

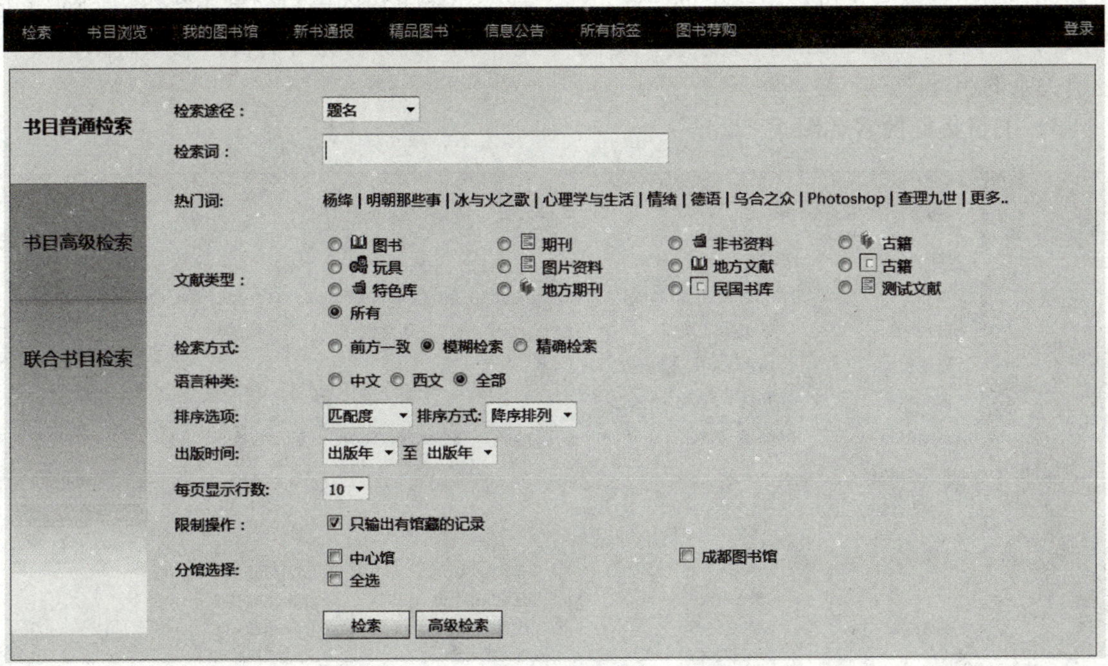

图 5 – 20 书目普通检索界面

2）书目高级检索（图 5 – 21）

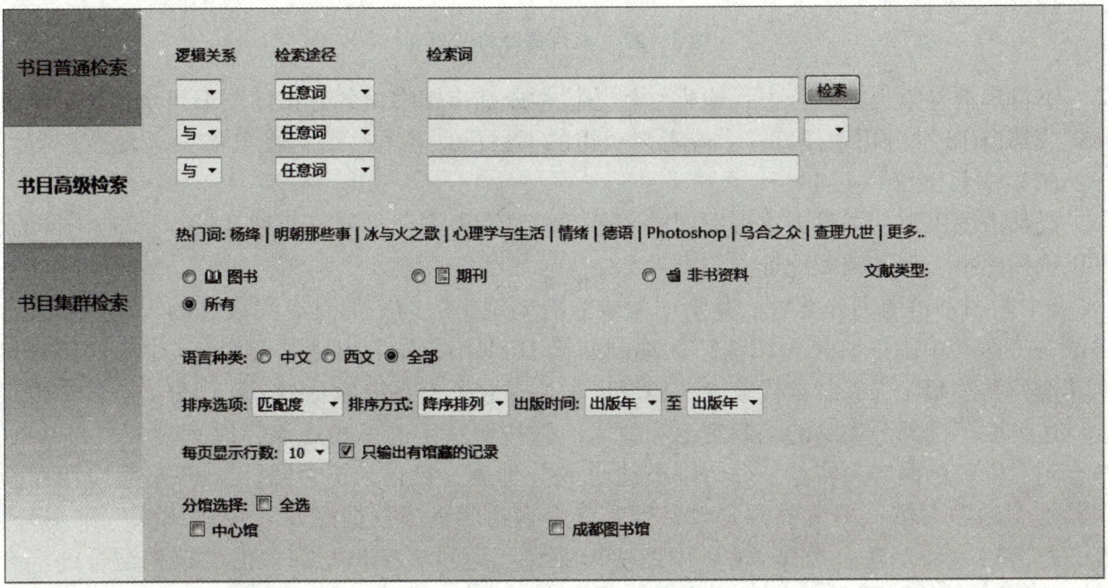

图 5 – 21 书目高级检索界面

书目高级检索是通过选择题名、ISBN/ISSN、著者、主题词、分类号、控制号、订购号、出版社、索书号中三个检索途径进行组配检索的。

成都市图书馆书目检索系统的高级检索与四川国际标榜职业学院的图书馆的高级检索有不同之处。第一，成都市图书馆书目检索系统的高级检索只有组合检索一种，并且只能三个词语进行组合，而四川国际标榜职业学院书目检索系统的高级检索有组合检索和多字段检索两种，其中组合检索可以有很多个词语。第二，成都市图书馆的书目检索系统可以同时有逻辑"与"与逻辑"或"的组配关系，但是四川国际标榜职业学院的书目检索系统只有一种逻辑关系的组配。

3）书目集群检索（图5－22）

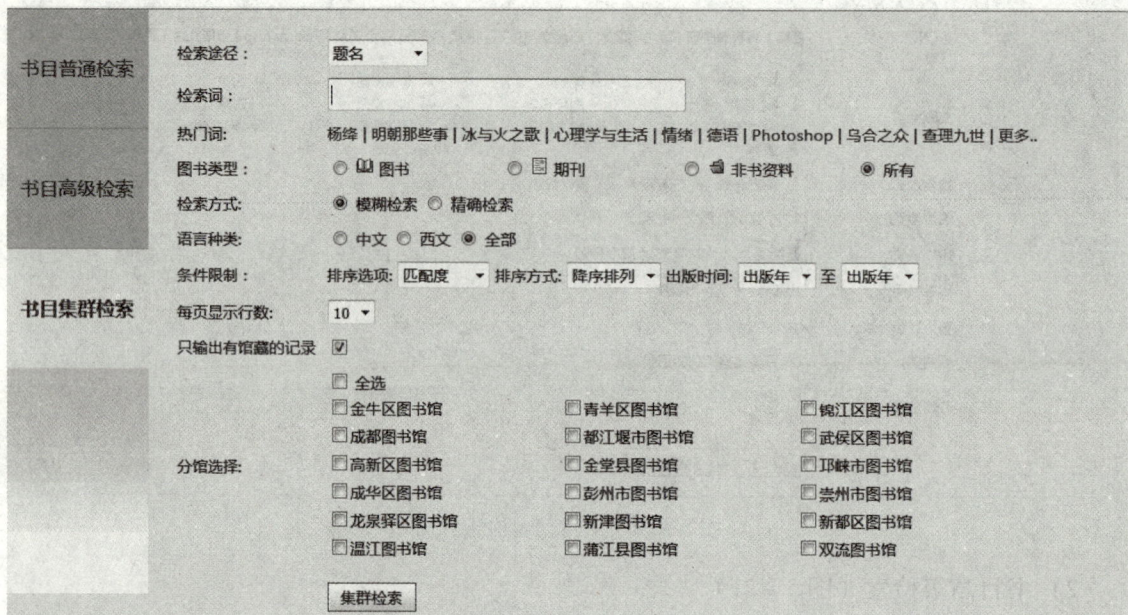

图5－22 书目集群检索界面

书目集群检索也是联合书目检索，就是检索成都市图书馆各分馆的图书目录信息，也即检索成都市18个分馆中任意一个或者多个馆的书目信息。

（2）书目浏览

成都市图书馆的书目浏览可以用中图分类浏览和科图分类浏览两种（图5－23）。同时，可以选择图书类型和馆藏地址。

《中国图书馆图书分类法》是新中国成立后编制出版的一部具有代表性的大型综合性分类法，简称《中图法》。《中图法》的编制始于1971年，先后出版了四版。《中图法》与国内其他分类法相比，编制年代较晚，但发展很快，它不仅系统地总结了我国分类法的编制经验，还吸取了国外分类法的编制理论和技术。它按照一定的思想观点，以学科分类为基础，结合图书资料的内容和特点，分门别类地组成分类表。目前，《中图法》已普遍应用于全国各类型的图书馆，国内主要大型书目、检索刊物、机读数据库及《中国国家标准书号》等，都著录《中图法》分类号。《中图法》采用汉语拼音字母与阿拉伯数字相结合的混合号码，用一个字母代表一个大类，以字母顺序反映大类的次序，大类下细分的学科门类

检索　书目浏览　我的图书馆　新书通报　精品图书　信息公告　所有标签　图书荐购　　　　　　登录

中图分类浏览
科图分类浏览

访问量：08762826

限制类型：选择图书类型 ▼
限制分馆：选择分馆 ▼
中图法（点击类别查看）
　A马列主义、毛泽东思想、邓小平理论(5
　B哲学、宗教(36065)
　C社会科学总论(16126)
　D政治、法律(47126)
　E军事(6074)
　F经济(58364)
　G文化、科学、教育、体育(49574)
　H语言、文字(25154)
　I文学(160255)
　J艺术(52108)
　K历史、地理(69329)
　N自然科学总论(5712)
　O数理科学和化学(14411)
　P天文学、地球科学(10383)
　Q生物科学(8781)
　R医药、卫生(40435)
　S农业科学(19419)
　T工业技术(101996)
　U交通运输(8423)
　V航空、航天(1530)
　X环境科学、安全科学(3744)

《中国图书馆图书分类法》是我国建国后编制出版的一部具有代表性的大型综合性分类法，简称《中图法》。《中图法》的编制始于1971年，先后出版了四版。《中图法》与国内其他分类相比，编制产生年代较晚，但发展很快，它不仅系统地总结了我国分类法的编制经验，而且还吸取了国外分类法的编制理论和技术。它按照一定的思想观点，以学科分类为基础，结合图书资料的内容和特点，分门别类组成分类表。目前，《中图法》已普遍应用于全国各类型的图书馆，国内主要大型书目、检索刊物、机读数据库，以及《中国国家标准书号》等都著录《中图法》分类号。《中图法》采用汉语拼音字母与阿拉伯数字相结合的混合号码，用一个字母代表一个大类，以字母顺序反映大类的次序，大类下细分的学科门类用阿拉伯数字组成。为适应工业技术发展及该类文献的分类，对工业技术二级类目，采用双字母。

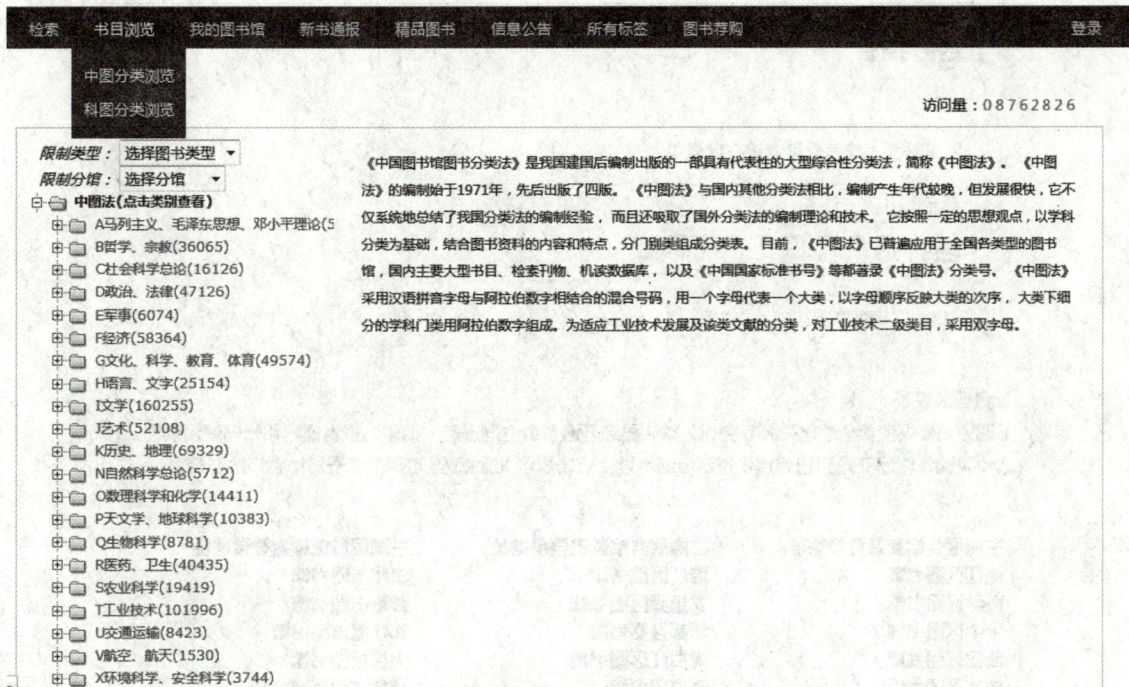

图 5-23　书目浏览界面

用阿拉伯数字组成。为适应工业技术发展及该类文献的分类，对工业技术二级类目采用双字母。

《中国科学院图书馆图书分类法》，简称《科图法》，1958 年由中国科学院图书馆编写，1974 年、1979 年、1994 年分别进行了修订。《科图法》各级类目的分类号码采用单纯的阿拉伯数字制，不附加任何基本符号，单纯简洁，易写、易记。分类号用阿拉伯数字组成。大类后用小数点分开，后面再用数字代表各个小的类目。

（3）其他功能

1）我的图书馆（图 5-24）

我的图书馆是在成都市图书馆办理了借阅证的读者（包括分馆注册的读者）的个性化登录。账号就是自己的身份证号，初始密码一般是 6 个"1"。

2）新书通报（图 5-25）

新书通报就是成都市图书馆购买的新书。可以按照新书到馆的时间、图书类型、馆藏地址进行选择。

3）精品图书

精品图书是成都市图书馆向读者推荐的精品好书。

4）信息公告

信息公告是成都市图书馆公布的读者信息、预约信息等。

5）所有标签

6）图书推荐

图书推荐是读者向成都市图书馆推荐购买图书。

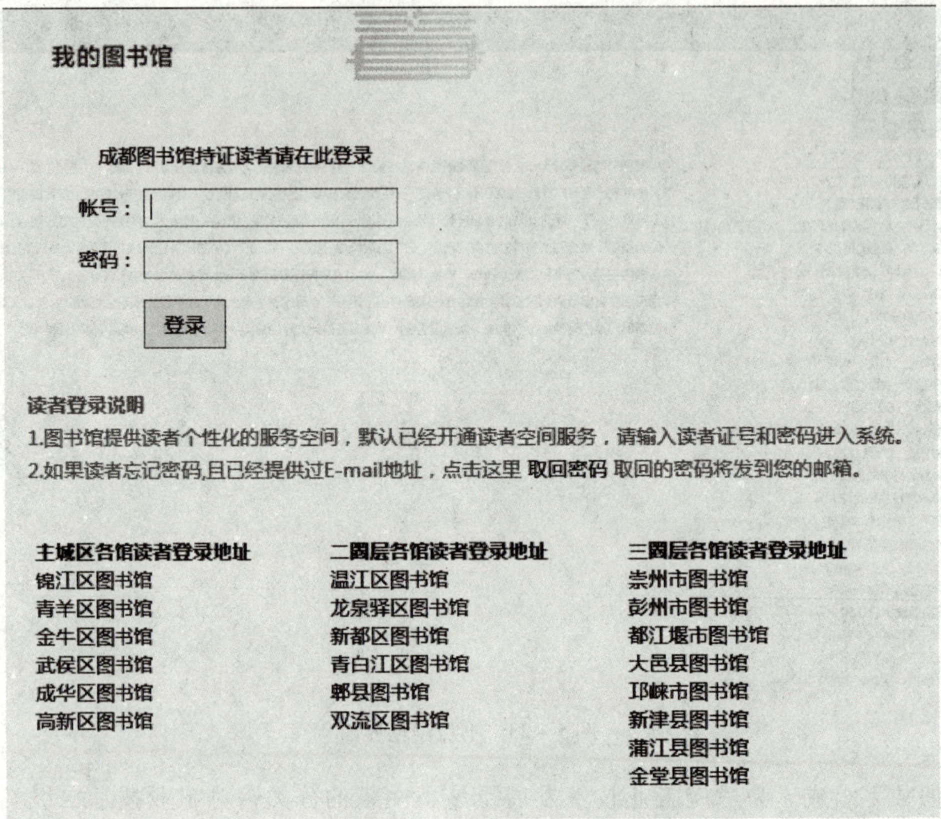

我的图书馆

成都图书馆持证读者请在此登录

帐号：

密码：

登录

读者登录说明

1.图书馆提供读者个性化的服务空间，默认已经开通读者空间服务，请输入读者证号和密码进入系统。

2.如果读者忘记密码，且已经提供过E-mail地址，点击这里 **取回密码** 取回的密码将发到您的邮箱。

主城区各馆读者登录地址	二圈层各馆读者登录地址	三圈层各馆读者登录地址
锦江区图书馆	温江区图书馆	崇州市图书馆
青羊区图书馆	龙泉驿区图书馆	彭州市图书馆
金牛区图书馆	新都区图书馆	都江堰市图书馆
武侯区图书馆	青白江区图书馆	大邑县图书馆
成华区图书馆	郫县图书馆	邛崃市图书馆
高新区图书馆	双流区图书馆	新津县图书馆
		蒲江县图书馆
		金堂县图书馆

图 5–24　我的图书馆界面

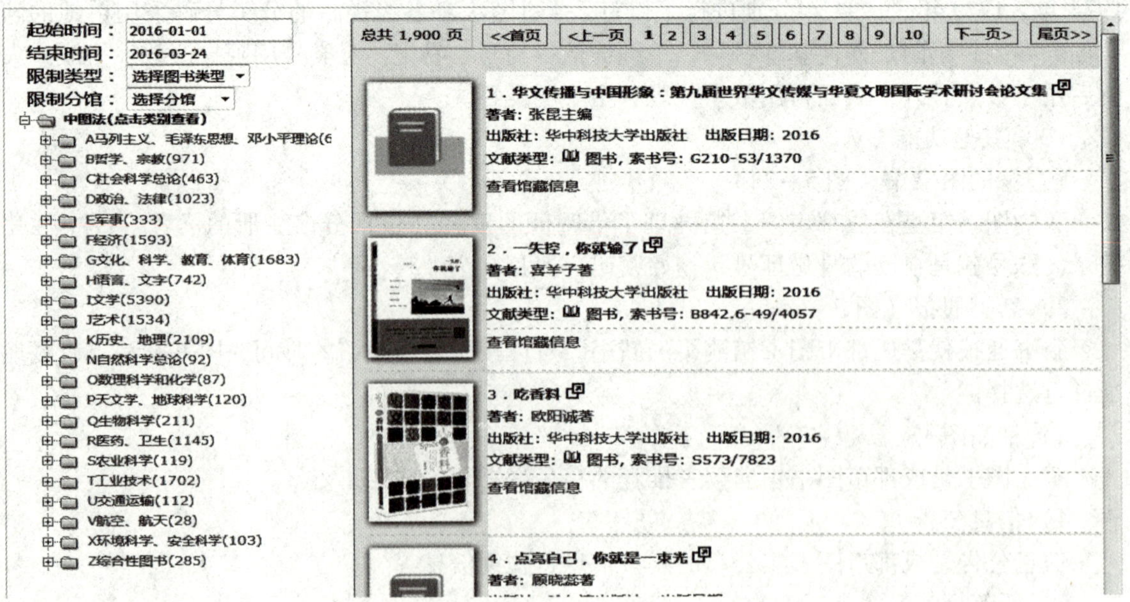

起始时间：2016-01-01
结束时间：2016-03-24
限制类型：选择图书类型
限制分馆：选择分馆

中图法(点击类别查看)
A马列主义、毛泽东思想、邓小平理论(6
B哲学、宗教(971)
C社会科学总论(463)
D政治、法律(1023)
E军事(333)
F经济(1593)
G文化、科学、教育、体育(1683)
H语言、文字(742)
I文学(5390)
J艺术(1534)
K历史、地理(2109)
N自然科学总论(92)
O数理科学和化学(87)
P天文学、地球科学(120)
Q生物科学(211)
R医药、卫生(1145)
S农业科学(119)
T工业技术(1702)
U交通运输(112)
V航空、航天(28)
X环境科学、安全科学(103)
Z综合性图书(285)

总共 1,900 页　<<首页　<上一页　1　2　3　4　5　6　7　8　9　10　下一页>　尾页>>

1．华文传播与中国形象：第九届世界华文传媒与华夏文明国际学术研讨会论文集
著者：张昆主编
出版社：华中科技大学出版社　出版日期：2016
文献类型：图书，索书号：G210-53/1370

查看馆藏信息

2．一失控，你就输了
著者：喜羊子著
出版社：华中科技大学出版社　出版日期：2016
文献类型：图书，索书号：B842.6-49/4057

查看馆藏信息

3．吃香科
著者：欧阳诚著
出版社：华中科技大学出版社　出版日期：2016
文献类型：图书，索书号：S573/7823

查看馆藏信息

4．点亮自己，你就是一束光
著者：顾晓蕊著

图 5–25　新书通报界面

四、CALIS 检索系统

1. CALIS 检索系统概述

CALIS 是中国高等教育文献保障系统（China Academic Library&Information System，CALIS）的简称，是经国务院批准的我国高等教育"211 工程""九五""十五"总体规划中 3 个公共服务体系之一。CALIS 是国内最为著名的联合目录检索系统，所谓的联合目录检索系统，就是通过一定的技术手段，把两所或者两所以上的图书馆的馆藏目录进行整合，提交到统一的平台上，用户可以通过此平台检索到各馆的馆藏目录信息。联合目录检索系统可以扩大读者检索和利用文献的范围，也利于图书馆图书的藏书协调、馆际互借和资源共享。

1998 年 11 月，国家发展计划委员会正式批准了项目可行性的研究报告，CALIS 项目正式启动。CALIS 依托中国教育科研计算机网（CER－NET）采取"整体规划、合理布局、相对集中、联合保障"的建设方针，建立整体化、自动化、网络化、数字化的全国高等教育文献信息保障体系，提高文献信息服务的水平，实现信息资源的共建、共知与共享。为此，CALIS 引进了大量的国外优秀数据库，与此同时，组织国内力量，自建了一批中文数据库，为高校的教学、科研人员营造一个与国际接轨的信息网络环境，为"211 工程"立项高校和其他院校提供了丰富的文献信息资源、先进的技术手段和便利的服务体系。目前 CALIS 有超过 500 家成员馆。

在地址栏输入"www. calis. edu. cn"，进入 CALIS 的主页，如图 5－26 所示。

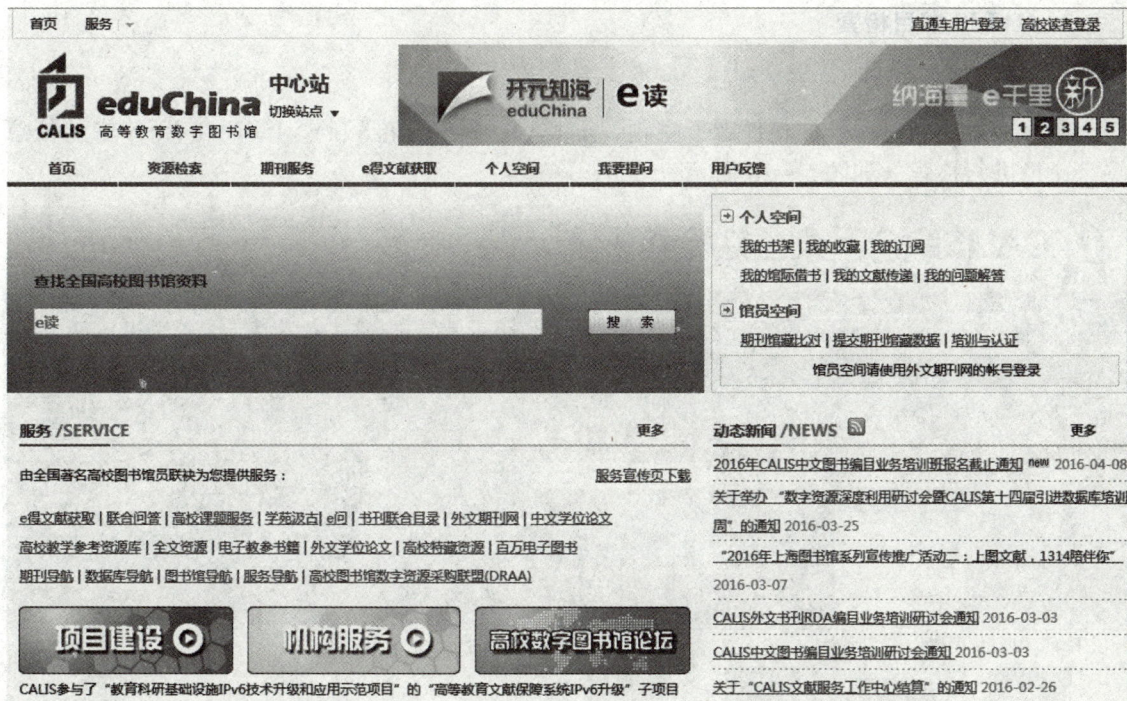

图 5－26　CALIS 界面

CALIS 联合书目检索系统简称 CALIS OPAC，该平台可以检索到不同高校图书馆的藏书目录信息，如图 5－27 所示。CALIS OPAC 为全国高校的教学科研提供了书刊文献资源的网络公共查询，支持高校图书馆的联机合作编目，为成员馆之间实现馆藏资源共享、馆际互借和文献传递奠定了基础。

图 5－27　CALIS 联合目录公共检索系统界面

2. CALIS 书目检索

（1）简单检索

简单检索即通过题名、责任者、主题、分类号、所有标准号码、ISBN 和 ISSN 中的任意一个途径进行检索，如图 5－28 所示。

图 5－28　CALIS 简单检索界面

（2）高级检索

CALIS 提供了题名、责任者、主题、ISBN 等 17 个检索途径。高级检索可进行三个条件的复合检索，三个条件的组配关系即"逻辑与""逻辑或""逻辑非"，并且可以对内容特征、语种、出版时间、资源类型进行限制，如图 5-29 所示。

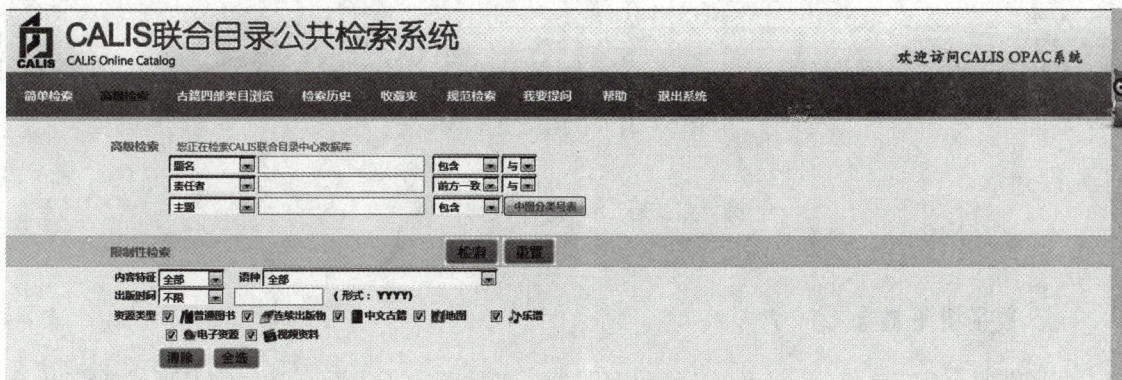

图 5-29　CALIS 高级检索界面

（3）古籍四部类目浏览

CALIS 的古籍四部类目浏览，对古籍数据提供四库分类的树形列表浏览，如图 5-30 所示。

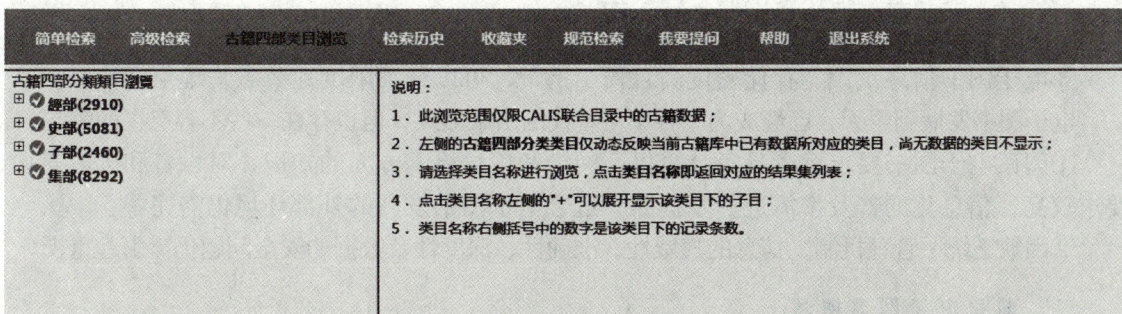

图 5-30　CALIS 古籍四部类目浏览

（4）检索历史

检索历史只保留用户最后 10 个检索请求，并且在关闭浏览器后检索历史将清空，如图 5-31 所示。

（5）收藏夹功能

提供用户的检索式与记录列表，但是这个功能只对有权限的用户开放。

	检索表达式	数据库	查询类型	结果	检索收藏夹
1	题名 = *1988：我想和这个世界谈谈*) and (责任者 = 韩寒*)	全部	高级检索	3	保存检索式
2	题名 = *1988：我想和这个世界谈谈*) and (责任者 = 韩寒*)	全部	高级检索	3	保存检索式
3	题名 = *美容*	全部	简单检索	2673	保存检索式
4	题名 = *医疗美容*	全部	简单检索	53	保存检索式
5	题名 = *管理*	全部	简单检索	130378	保存检索式
6	题名 = *医疗美容*	全部	简单检索	53	保存检索式
7	题名 = *美容技术*	全部	简单检索	189	保存检索式
8	题名 = *美容技术*	全部	简单检索	189	保存检索式

图 5-31　检索历史界面

第二节　数字图书

一、数字图书概念

电子图书（Electronic Book），又称数字图书，是随着电子出版、互联网及现代通信电子技术的发展应运而生的一种新的图书形式，是以数字化电子文件形式存储在各种磁性或电子介质中的图书，需使用联网计算机或便携式阅读终端进行下载或在线阅读。

二、数字图书特点

其特点有：
①读者不受时空、地域的限制，阅读空间大；
②电子图书制作出版方便，更新速度快；
③电子图书信息量大、存储密度高且便于携带，可以最大限度地节省物理空间。
电子图书发展到今天，已经成为一种不可替代的出版形式，但也存在一些不容忽视的弊端：
①阅读电子图书要求读者具备计算机、网络和信息检索方面的知识，对设备和读者素质要求较高，信息化的普及率需进一步提高，适合电子图书发展的外部环境仍需完善。
②因缺乏统一管理机制，信息的权威性、准确性、深度性及数据的安全问题仍需引起重视。

三、超星电子图书概述

超星数字图书馆由北京世纪超星信息科技有限责任公司创建，开通于 1999 年，2000 年被列入国家"863"计划中国数字图书馆示范工程，以数字图书馆的方式进行推广和示范，覆盖人文科学、社会科学、自然科学及工程技术等学科，其中，尤以档案文献、历史文献、社科经典文献等类别收藏齐全。超星数字图书馆为用户提供中文电子书的阅读、下载、打印等服务。超星数字图书馆收录的图书回溯性较好，出版于 1944—1979 年的占 1 成，出版于 1980—2015 年的占 9 成，深受人文社会科学类读者的欢迎。

很多高校都购买超星电子图书，一般购买的形式有两种，即远程包库和本地镜像。所谓远程包库，就是通过远程访问超星数据来阅读图书，只有图书的使用权，图书数据不属于学校。本地镜像是学校拥有图书的数据，一般通过访问学校的服务器来阅读图书。

四川国际标榜职业学院的读者可以阅读到 100 万种包库图书和 32 万种镜像图书。

　　在地址栏输入"http∶//www.sslibrary.com/"，可以进入四川国际标榜职业学院超星图书馆的包库界面（图5-32）；也可以通过图书馆的网站进入。一般选择通过四川国际标榜职业学院图书馆网站进入本地镜像电子图书检索（图5-33）。

图5-32　超星数字图书馆包库界面

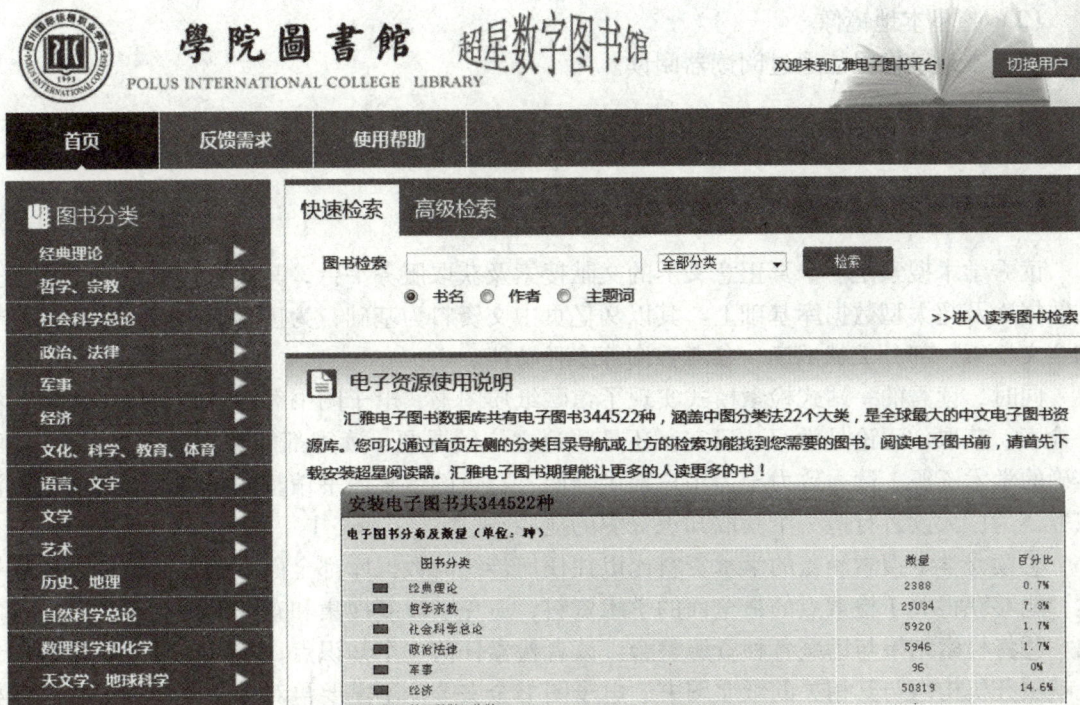

图5-33　超星电子图书本地镜像界面

1. 图书检索

（1）简单检索

简单检索就是选择一个检索途径并输入相应的检索词进行检索。

①超星远程包库。超星远程包库的简单检索是采用书名、作者、目次、全文中的任意一个途径进行检索。检索结果会因为途径的不同而不一样，其中全文检索是将图书打碎，以章节为基础来检索图书内容，检索结果内容很丰富。

②超星本地镜像。超星本地镜像的简单检索是采用书名、主题词、作者中的任意一个途径进行检索。

（2）高级检索

①超星远程包库。超星远程包库的高级检索即采用书名、作者、主题词、分类、中图分类号、年代等检索途径进行组配检索。

②超星本地镜像。对书名、作者、主题词、年代、检索范围等条件的组合检索。

（3）分类浏览

超星远程包库和本地镜像的分类浏览都是根据《中图法》进行的，分为 5 个大的部类，22 个大类。

2. 图书阅读

（1）超星远程包库

超星远程包库有阅读器阅读和网页阅读两种方式。一般在有网络的情况下选择网页阅读。

（2）超星本地镜像

超星本地镜像只能通过阅读器阅读。

四、读秀学术搜索

1. 读秀学术搜索概述

读秀学术搜索是一个真正意义上的文献搜索及获取服务平台，其后台构建在一个海量全文数据库及超大型数据库基础上。其以 9 亿页中文资料为基础，为读者提供深入内容的章节和全文检索、部分文献试读、参考咨询等多种功能。

同时，读秀的一站式检索模式实现了馆藏纸质图书、电子图书等各种资源同一平台的统一检索、获取。无论是学习、研究，还是写论文、做课题，读秀都能够为读者提供最全面、准确的学术资源。读秀致力于为用户提供全面、特色的数字图书馆整体解决方案和文献资源服务，为广大读者打造一个获取知识资源的捷径。

①读秀学术搜索涵盖的学术资料比以往任何传统的数据库都全面。读者通过读秀学术搜索，能够获得关于检索点的最全面的学术资料，避免了反复搜集和查找的困扰。

②将检索结果与馆藏各种资源整合。读者检索任何一个知识点，都可以直接获取本单位文献服务机构内与其相关的纸质图书、电子图书全文等。不需要再对各种资源逐一登录和检索查找。

③读秀提供参考咨询服务，通过文献传递，直接将相关学术文献资料发送到读者邮箱，使读者零距离获取珍稀学术资源。

在地址栏输入读秀学术搜索主页网址"http://edu.duxiu.com/"，或者通过图书馆网站登录，如图5-34所示。

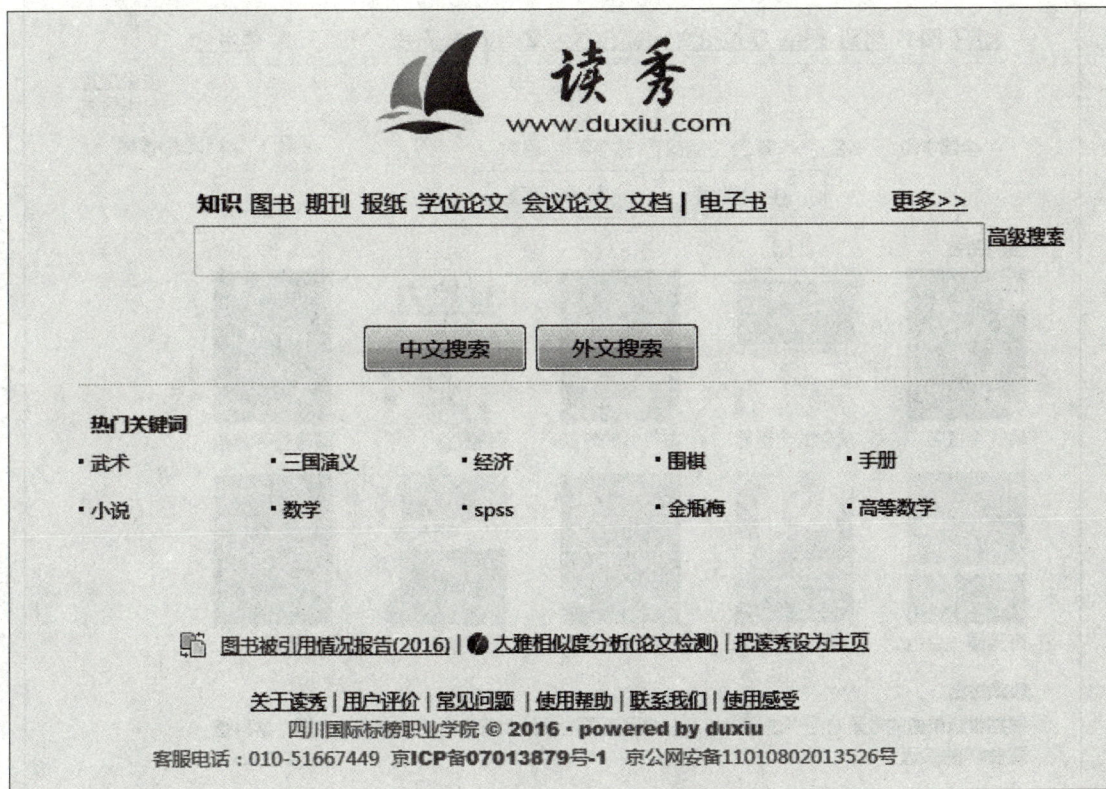

图5-34　读秀学术搜索界面

2. 读秀学术的检索

读秀给读者提供了三种对文献不同利用方式的检索：知识检索、图书检索（图5-35）、搜索其他文献。

（1）知识检索

知识检索即全文检索，围绕该关键词，深入到图书的每一页资料中进行信息深度查找。

（2）图书搜索

图书搜索有四种方式：简单检索、高级检索、专业检索和图书分类导航。

1）简单检索（图5-36）

在搜索框直接输入关键词，关键词可定位到全部字段、书名、作者或主题词，然后单击"中文搜索"进行查找。如果希望获得外文资源，可单击"外文搜索"。

图 5-35　读秀学术搜索图书搜索界面

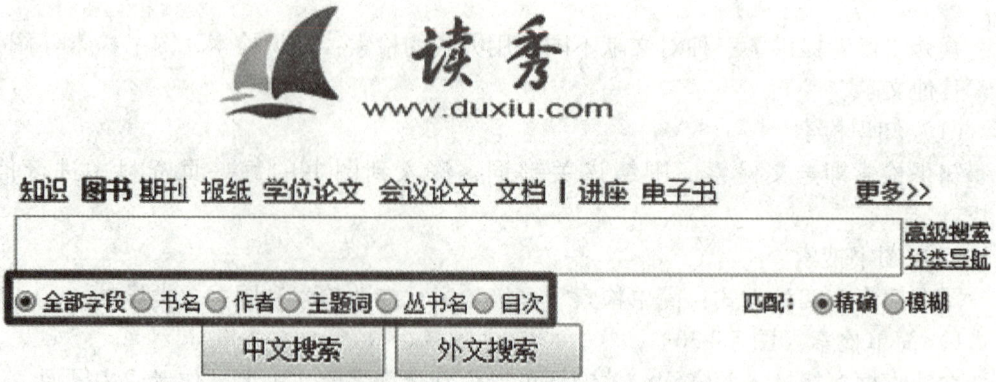

图 5-36　读秀学术简单检索界面

2）高级检索（图5-37）

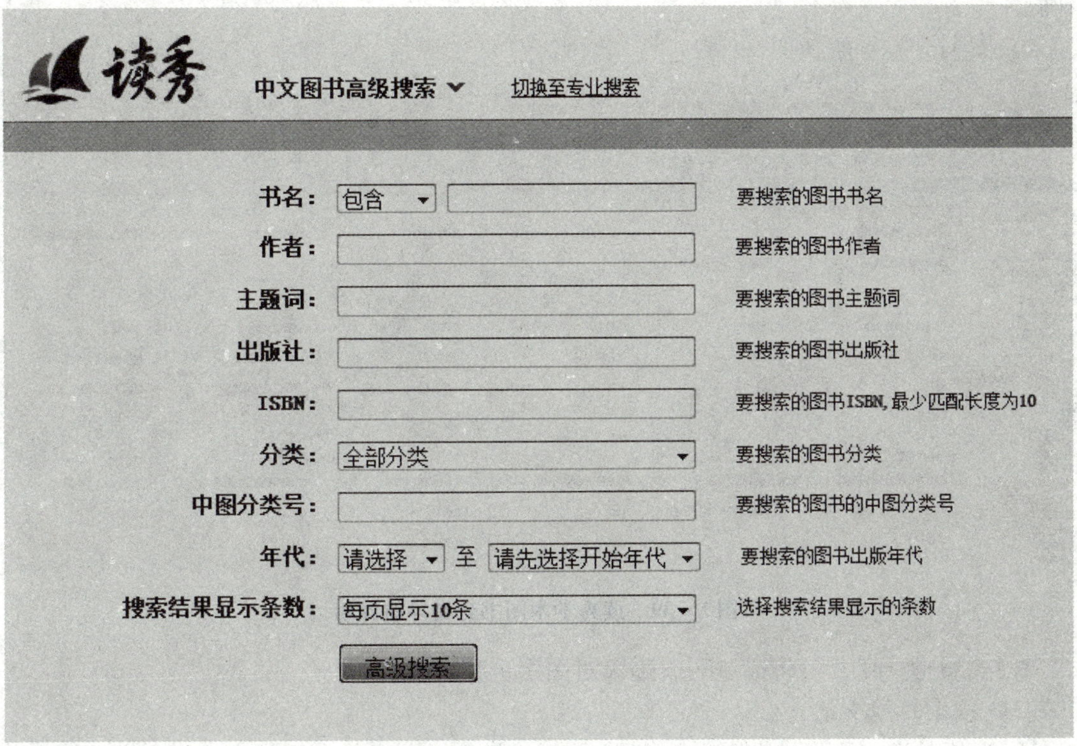

图5-37　读秀学术高级检索界面

在文本框中输入图书的任一信息，然后单击"高级搜索"，更准确地定位到图书。

3）专业检索（图5-38）

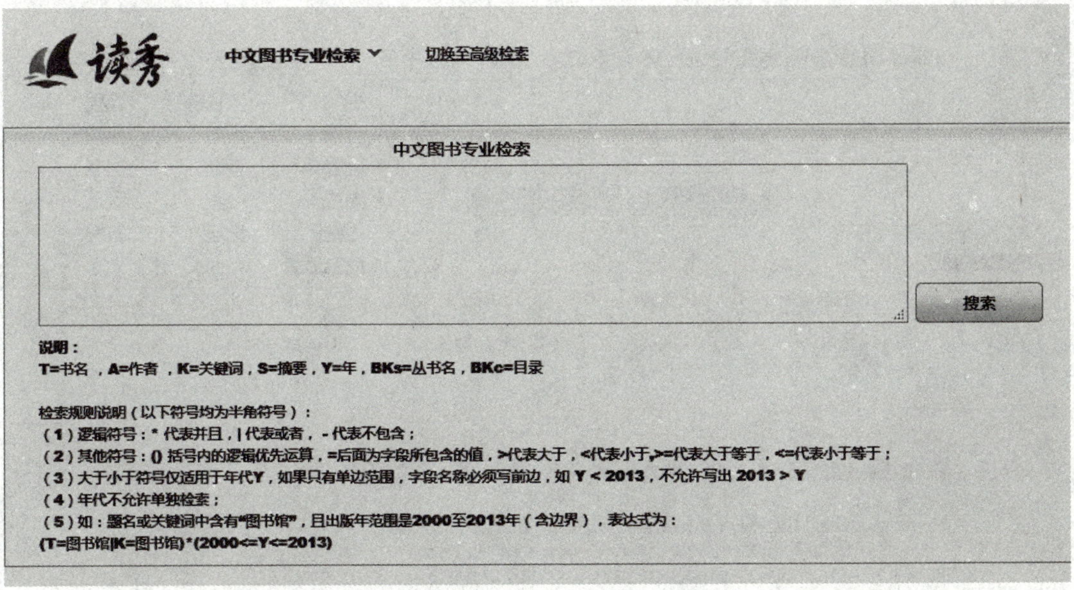

图5-38　读秀学术专业检索界面

在文本框中输入要查找的任意词的任意组合，然后单击"搜索"，搜索到的范围更精确。

4）图书分类导航（图5-39）

图5-39　读秀学术图书分类导航界面

单击"分类导航"，将通过列表逐级对图书进行浏览。

（3）搜索其他文献

1）选择频道（图5-40）

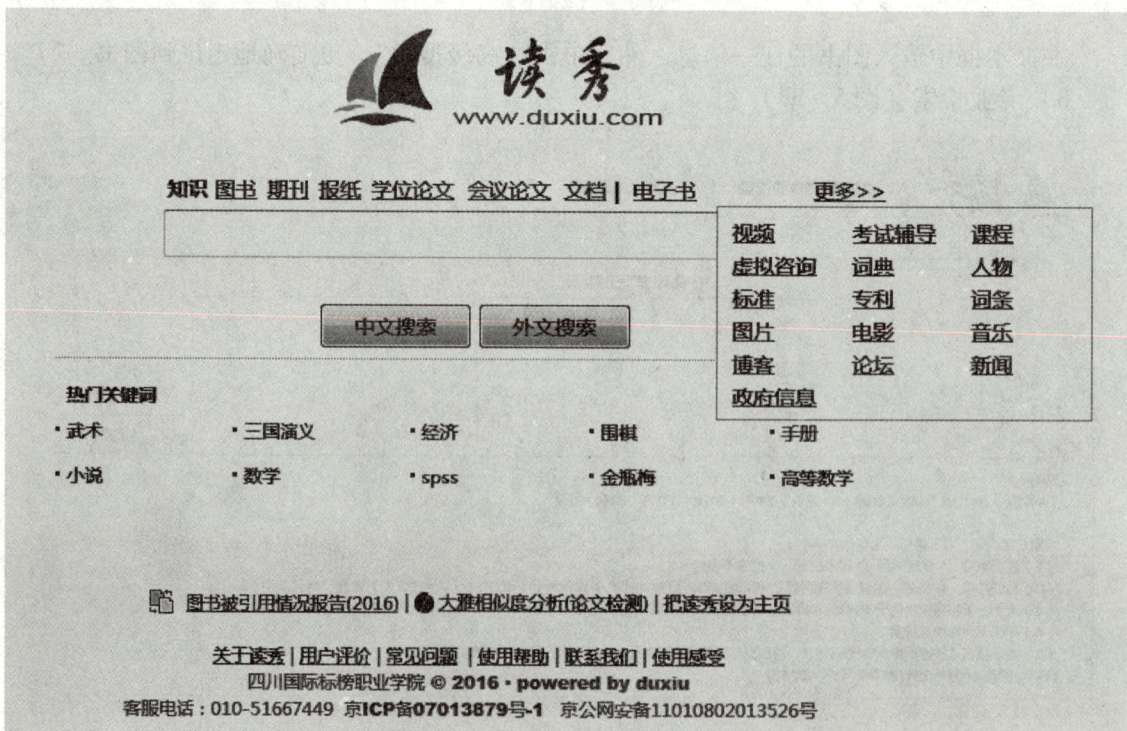

图5-40　读秀学术选择频道界面

　　读秀可搜索的学术资源类型众多，如要搜索的资源类型不是图书、知识，而是其他，比如专利、标准、期刊、论文、报纸等，可以在"更多"中找到相应的频道，进行搜索。

　　2）输入关键词

　　①选定频道后，用户只需要输入检索关键词进行搜索即可。

　　②在此可以限定某些选项（如题名、作者等），进行搜索，以保证搜索结果的准确性。

　　3）左侧聚类（图5－41）

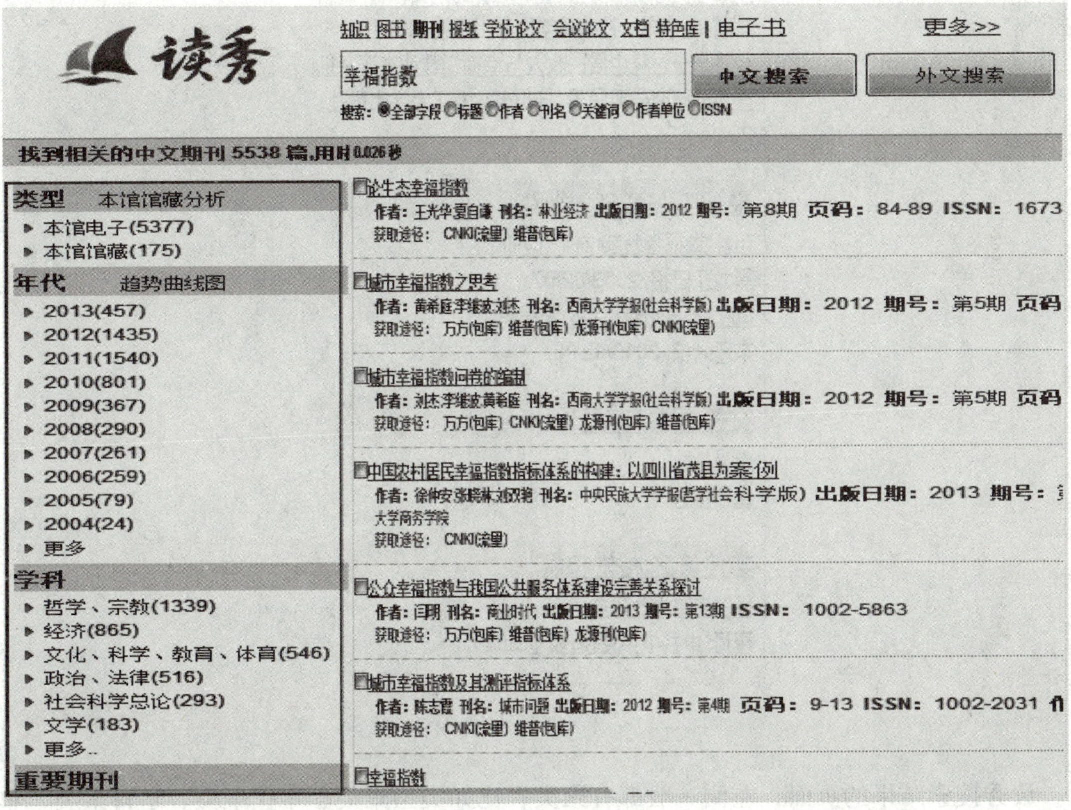

图5－41　读秀学术左侧聚类界面

　　读秀搜索结果页面中，左侧一般都有聚类，比如类型聚类、年代聚类、学科聚类，单击特定聚类，可精准定位。

　　4）右侧一站式检索（图5－42）

　　读秀针对用户输入的关键词，同时检索了所有的文献类型。一站式检索可以扩大搜索范围。

3. 读秀学术的检索技巧

　　（1）关键词技巧

　　为方便用户快速找到需要的结果，建议使用多个关键词或较长的关键词进行检索。

　　（2）聚类技巧

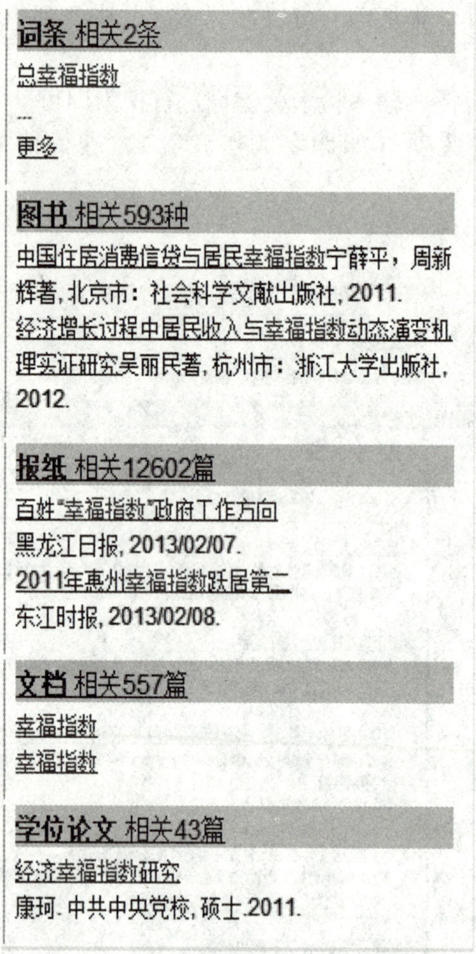

词条 相关2条

总幸福指数

…

更多

图书 相关593种

中国住房消费信贷与居民幸福指数宁薛平,周新辉著,北京市:社会科学文献出版社,2011.

经济增长过程中居民收入与幸福指数动态演变机理实证研究吴丽民著,杭州市:浙江大学出版社,2012.

报纸 相关12602篇

百姓"幸福指数"政府工作方向

黑龙江日报,2013/02/07.

2011年惠州幸福指数跃居第二

东江时报,2013/02/08.

文档 相关557篇

幸福指数

幸福指数

学位论文 相关43篇

经济幸福指数研究

康珂.中共中央党校,硕士.2011.

图5-42　读秀学术右侧一站式检索

读秀搜索结果的页面,左侧一般都有聚类,比如类型聚类、年代聚类、学科聚类,单击特定聚类,可精准定位。在搜索结果过多的情况下,具有筛选的功能。

(3) 一站式检索技巧

读秀针对用户输入的关键词,同时检索了所有的文献类型。一站式检索可以扩大搜索范围。在搜索结果很少的情况下,具有拓展搜索范围的功能。

(4) 除去特定词搜索(逻辑"非"关系的检索)

以知识频道为例,如果想查找"数字图书馆",但不希望关于"主要特征"的结果出现,可以输入关键词"数字图书馆　-主要特征",如图5-43所示。

注意:前一个关键词和减号之间必须有空格,否则,减号会被当成连字符处理,而失去减号语法功能。

(5) 特定年份内搜索

在知识频道下搜索时,在关键词后加上"time:时间",用于命中某一年出版的资料。例如:"数字图书馆 time:2010",搜索2010年的资料,如图5-44所示。

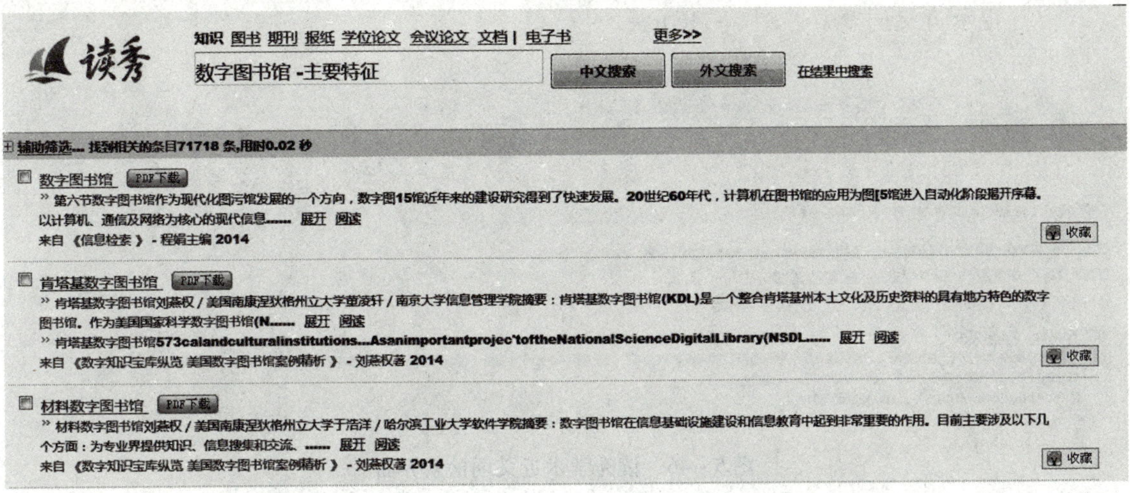

图 5 -43　读秀学术逻辑"非"检索界面

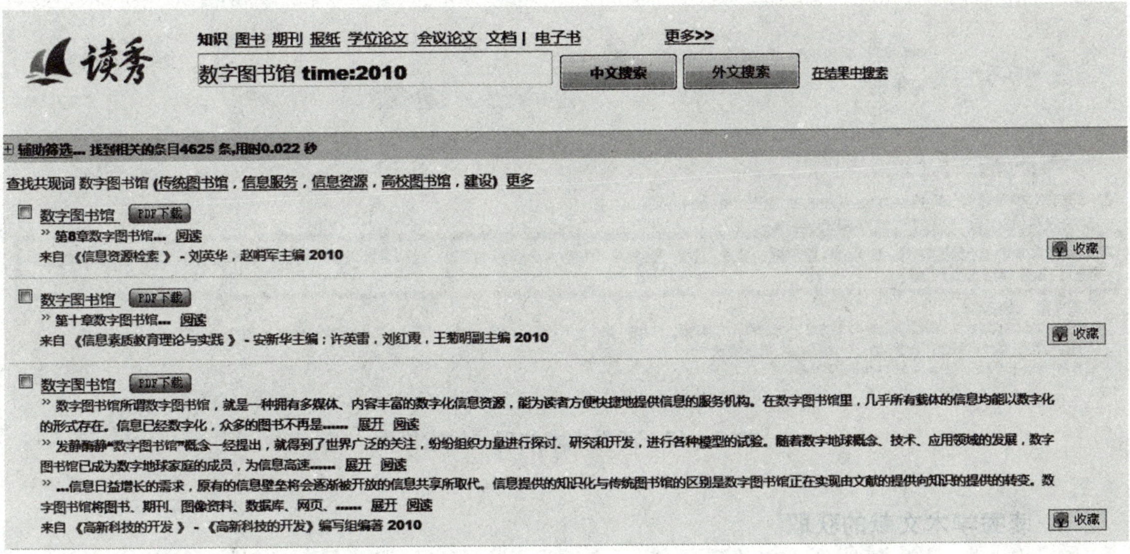

图 5 -44　读秀学术特定年份检索界面

（6）提示查找外文文献（图 5 -45）

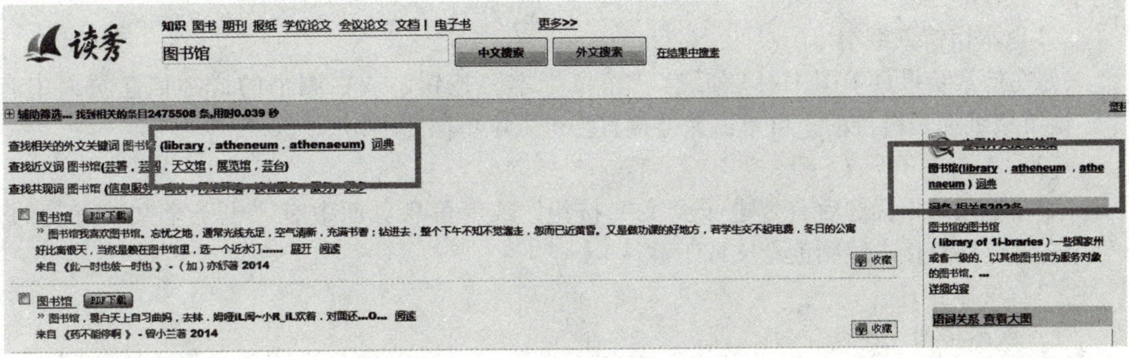

图 5 -45　读秀学术外文检索界面

（7）提示近义词搜索（图5－46）

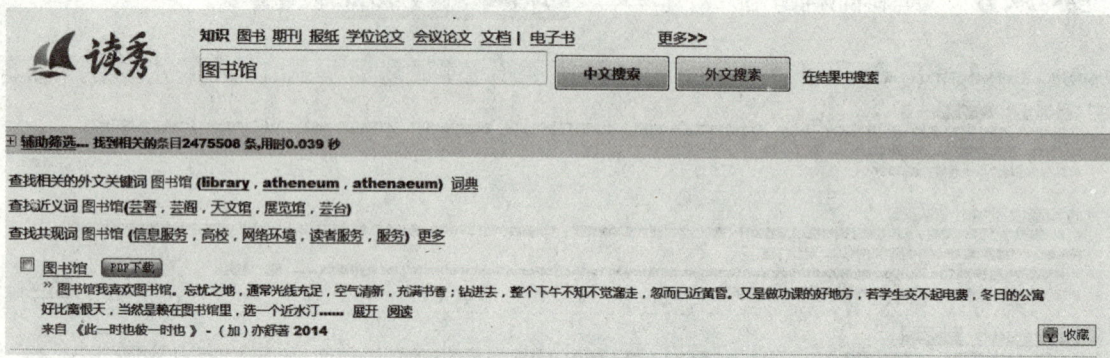

图5－46　读秀学术近义词检索界面

（8）提示共现词搜索（图5－47）

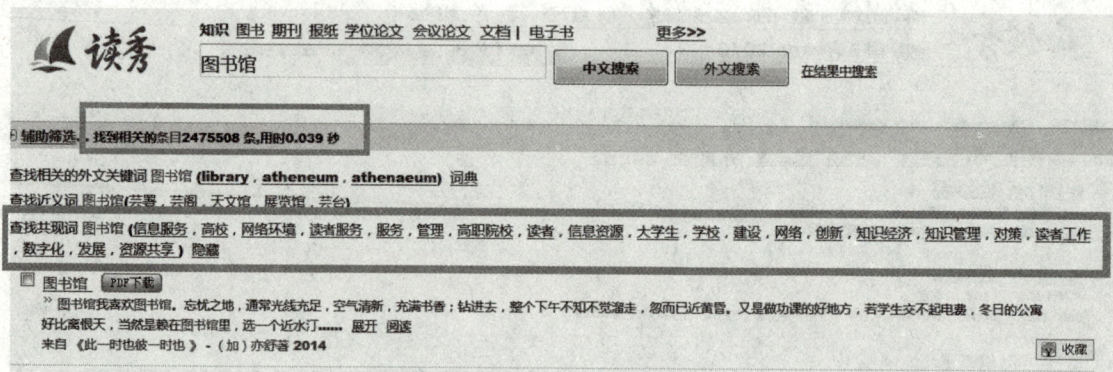

图5－47　读秀学术共现词检索界面

4. 读秀学术文献的获取

读秀学术搜索整合了金盘书目检索系统、超星电子图书全文，同时提供特色的文献传递和文献互助平台。换句话说，通过读秀学术搜索这个平台，可以检索到馆藏纸本图书、超星电子图书和部分阅读一些图书。

（1）本馆馆藏纸本

如在检索结果页中图书标题后有"馆藏纸本"按钮，或在图书的详细信息页面中有"本馆馆藏纸书"链接的，可单击该链接直接进入本单位图书馆系统。

（2）本馆电子全文

如在检索结果标题后有"电子全文"按钮，或者信息页面中有"电子全文"标记的，可单击该链接直接在线阅读全文或下载。

（3）文献传递

1）文献传递

所谓文献传递，就是图书馆参考咨询中心通过E－mail快速、准确地将需要的资料发送到邮箱，供读者全文阅读（此服务免费）。以图书为例，在图书详细信息页面，可以单击"图书馆文献传递中心"，进入"图书馆参考咨询服务"页面。

在"图书馆参考咨询服务"页面，认真、仔细填写信息，以确保信息无误。加减号按钮用于增加或减少页码框，最后单击"确定提交"按钮即可，如图5－48所示。

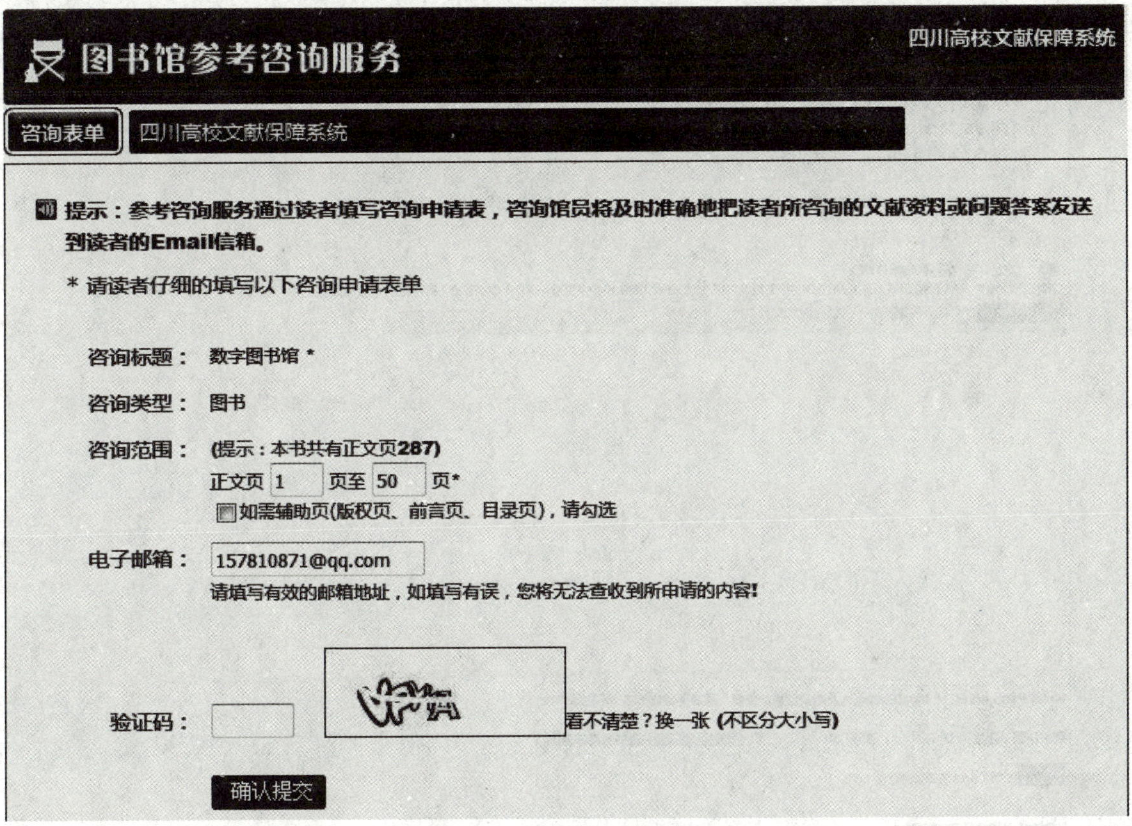

图5－48　读秀学术图书参考咨询服务界面

2）咨询服务说明

①每本图书单次咨询不超过50页，同一图书每周的咨询量不超过全书的20%；

②所有咨询内容有效期为20天；

③回复邮件可能会被当作未知邮件或垃圾邮件，若没有收到回信，查看一下不明文件夹或垃圾邮件箱。

还可以通过查看"图书馆参考咨询服务使用帮助"来获得更详细的说明内容。

（4）文献互助

在文献资源详细信息页面（图5－49），单击"文献互助"链接即可使用该服务。"文献互助"仅对注册用户开放，若尚未登录，先登录或注册一个新用户（图5－49中框住的位置）。

读秀 | 文献互助 | 文献市场 | 读秀社区

文献互助

文献互助>>

标题：寻求图书《新货币战争》

内容：寻求图书《新货币战争》

【作　者】唐风编著
【形态项】262,
【出版项】北京：中国商业出版社,2008.09
【ISBN号】7-5044-6257-2
【原书定价】28.00
【中图法分类号】F821

大家帮帮忙，谁有图书的全文？请跟帖上传文件给我，等待中...谢谢啦！登录后才能上传文件哦，没有用户名请先"注册"一个...

内容：(支持UBB代码,不支持HTML)
文件：(支持ZIP,RAR,PNG,JPG,GIF,SWF,DOC,PPT,XLS,PDF,TXT,CHM,UMD,BMP,PSD,NH,KDH,CAJ格式，其他格式请压缩后再上传。每次单个文件大小不能超过10M)

🖻插入网络图片 🖻插入网络文件

E-mail：[object HTMLInputEleme(为及时获取求助文献，须填写有效邮箱，不对请修改)

需求范围：正文页 1 页至 50 页（文献互助只提供图书的局部范围）

提交 (Ctrl+Enter快速发帖)

登录 注册读秀用户名

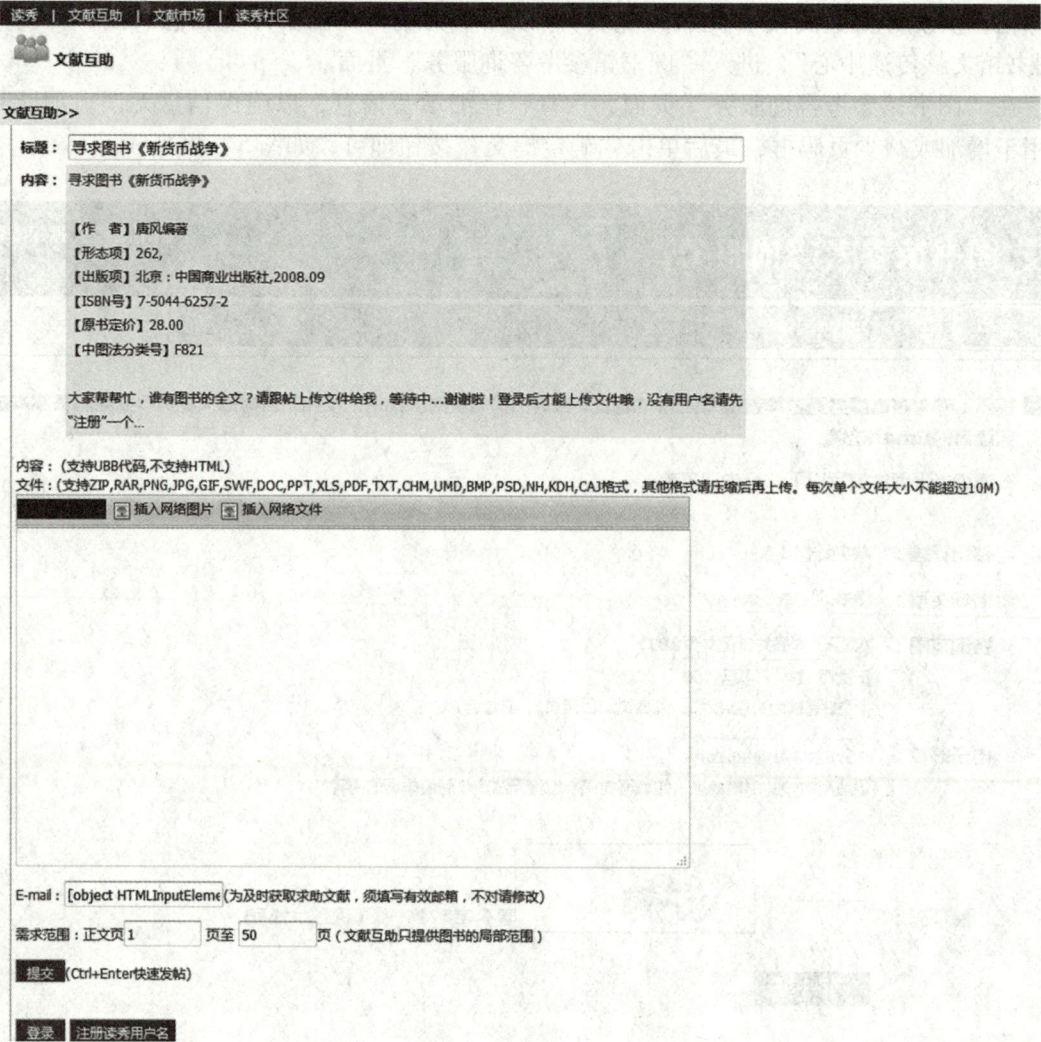

图5-49　读秀学术文献互助界面

知识小课堂

超星移动图书馆

　　超星移动图书馆是以移动无线通信网络为支撑，以图书馆集成管理系统平台和基于元数据的信息资源整合为基础，以适应移动终端一站式信息搜索应用为核心，以云共享服务为保障，通过手机、iPad等手持移动终端设备，以WAP和应用APP为展现形式，为图书馆用户提供搜索

客户端下载

和阅读数字信息资源、自助查询业务，实现资源和多媒体资源的整合，帮助用户建立随时随地获得全面信息服务的现代图书馆移动服务平台。随着移动终端设备的普及，超星移动图书馆得到了广大读者的喜爱。

第六章

期刊论文数据库

第一节　中国知网

一、中国知网概述

中国知识基础设施工程（China National Knowledge Infrastructure，CNKI）是以实现全社会知识信息资源共享为目标的国家信息化重点工程，于 1999 年 6 月正式启用，现已建设《中国知识资源总库》及 CNKI 网络资源共享平台，实现对各类知识资源的跨库、跨平台、跨地域的检索。

CNKI 也可解读为"中国期刊网"或"中国知网"（图 6 - 1）。目前，CNKI 已收录了 7 000 多种期刊、1 000 多种报纸，还有大量的博士、硕士论文，以及会议论文、图书，还有国内外 1 100 多个专业数据库。它涵盖了我国自然科学、工程技术、人文与社会科学期

图 6 - 1　CNKI 网站界面

刊，博硕士论文，报纸，图书，会议论文等公共知识信息资源；实现了我国知识信息资源在互联网条件下的社会化共享与国际化传播，使我国各级各类教育、科研、政府、企业、医院等各行各业获取与交流知识信息的能力达到国际先进水平。CNKI 是全球信息量最大、最具价值的中文网站。据统计，CNKI 的内容数量大于目前全世界所有中文网页内容的数量总和，可谓世界第一中文网。

二、中国知网（CNKI）的资源

《中国知识资源总库》深度集成整合了期刊、博硕士论文、会议论文、报纸、年鉴、工具书等各种文献资源，为全社会知识资源高效共享提供了丰富的知识信息资源和有效的知识传播与数字化学习服务。《中国知识资源总库》主要包括《中国期刊全文数据库》《中国优秀博硕士学位论文全文数据库》《中国重要会议论文全文数据库》《中国重要报纸全文数据库》《中国工具书网络出版总库》《中国统计年鉴数据库》和《中国法律知识资源总库》。

《中国期刊全文数据库》是目前世界上最大的连续动态更新的中文期刊全文数据库。

经过多年的积累，目前《中国期刊全文数据库》共收录近 7 200 种学术期刊，其中包括 3 000 多种核心期刊。

《中国优秀博硕士学位论文全文数据库》是目前国内相关资源最完备、收录质量最高、连续动态更新的中国博硕士学位论文全文数据库。其收录 2 000 年以来的有博士授予权单位的博硕士学位论文全文累计文献量约 57 万篇，每年更新 150 000 篇。

三、中国知网（CNKI）的检索概述

中国知网的检索方式有初级检索、高级检索和专业检索，检索模式有单库检索和跨库检索两种。在同一种检索方式下，不同的检索模式检索出来的结果有所差异。从检索方式来看，一般遵循专业检索包括高级检索的全部功能，高级检索包括初级检索的全部功能。

1. 单库检索

单库检索是对某一个数据库的检索。在 CNKI 系列数据库中，各数据库页面及功能相似。单库检索页中提供初级检索及其相应的检索控制功能。在此页面上，用户可利用检索导航、检索框、检索控制项等完成简单检索和一般的逻辑组合检索。

2. 跨库检索

跨库检索是指以同一检索条件同时检索多个数据库。在数据库列表中选择要多个检索的数据库，然后进行跨库检索。一般都是在跨库检索的范围讨论检索。

3. 文献导航

文献导航的目的是从不同的角度和途径导出（自动检索出）数据库中的相关内容，实现分类浏览和下载。文献导航包括专辑导航和专库导航。

①专辑导航，是以 CNKI 文献专辑系统的自然科学与工程技术文献的 6 个专辑类目和人文社会科学文献的 4 个专辑类目为导航类目，即基础科学、工程科技Ⅰ辑、工程科技Ⅱ辑、农业科技、医药卫生科技、哲学与人文科学、社会科学Ⅰ辑、社会科学Ⅱ辑、信息科技、经

济与管理科学，再进行跨库检索，就可实现跨库检索的操作。

②专库导航，又称数据库导航，是根据收录文献的不同特征所提供的特性导航。设于各个数据库中。如，《中国期刊全文数据库》的期刊导航、基金导航、作者单位导航；《中国优秀博硕士学位论文全文数据库》的博硕士学位授予单位导航。

四、中国知网（CNKI）检索方式

1. 简单检索

简单检索也叫初级检索，检索者可以选择"文献全部分类"或者其中一项进行检索，在检索途径中输入任何一个与检索条件匹配的检索词进行检索。一般情况下，系统默认的是在"文献全部分类"下的"文献"数据库"全文"检索，如图 6-2 所示。

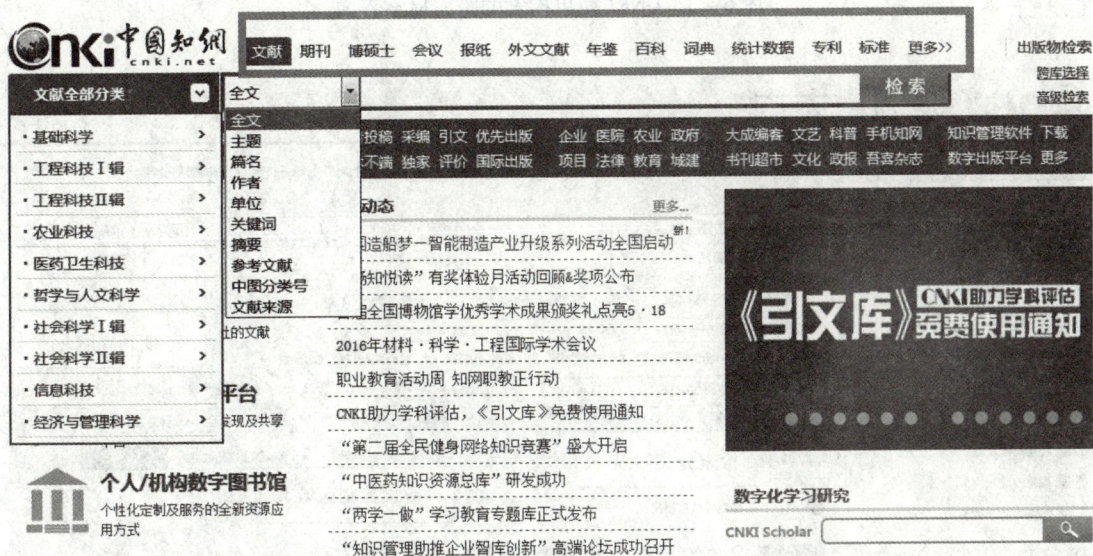

图 6-2　CNKI 简单检索界面

简单检索在数据库的选择中可以选择单库检索，也可以选择跨库检索。单库检索即是在期刊、博硕士等数据库中任意选择一个数据库进行检索。简单检索的跨库检索即是选择一个检索条件同时在多个数据库库中进行检索，如图 6-3 所示。

需要注意的是，跨库检索的检索项即检索途径可能会因为检索库的增加而增加，也可能减少。跨库检索的检索项可能会出现一对多或者多对一的情况，有时可能会滤掉一些个性化的检索。

2. 高级检索

高级检索即通过检索导航、检索框、检索控制项等进行逻辑匹配。在检索时，如图 6-4 所示，首先选检索数据库，然后单击右上方的"高级检索"。以下以"期刊"数据库为例。

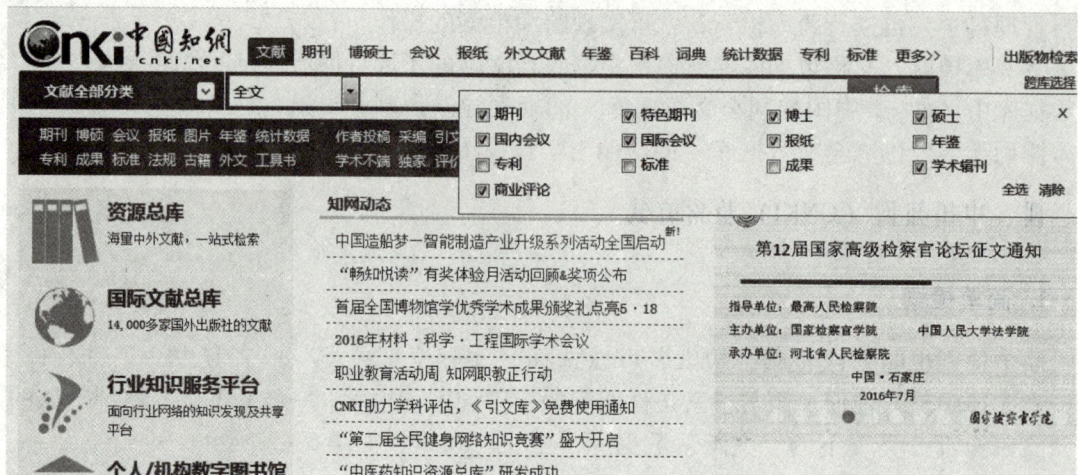

图 6－3　CNKI 简单检索的跨库检索界面

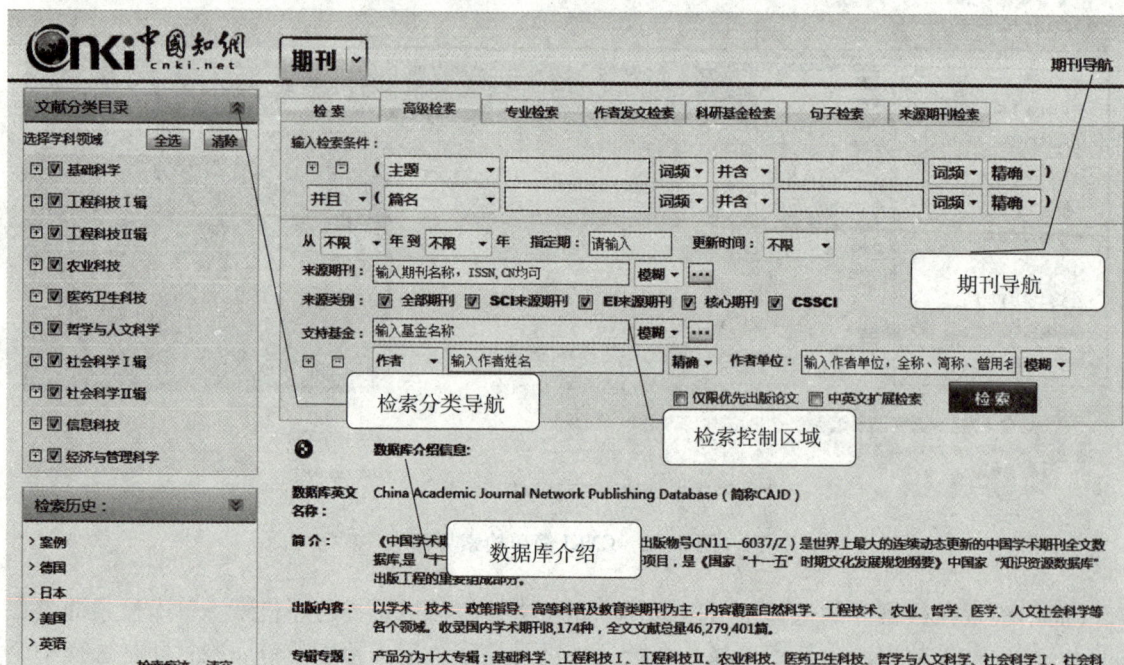

图 6－4　CNKI 高级检索界面

（1）检索分类导航

通过导航可以有针对性地选择某一学科的文献数据资源，使检索结果与该学科的研究领域更加吻合。

（2）期刊导航

通过期刊导航可以按照学科分类选定某领域的期刊。

（3）数据库介绍

了解该数据库的基本内容、特色和收录年限。

（4）检索控制区域

根据需要选择检索控制条件：检索项、关系、匹配、起止年份、来源类别。

①关系，指同一检索途径中两个检索词的词间关系，可选择"并含""或含""不含"（布尔逻辑关系）；还可以指不同途径间的关系，可选择"并且""或者""不含"。

②起止年份，指限定检索内容的时间区间，如1995—2005。

③来源类别，包括全部期刊、EI来源期刊、SCI来源期刊、核心期刊、CSSCI来源期刊。

④匹配（模糊、精确），精确是指检索结果完全等同或包含检索字/词；模糊是指检索结果包含检索字/词或检索词中的词素。

⑤词频（2~8次），指检索词在相应检索项中出现的频次。词频为空，表示至少出现1次。

（5）增加/减少逻辑检索行

通过单击"输入检索条件"下方的"＋""－"增加/减少逻辑检索行，该功能主要满足检索条件过多且检索界面控制选项不足时的需求。

（6）高级检索

提供多检索词的组合检索，可满足较复杂的检索需求，如图6-5所示。

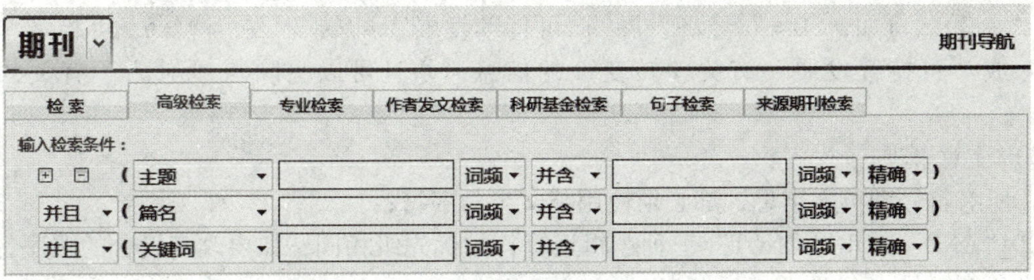

图6-5　CNKI高级检索输入检索条件界面

（7）专业检索

使用逻辑运算符和关键词构造检索式进行检索，用于图书情报专业人员查新、信息分析等工作，如图6-6所示。

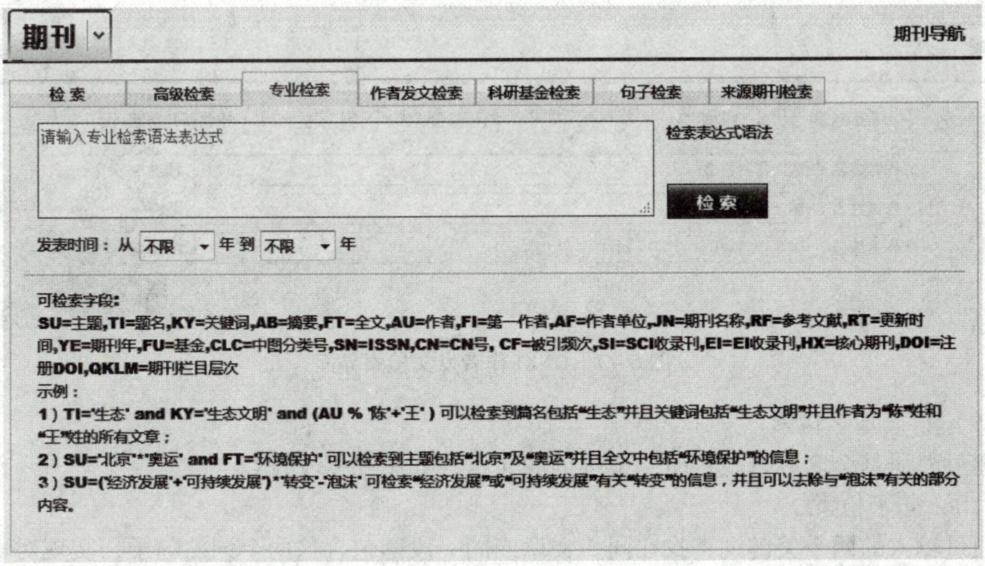

图6-6　CNKI专业检索输入检索条件界面

1）专业检索字段

进行专业检索时，首先要明确检索目标数据库中可用检索项有哪些，分别用什么字母来表示，然后再设计检索式，见表6-1。

表6-1 专业检索字段对照表

SU	TI	KY	AB	FT	AU	FI	AF	CLC	SN	CN
主题	题名	关键词	摘要	全文	作者	第一责任人	机构	中国分类号	ISSN	统一刊号
JN	RF	CF	FU	IB	YE	RT	PT	HX	EI	SI
刊名	参考文献	被引频次	基金	ISBN	年	更新时间	发表时间	核心期刊	EI收录刊	SCI收录刊

2）专业检索运算符

布尔逻辑运算符：AND（逻辑"与""＊"）、NOT（逻辑"或""＋"）、OR（逻辑"非""－"）。例如，SU=（'经济发展'＋'可持续发展'）＊'转变'－'泡沫'，可检索"经济发展"或"可持续发展"有关"转变"的信息，并且可以去除与"泡沫"有关的部分内容。

3）注意事项

①所有符号和英文字母，都必须使用英文半角字符；

②"AND""OR""NOT"三种逻辑运算符的优先级相同；如要改变组合的顺序，使用英文半角圆括号"（）"将条件括起；

③逻辑关系符号（与（AND）、或（OR）非（NOT），前后要空一个字节。

（8）作者发文检索

通过作者姓名、单位等信息，查找作者发表的全部文献及被引用和下载情况，如图6-7所示。

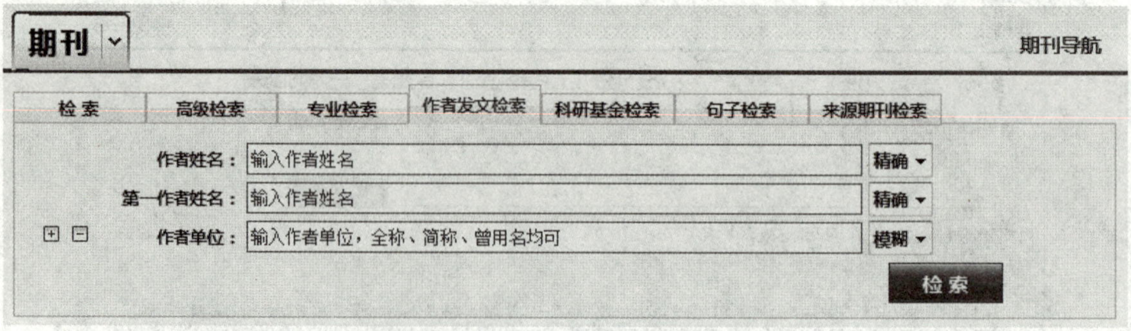

图6-7 CNKI作者发文检索界面

（9）科研基金检索

通过科研基金名称查找科研基金资助的文献，如图6-8所示。

（10）句子检索

通过输入的两个关键词查找在同一文章或同一段落包含这两个词的句子，实现对事实的检索，如图6-9所示。

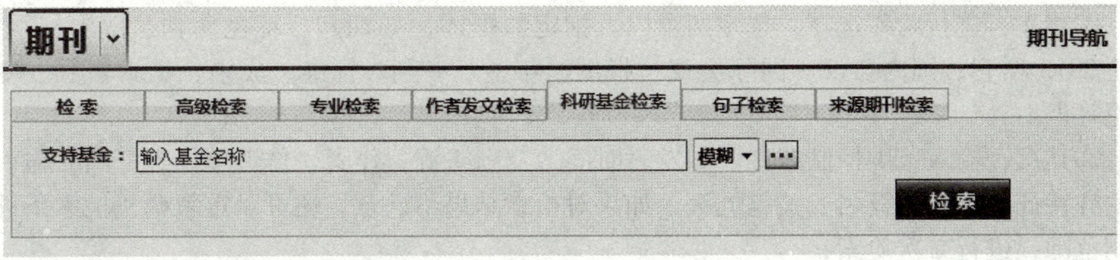

图 6 - 8 　CNKI 科研基金检索界面

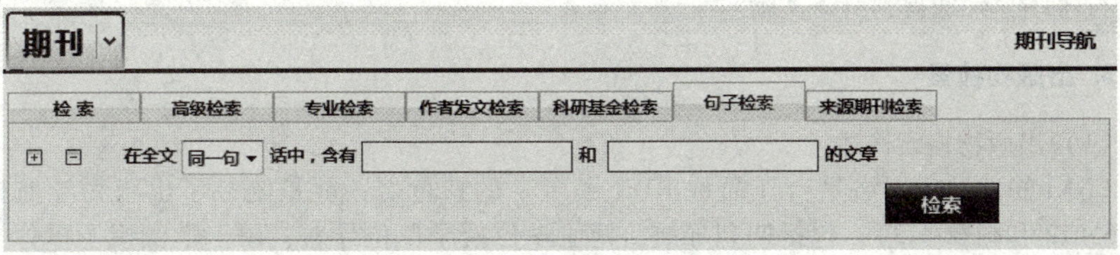

图 6 - 9 　CNKI 句子检索界面

(11) 来源期刊检索

通过期刊来源类别进行检索，如图 6 - 10 所示。

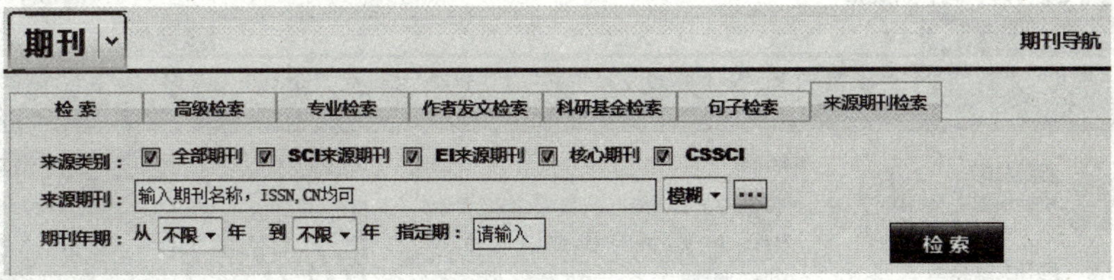

图 6 - 10 　CNKI 来源期刊检索

　　高级检索可以与跨库检索进行搭配检索（图 6 - 11），当选择"文献"数据库的时候，单击右上方的"跨库选择"，确定待选的数据库，可以实现高级跨库检索。高级跨库检索是在几个检索数据库中检索者利用检索分类、内容控制条件、检索控制条件进行组合检索。其中还增加了二次检索的功能，即"结果中检索"。

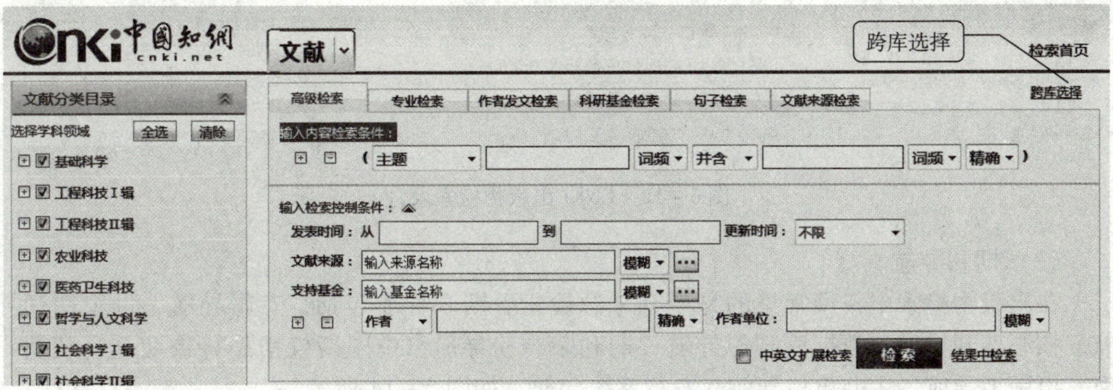

图 6 - 11 　CNKI 高级检索跨库检索界面

①首先，进行跨库选择，选定两个以上指定数据库，如期刊、特色期刊、博士、硕士、硕士 2013 增刊、国内会议、国际会议、报纸、年鉴、专利、标准、成果、学术辑刊、专业评论等；

②其次，输入范围控制条件，如发表时间、文献来源、作者、作者单位等，然后输入文献内容特征信息，如篇名、关键词等，如果对检索结果不满意，还可以重新调整检索条件和控制范围，进行二次检索；

③最后，对检索得到的结果分组排序，如按文献所属学科等进行分组，再根据发表时间等进行排序，筛选得到所需文献。

3. 出版物检索

（1）出版物检索概述

CNKI 知识发现网络平台（简称 KDN 平台）的特色之一就是统一了出版物导航检索（图 6 - 12 和图 6 - 13），包括期刊导航、博士学位授予单位导航、硕士学位授予单位导航等，并统一导航页面中有字母导航和分类导航，左侧文献分类目录帮助用户快速定位导航的分类。分类导航检索可直接按照分类浏览基本信息，按期查找出版物。

图 6 - 12　CNKI 出版物检索入口

（2）期刊导航

在出版物检索中，最常见的是期刊来源检索。期刊导航包括：专辑导航、世纪期刊导航、核心期刊导航、数据库刊源导航、期刊荣誉榜导航、中国高校精品科技期刊、刊期导航、出版地导航、主办单位导航、发行系统导航，如图 6 - 14 所示。

图 6-13 CNKI 出版物导航界面

图 6-14 CNKI 期刊导航界面

（3）期刊导航的方式说明

①专辑导航：按照期刊知识内容分类，分为 10 个专辑，178 个专题，如图 6-15 所示。

②世纪期刊导航：按期刊的知识内容分类，只包括 1994 年之前出版的期刊。

③核心期刊导航：按 2008 年版"中文核心期刊要目总览"核心期刊表分类，只包括被 2008 年版"中文核心期刊要目总览"收录的期刊。

④数据库刊源导航：按期刊被国内外其他数据库收录情况分类。

⑤期刊荣誉榜导航：按期刊的获奖情况分类。

⑥中国高校精品科技期刊：2006 年获教育部"中国高校精品科技期刊奖"荣誉的期刊。

⑦刊期导航：按期刊的出版周期分类。

图 6 – 15　CNKI 出版物导航界面

⑧出版地导航：按期刊的出版地分类。

⑨主办单位导航：按期刊的主办单位分类。

⑩发行系统导航：按期刊的发行方式分类。

通过导航系统可以按照需求一步步地缩小范围，直至查找到某个特定期刊，另外，也可以直接输入检索词查找指定期刊，如图 6 – 16 所示。

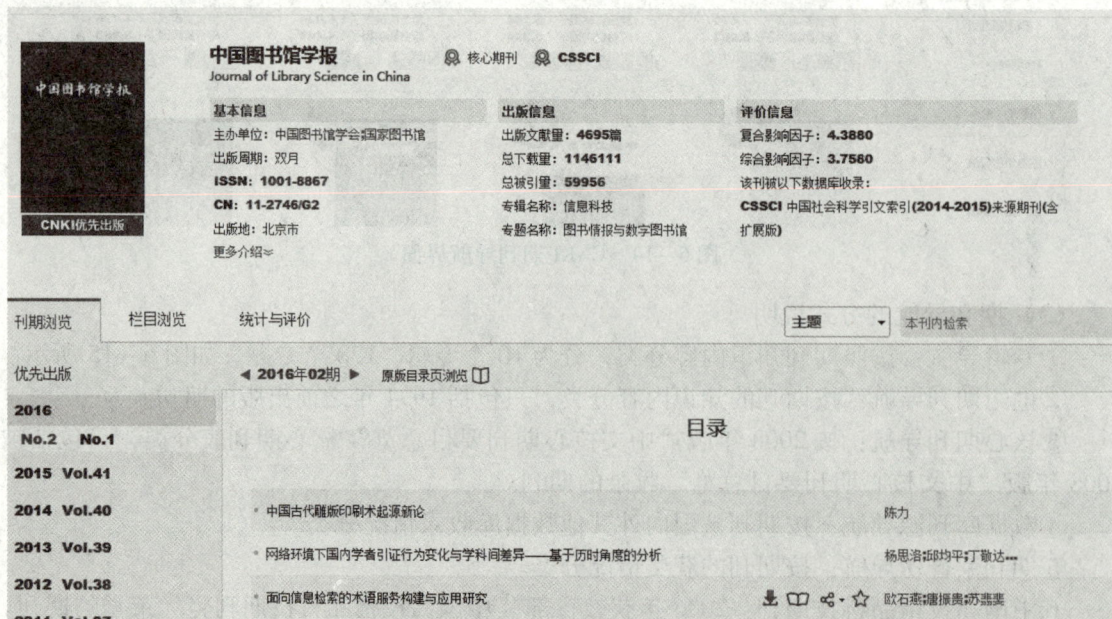

图 6 – 16　CNKI 出版物检索结果界面

五、中国知网（CNKI）检索结果

1. 检索结果显示

简单检索、高级检索的结果显示是差不多的，包括分组、排序、导出、设置摘要模式、输出关键词等。以"数字图书馆"的检索结果为例进行介绍，如图6–17所示。

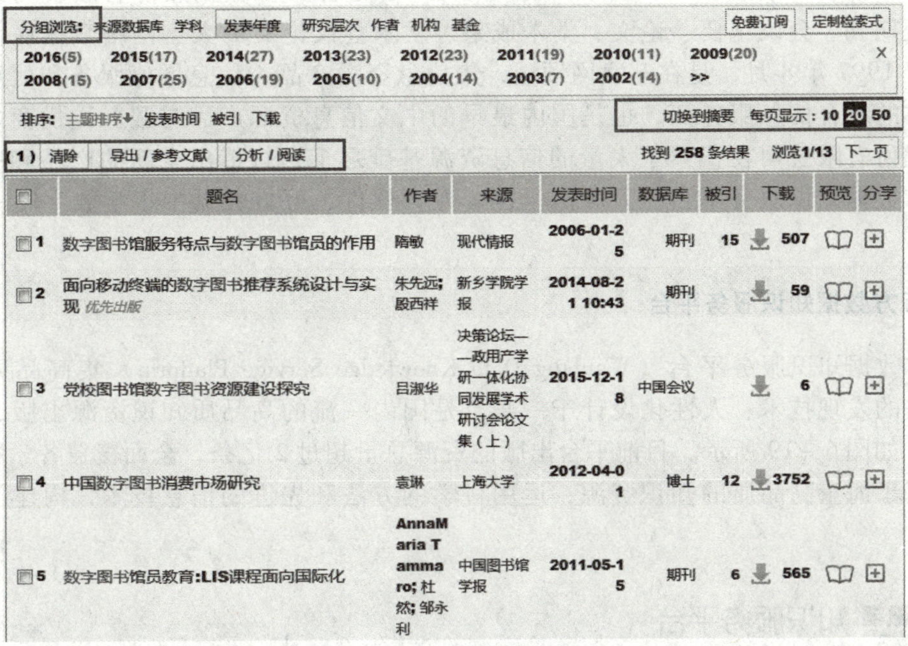

图6–17　CNKI检索结果界面

2. 检索结果下载与阅读

检索结果的下载阅读有CAJ和PDF两种格式，如图6–18所示。

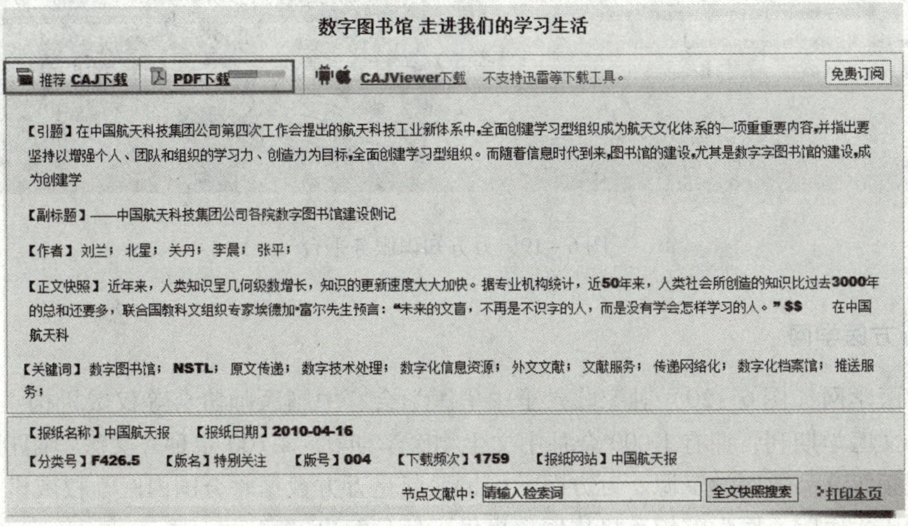

图6–18　CNKI下载界面

第二节　万方数据库

一、万方数据库概述

万方数据（http://www.wanfangdata.com.cn/）是由万方数据股份有限公司研究开发的，涵盖期刊、会议纪要、论文、学术成果、学术会议论文的大型网络数据库。万方数据创建于1997年8月，是在互联网领域，集信息资源产品、信息增值服务和信息处理方案于一体的综合信息服务商，也是国内最早的中文信息资源产品与服务提供商之一。万方数据股份有限公司在积累了大量的信息资源基础之上，打造出全新的产品和服务，推出了万方数据知识服务平台、万方医学网、万方软件、万方数据中小学数字图书馆和万方视频。

1. 万方数据知识服务平台

万方数据知识服务平台（Wanfang Data Knowledge Service Platform）集高品质知识资源、先进的发现技术、人性化设计于一身，是国内一流的高品质知识资源出版、增值服务平台，如图6-19所示。目前平台出版的资源总量超过2亿条，全面覆盖各学科、各行业。其基于海量高品质的知识资源，运用科学的方法和先进的信息技术，构建了多种增值服务。

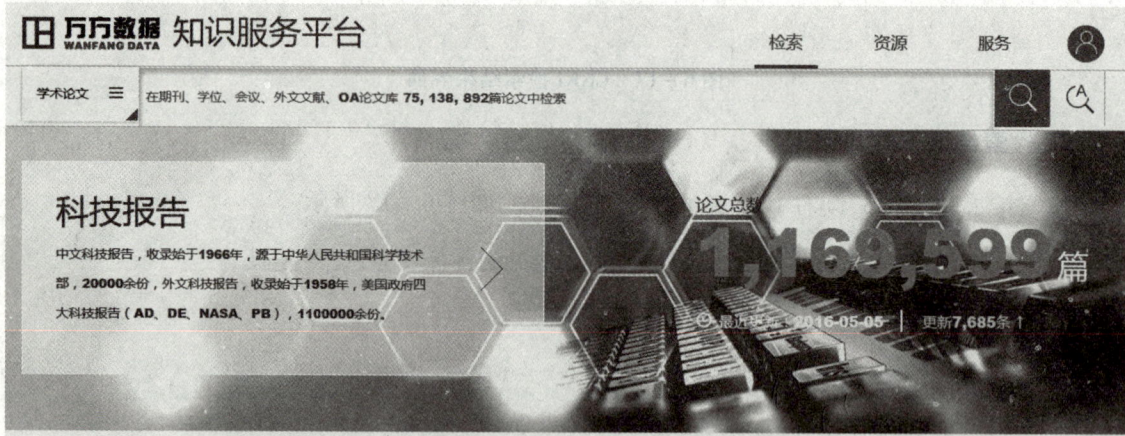

图6-19　万方知识服务平台

2. 万方医学网

万方医学网（图6-20）独家收录了中华医学会、中国医师协会等权威机构主办的220余种中外文医学期刊，拥有1 000余种中文生物医学期刊、4 100余种外文医学期刊、930余部医学视频等高品质医学资源。万方医学网镜像版是万方数据联合国内医学权威机构共同推出的，为广大医院、医学院校等机构用户提供了信息解决方案。

图 6-20　万方医学网平台

3. 万方软件

万方软件（图6-21）的主要产品有：万方元数据仓储（基于知识获取五要素的事实型数据库）、万方学术搜索系统、科技创新辅助决策支持系统及万方科技成果转化服务系统等。同时，其开发了基础件互联网文档信息资源采集工具、资源数字化加工工具、关系数据库数据采集与同步系统、全文资源数据库服务器。

图 6-21　万方软件平台

4. 万方视频

万方视频（图 6-22）是以科技、教育、文化为主要内容的学术视频知识服务系统，与中央电视台、教育部、凤凰卫视、中华医学会、中国科学院、北大光华、法国陈氏传媒等国内外著名专业制作机构进行了广泛的战略合作。2012 年，万方视频隆重推出"中国名师讲坛"系列，特邀全国知名高校的著名学者、专家，以讲座、会议发言、实验等各种生动形式展示最新教学成果和研究心得。

图 6-22 万方视频平台

二、万方数据知识服务平台资源

万方数据知识服务平台提供的资源不仅涉及范围广、信息量大，而且更新速度快，为用户实时显示各类资源的总记录数和更新时间。万方数据资源按照资源类型可以分为全文类信息资源、文摘、题录类信息资源及事实型动态信息资源。全文类信息资源包括会议论文全文资源、学位论文全文资源、法律法规全文资源、期刊论文全文资源，其中会议论文全文资源是最具权威性的学术会议全文库。文摘、题录类信息资源及事实型动态信息资源主要包括大量科技文献、政策法规、企业产品等多个数据库，是科研机构进行科学研究，企业单位进行技术创新、产品研发，科技管理机构进行科研决策的信息依据。

1. 期刊论文

期刊论文是万方数据知识服务平台的重要组成部分，集中了多种科技及人文和社会科学期刊的全文内容，其中，绝大部分是进入科技部科技论文统计源的核心期刊。其内容包括论文标题，论文作者，来源刊名，论文的年、卷、期，中图分类法的分类号，关键字，所属基金项目，数据库名，摘要等信息，并提供全文下载，总计约 2 550 万篇。

2. 学位论文

学位论文收录了国家法定学位论文收藏机构——中国科技信息研究所提供的自 1980 年以来我国自然科学领域各高等院校、研究生院及研究所的硕士研究生、博士及博士后论文。内容包括：论文题名、作者、专业、授予学位、导师姓名、授予学位单位、馆藏号、分类号、论文页数、出版时间、主题词、文摘等信息，总计约 270 万篇。

3. 会议论文

会议论文收录由中国科技信息研究所提供的国家级学会、协会、研究会组织召开的各种学术会议的会议论文，每年涉及 1 000 余个重要的学术会议，范围涵盖自然科学、工程技术、农林、医学等多个领域，内容包括数据库名、文献题名、文献类型、馆藏信息、馆藏号、分类号、作者、出版地、出版单位、出版日期、会议信息、会议名称、主办单位、会议地点、会议时间、会议届次、母体文献、主题词、文摘、馆藏单位等，总计约 230 万篇，为用户提供最全面、详尽的会议信息，是了解国内学术会议动态、科学技术水平，进行科学研究必不可少的工具。

4. 外文文献

外文文献包括外文期刊论文和外文会议论文。外文期刊论文是全文资源。其收录了 1995 年以来世界各国出版的 20 900 种重要学术期刊，部分文献有少量回溯。每年增加外文期刊论文百万余篇，每月更新。外文会议论文是全文资源。其收录了 1985 年以来世界各主要学会及协会、出版机构出版的学术会议论文，部分文献有少量回溯。每年增加外文会议论文 20 余万篇，每月更新。

5. 专利技术

专利技术收录了国内外的发明、实用新型及外观设计等专利 3 400 多万项，内容涉及自然科学的各个学科领域，是科技机构、大中型企业、科研院所、大专院校和个人在专利信息咨询、专利申请、科学研究、技术开发，以及科技教育培训中不可多得的信息资源。

6. 中外标准

中外标准综合了由国家技术监督局、建设部情报所、建材研究院等单位提供的相关行业的各类标准题录，包括中国标准、国际标准及各国标准等 30 多万条记录。其更新速度快，保证了资源的实用性和实效性。目前其已成为广大企业及科技工作者从事生产经营、科研工作不可或缺的宝贵信息资源。

7. 科技成果

科技成果主要收录了国内的科技成果及国家级科技计划项目。其由《中国科技成果数据库》等十几个数据库组成，收录的科技成果总记录 70 余万项，内容涉及自然科学的各个学科领域。

8. 政策法规

政策法规主要由国家信息中心提供，信息来源权威、专业，对把握国家政策有着不可替代的参考价值。其收录自 1949 年以来全国各种法律法规 50 余万条。其内容不但包括国家法律法规、行政法规、地方法规，还包括国际条约及惯例、司法解释、案例分析等，关注社会发展热点，更具实用价值，被认为是国内最权威、全面、实用的法律法规数据库。

9. 机构

机构收录了国内外企业机构、科研机构、教育机构、信息机构各类信息。其中，企业机构信息 19 余万条，包括企业名称、负责人姓名、注册资金、固定资产、营业额等基本信息。科研机构信息包括机构名称、曾用名、简称、负责人姓名、学科分类、研究范围、拥有专利、推广的项目、产品信息等。教育机构信息包括机构名称、负责人姓名、专业设置、重点学科、院系设置、学校名人等信息。信息机构信息包括机构名称、负责人姓名、机构面积、馆藏数量等信息。

10. 科技专家

科技专家收录了 1 万余条国内自然科学技术领域的专家名人信息，介绍了各专家的基本信息、受教育情况及其在相关研究领域内的研究内容及所取得的进展，为国内外相关研究人员提供检索服务，有助于用户掌握相关研究领域的前沿信息。

三、万方数据知识服务平台检索服务

万方数据知识服务平台提供的检索文献类型，主要包括学术论文、期刊、学位、会议、外文文献、专利、标准、成果、图书、法规、机构、专家和学者。

万方数据知识服务平台（图 6 – 23）为用户提供了更多的功能和服务，可以实现不同文

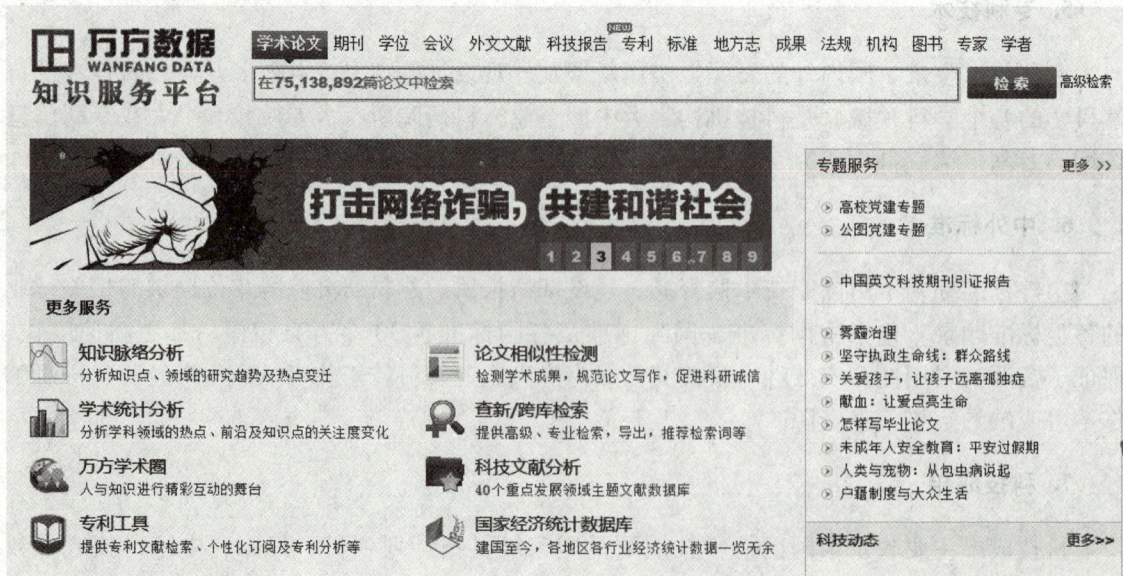

图 6 – 23 万方数据知识服务平台检索界面

献类型的检索功能，并在原有检索系统基础上加入万方论文检测系统（wvmc），使检索功能更加强大。万方数据运用先进的分析和咨询方法，为用户提供个性化信息增值服务产品，如知识脉络分析、论文相似性检测、学术统计分析、查新/跨库检索、万方学术圈、科技文献分析、专利工具等，以满足用户对深度信息的分析需求，为用户提供决策支持。

1. 初级检索

初级检索在万方又叫作"一框式"检索，即在检索框中任意输入一个检索词，检索就可以将检索结果显示出来。例如，检索"图书馆"，结果如图 6－24 所示。

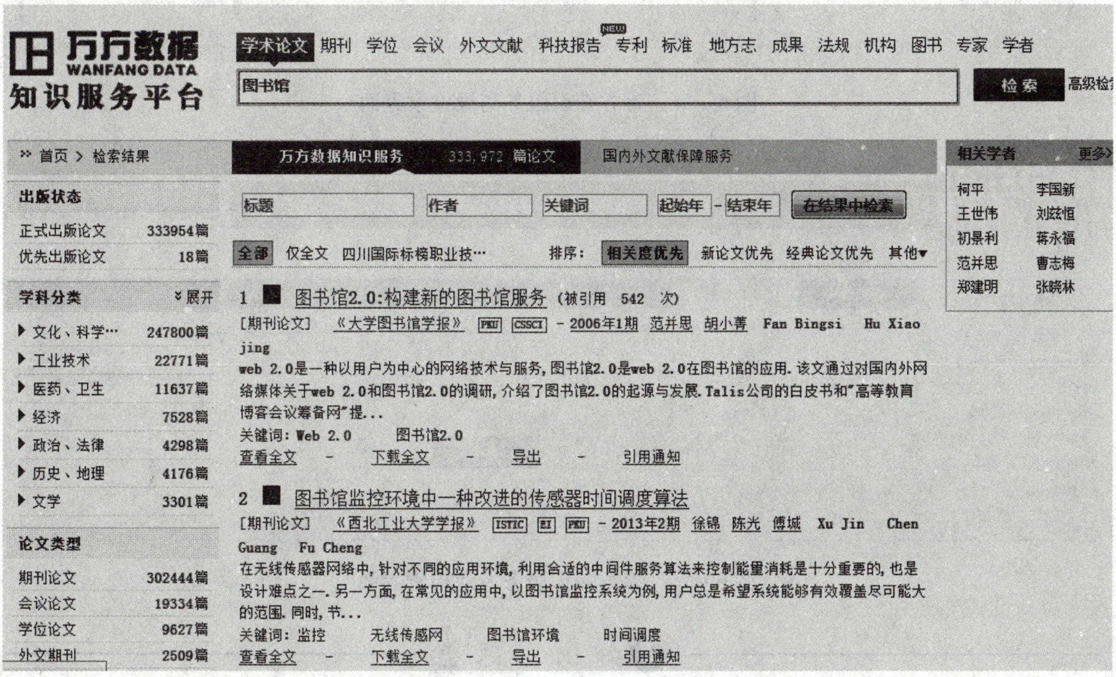

图 6－24　万方知识服务简单检索界面

由于初次检索到的文献数量巨大，还可以通过二次检索（在检索结果中检索）的办法，通过对标题、作者、关键词、年代进行限定来缩小检索的范围。

2. 高级检索

万方的高级检索即通过主题、题名、关键词、创作者、作者单位等 21 个条件进行选择组配检索，如图 6－25 所示。一般情况下默认为跨库检索。

3. 专业检索

专业检索就是直接输入检索表达式及布尔逻辑式，如图 6－26 所示，多为熟练掌握检索技术的专业人士使用。

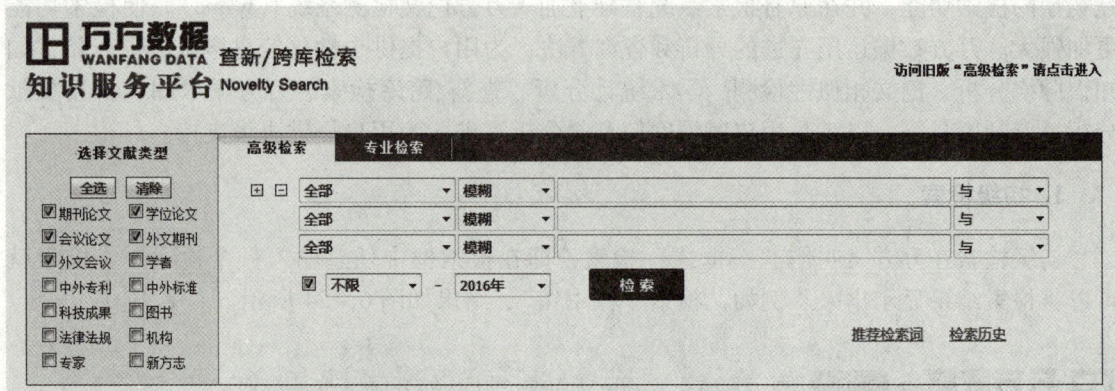

图6-25 万方知识服务高级检索界面

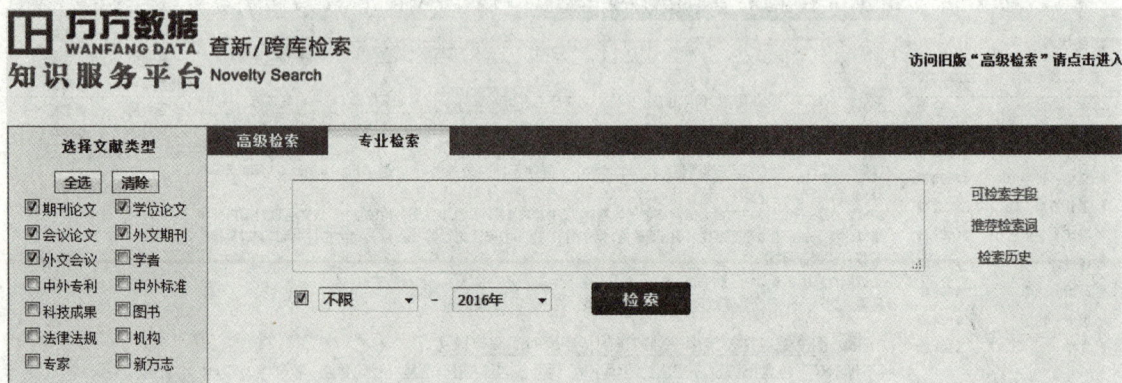

图6-26 万方知识服务专业检索界面

📖 知识小课堂

百度学术

　　百度学术搜索是百度旗下的提供海量中英文文献检索的学术资源搜索平台，涵盖了各类学术期刊、会议论文，旨在为国内外学者提供最好的科研体验。百度学术搜索可检索到收费和免费的学术论文，并通过时间筛选、标题、关键字、摘要、作者、出版物、文献类型、被引用次数等细化指标提高检索的精准性。

　　百度学术搜索功能，就像在各文献网站中架设起了错落有致的桥梁，使得用户可以随意穿梭，以最快的速度找到自己需要的文献资料，极大地降低了搜索的成本；而对于专业学术网站，丰富的内容也找到了最大化的输出渠道。

　　例如，检索一篇文章，如果在 CNKI 中无法检索到，就需要换到万方数据库中进行检索，这样比较耗时。百度学术提供了一个整合的平台，可以检索到并看到这篇文章在哪个数据库，然后链接到该数据库进行检索，或者登录该数据库进行检索。

第七章

网络信息检索工具

随着计算机技术和网络通信技术的发展，Internet 得到日益普及和扩张，已经发展成为世界上规模最大、用户最多、资源最丰富的网络互联系统，为全球范围内快速传递信息提供了有效手段，也为信息检索提供了广阔的发展平台。但是，Internet 的开放性和自由性不可避免地引发网络信息资源呈现数量庞大、异构性、分散性和动态性的特征，阻碍了人们对网络信息的充分利用，从而使得网络环境下的信息检索面临新的挑战。

网络信息浩如烟海，并且增长迅速、类型多样，要想从中快速找到自己所需要的信息，必须借助于网络信息检索工具。不同的网络信息检索工具，其特点、原理和作用是不相同的。其中，搜索引擎适合于较能明确表达检索需求的用户。

第一节　网络信息检索概述

一、网络信息资源的定义

关于网络信息资源的定义，并没有一个统一的说法。目前的理解一般为"通过计算机网络可以利用的各种信息资源的综合"①，即以数字化形式记录的，以多媒体形式表达的，分布式存储在网络计算机的磁介质、光介质及各类通信介质上，并通过计算机网络通信方式进行传递的信息内容的集合②。该定义主要揭示了网络信息资源的载体、表达形式、组织的结构及传播手段等要素。

二、网络信息资源的特点

①信息资源极为丰富，种类繁多，几乎无所不包。
②超文本、超媒体、集成式地提供信息。
③信息来源分散、无序、没有统一的管理机构，信息新生、变化、消亡时有发生，难以控制。
④信息获取方便、及时、快速，具有交互性。

三、网络信息检索的特点

①信息检索空间的拓展。它可以检索 Internet 上的各类资源，其检索范围覆盖了整个 Internet 网络，为访问和获取广泛分布在世界各地的、成千上万台服务器和主机上的大量信

---

① 黄纯元. 图书馆与网络信息资源 [J]. 中国图书馆学报, 1997 (6)：13 – 19.
② 李莹. 试析网络信息资源管理的特点 [J]. 情报科学, 2000 (4)：319 – 321.

息提供了可能。

②交互式作业方式。所有的网络信息检索工具都具有交互式作业的特点。能够从用户命令中获取指令，即时响应用户的要求，执行相应操作，并具有良好的信息反馈功能。用户可以在检索过程中及时地调整检索策略以获得良好的检索结果，并能就所遇到的问题获得联机帮助和指导。

③用户界面友好。网络信息检索对用户屏蔽了各局域网络间的物理差异，检索者可使用自己熟悉的检索界面和命令方式实现对各种异构系统数据库的访问和检索。检索变得简单易行，网络用户一般不需要经过太多的培训就能上手操作。

④快速响应能力。网络信息检索工具通常采用全文单词标引的方式，将网上的文本页面进行全文单词的自动倒排，建立庞大的索引数据库。这些索引数据库常常是 24 小时更新，大量基于全文单词的倒排工作通常是借助相关程序软件自动运行的，因而具有良好的信息反馈功能和快速响应功能。

第二节　网络搜索引擎概述

一、搜索引擎的定义

搜索引擎来自英文"Search Engine"一词，意为信息查找的发动机，是最常用的网络资源搜索工具之一。关于搜索引擎的定义，有广义和狭义之分。

广义的搜索引擎泛指网络上提供信息检索服务的工具和系统，是网络检索工具的统称。

狭义的搜索引擎主要指利用自动搜索技术软件（Robot、Spider 等），对互联网（主要是万维网）资源进行搜集、组织并提供检索的信息服务系统。本章采用狭义的搜索引擎定义。

二、搜索引擎的工作原理

首先，搜索器根据一定的检索策略抓取互联网上的网页，然后由索引器对搜集回来的网页信息进行分析，抽取索引项，用于表示文档及生成文档库的索引表，形成索引数据库。用户通过检索接口输入相关的查询请求，并对用户的查询请求进行分析和转换，由检索器在索引数据库中进行查找和匹配，最后将符合要求的文档按相关性程度的高低进行排序，形成结果列表，并通过用户接口将检索结果列表返回给用户，如图 7－1 所示。

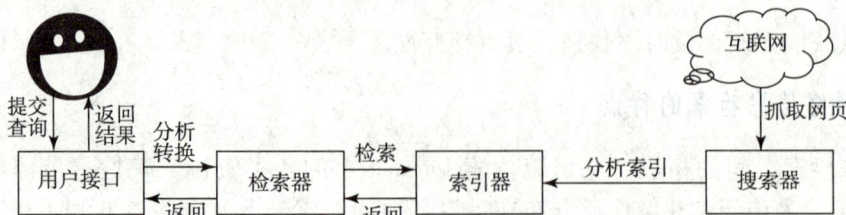

图 7－1　搜索引擎的工作原理

三、搜索引擎的发展历史

根据搜索引擎不同时期的研究重点和服务性能，可以将搜索引擎的发展分为三个阶段。

第一阶段起始于 1994 年，以 Yahoo!、Alta Vista 和 Infoseek 为代表，这个时期的搜索引擎数据库一般少于 100 万个网页，基本不重新搜集网页并刷新索引，而且其检索速度非常慢。在实现技术上，基本沿用较为成熟的传统检索技术，相当于利用一些已有的技术实现在互联网上的信息检索。

第二阶段起始于 1998 年，以 Google 为代表，处于这个阶段的搜索引擎大多采用分布式方案来提高数据库规模、响应速度和用户数量，并且只专注于做后台技术的提供者，在服务模式上不断创新，竞价排名和图形图像及 MP3 的搜索引擎便是这个阶段的产物。

第三阶段起始于 2000 年左右，也是当前搜索引擎空前繁荣的时期，以 Google、Baidu、Yahoo! 等搜索引擎为代表，这一时期的搜索引擎的主要特点是：①索引数据库的规模大，一般的商业搜索引擎都保持在几千万甚至上亿个网页。②除了一般意义上的搜索外，开始出现主题搜索和地域搜索。③能够实现一定程度上的智能化、可视化检索。④由于搜索返回数据量大，检索结果相关度评价成为研究的重点。这一阶段的发展为搜索引擎拓展了生存空间，同时提高了搜索的质量和效率。

四、搜索引擎的分类

随着搜索引擎的数量剧增，其种类也越来越多，可以按照搜索机制、搜索内容等方式加以区分。

1. 按搜索机制划分

搜索引擎按搜索机制划分，可分为全文搜索引擎、目录搜索引擎及元搜索引擎。

（1）全文搜索引擎

原理：基于机器人（Robot）程序（也叫蜘蛛程序（Spider））提取站点上的网页。计算机索引程序通过扫描文章中的每一个词，对每一个词建立一个索引，注明该词在文章中出现的次数和位置，并对它进行预排名处理。当用户查询关键词时，检索程序会根据事先建立的索引进行查找，并将查找的结果反馈给用户。

优点：信息量大、更新及时、无须人工干预；交互性强，可二次检索。适用于目的明确的检索。

缺点：返回信息过多，有很多无关信息，需要用户进行筛选。

举例：Google（www.google.com）、百度（www.baidu.com）等。

（2）目录搜索引擎

依靠专职编辑或志愿人员建立数据库，根据站点的内容和性质将其归类，由编辑人员对站点进行描述。

优点：系统性强，可以浏览目录进行检索，可以人为控制收录哪些站点；体现了知识概念的系统性，查准率高。

缺点：更新慢，检索不全面；查全率低；分类不科学。

目录搜索引擎有：Dmoz（http://www.dmoz.org）、网址之家（http://www.hao123.

com）等。

（3）元搜索引擎

元搜索引擎又称集合型搜索引擎，将多个单一搜索引擎集成在一起，提供统一的检索界面，将用户的检索提问同时提交给多个独立的搜索引擎，同时检索多个数据库；并根据多个独立搜索引擎的检索结果进行二次加工，如对检索结果去重、排序等；输出给用户。

元搜索（综合型）引擎的系统结构如图 7－2 所示。

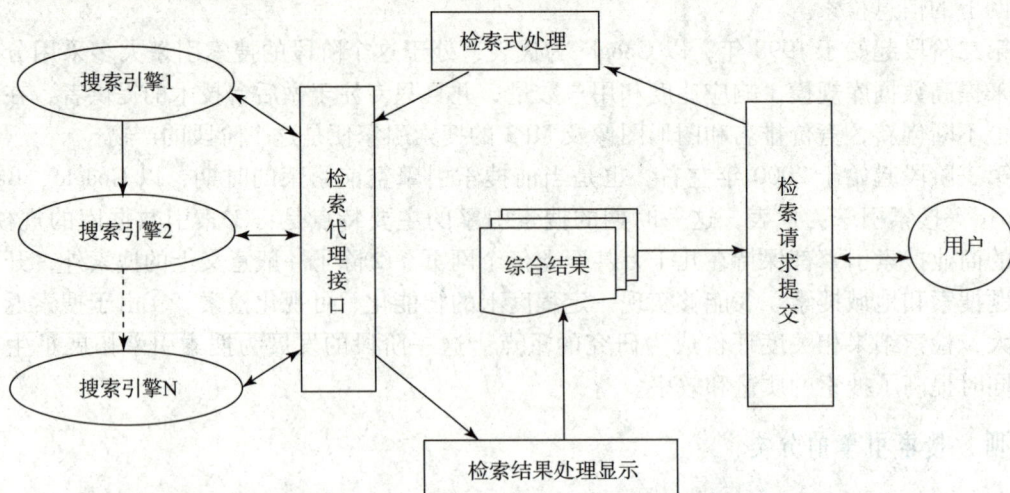

图 7－2　元搜索（综合型）引擎的系统结构

它没有自己的资源库和信息采集系统，是由多个功能独立的搜索引擎构成的虚拟整体。

元搜索引擎有：iTools！（http：//www. iTools. com）、搜网全能搜（http：//so. sowang. com）等。

2. 按搜索内容划分

搜索引擎按搜索内容划分，可分为综合性搜索引擎、专门性搜索引擎。

（1）综合性搜索引擎

综合性搜索引擎是一种集成了多种搜索产品的综合性搜索平台，可从其所收录的丰富的网络资源中为用户检索到所需的信息。

目前应用较为广泛的综合搜索引擎包括 Google、百度、Bing（必应）等。

（2）专门性搜索引擎

专门性搜索引擎是用于查找某些特殊类型的信息，如电话号码、多媒体文件、人物、地图等的专门检索工具。由于侧重收录某一方面的信息，因此它们往往能比综合性搜索引擎更迅速、准确和深入地查找上述专门信息。

专门性搜索引擎有：图像词典（http：//www. gograph. com）、图片引擎（http：//cn. picsearch. com）等。

五、搜索引擎的特点

互联网上的搜索引擎有很多，各有各的风格，有的以查询速度快见长，有的以数据库容量大占优，与传统信息检索工具和其他类型检索工具相比，搜索引擎具有以下优点：

①支持全文检索；

②检索功能较为全面，检索方法多样；

③检索结果按相关性排序；

④查询速度快，维护更新及时；

⑤支持关键词检索和分类目录检索。

第三节　百度搜索引擎介绍

一、百度概述

百度公司于 1999 年年底成立于美国硅谷，是目前世界上数据更新时间最快、中文信息量最大的中文搜索引擎，以其优秀的中文信息检索与传递技术被公认为是众多搜索引擎中的佼佼者。

当前，中国所有提供搜索引擎的门户网站中，超过 80% 都是由百度提供的技术支持，其客户有新浪、搜狐、腾讯、263、新华网、西部时空、重庆热线等。

二、检索方式

百度搜索引擎提供了简单检索、高级检索、分类检索三检索方式。

1. 简单检索

百度首页默认为简单检索，选择恰当的关键词，键入检索框，执行检索即可。若有多个关键词存在，则分析检索需求，根据需要利用布尔逻辑关系构造检索式，执行检索，如图 7 - 3 所示。

图 7 - 3　百度检索方式——简单检索

2. 高级检索

从百度首页右上角的"设置"下拉菜单中选择"高级搜索"即可进入。依据检索需求，用户可以通过高级检索中提供的各种条件限制来精确检索范围，从而提高检索的查准率。在百度高级检索中，用户可限制某一检索必须包含或排除某些特定的关键词或短语。还可以限定所搜索网页的时间、地区、语言、格式及关键词在结果中出现的位置等，如图7-4所示。

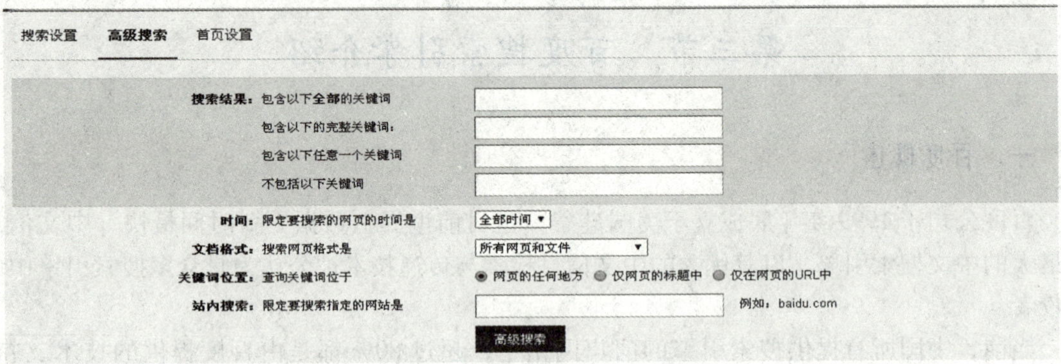

图7-4　百度检索方式——高级检索

3. 分类检索

百度检索工具中的很多子数据库均提供了分类检索，例如百度音乐、百度视频、百度图片、百度文库等，如图7-5所示。

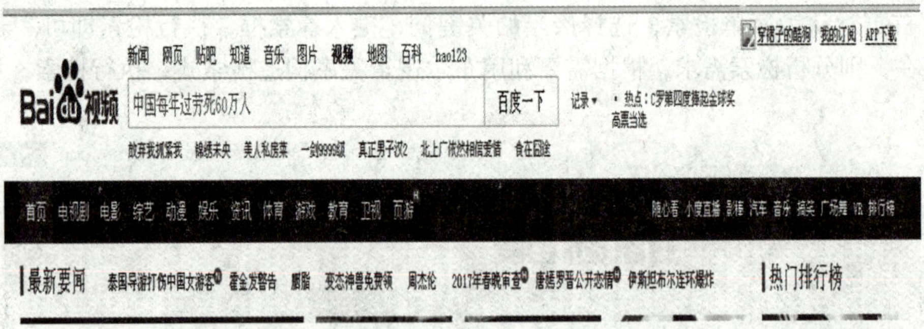

图7-5　百度检索方式——视频分类检索

三、检索规则

1. 不区分大小写

百度不区分大小写，"English""english"和"enGliSh"搜索出来的结果是一样的。

2. 布尔逻辑运算符

（1）支持逻辑"与"运算

用于缩小搜索范围，运算符用"空格"或"＋"表示。例如，检索"信息检索课程改革"的相关资料，只要输入"信息检索＋课程改革"或"信息检索课程改革"进行搜索即可，如图 7－6 所示。

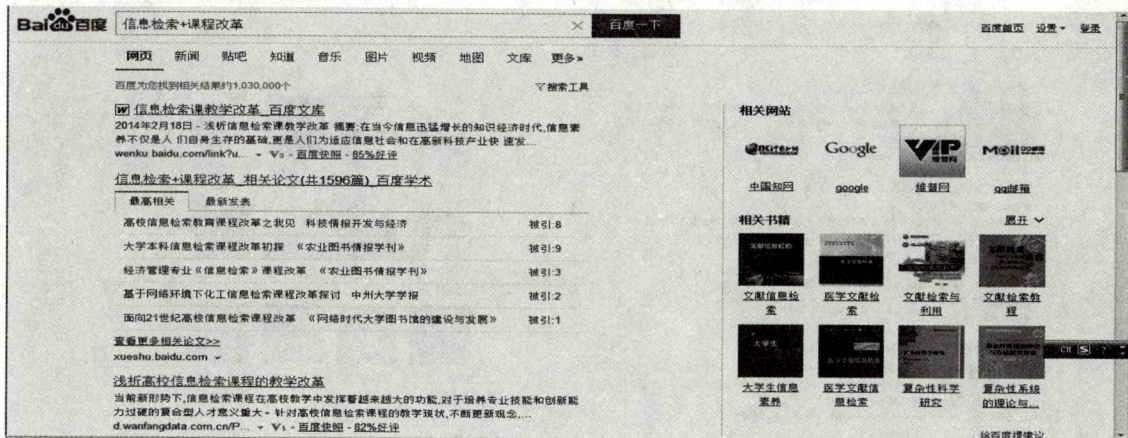

图 7－6　逻辑"与"运算

（2）支持逻辑"非"运算

用于排除无关资料，运算符为"－"。需要注意的是，减号前必须留一空格，且需排除的检索应用小括号括起来，否则视为无效检索，执行默认的逻辑"与"关系检索。例如，要查找"2015 年流行服饰"相关资料，但是不需要春装，检索式为"2015 年流行服饰－（春）"，检索结果如图 7－7 所示。

图 7－7　逻辑"非"运算

（3）支持逻辑"或"运算

用于并行检索，运算符为"│"。需要注意的是，逻辑"或"连接的检索词需用小括号

括起来。例如，要查找"文献检索课"或"信息检索课"的相关资料，无须分两次查询，只要输入"（文献检索课 | 信息检索课）"搜索即可，如图 7-8 所示。

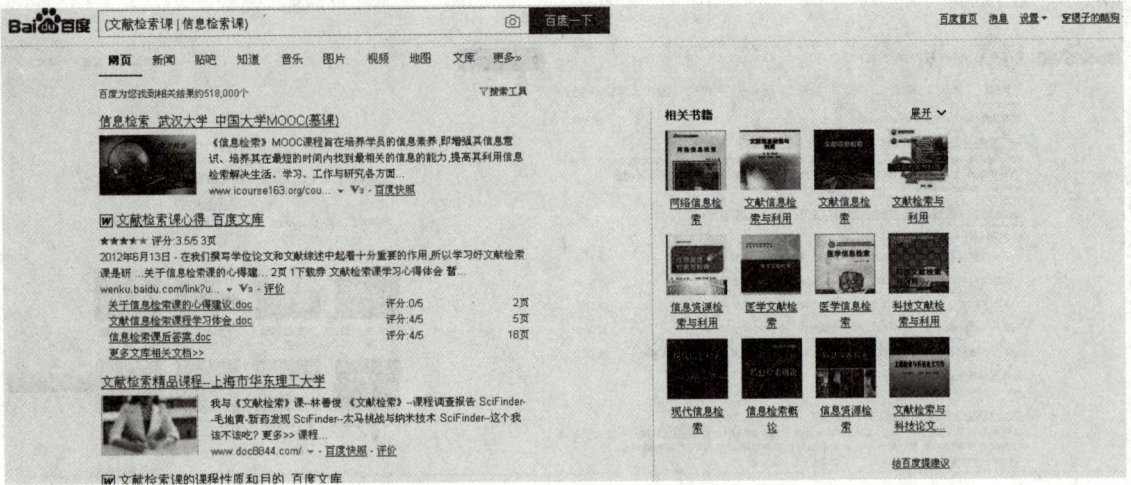

图 7-8　逻辑"或"运算

四、检索功能

1. 百度快照

有时候搜索的结果网页无法打开或者打开速度特别慢，这时就可以使用"百度快照"来解决问题，如图 7-9 所示。百度快照只会临时缓存网页的文本内容，图片、音乐等非文本信息仍存储于原网页。当原网页进行了修改、删除或者屏蔽后，百度搜索引擎会自动修改、删除或者屏蔽相应的网页快照。

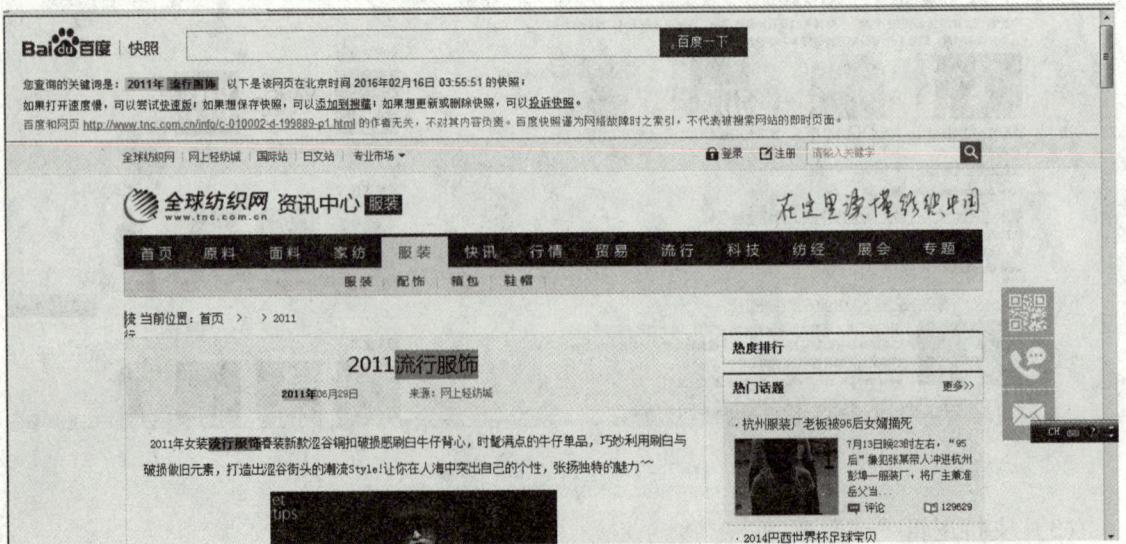

图 7-9　百度快照

2. 精确检索

用双引号可以进行整句话的精确检索。只有和双引号内的检索词完全匹配，才是需要的结果。在百度中，中文书名号是可被查询的。加上书名号的检索词，有两个特殊功能：一是书名号会出现在搜索结果中，二是被书名号括起来的内容，不会被拆分。如图 7 – 10 和图 7 – 11 所示。

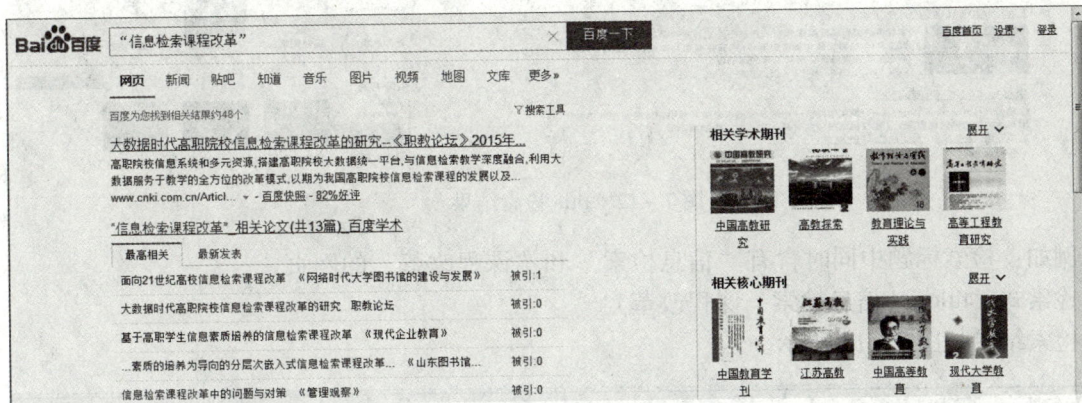

图 7 – 10 精确检索——双引号搜索结果

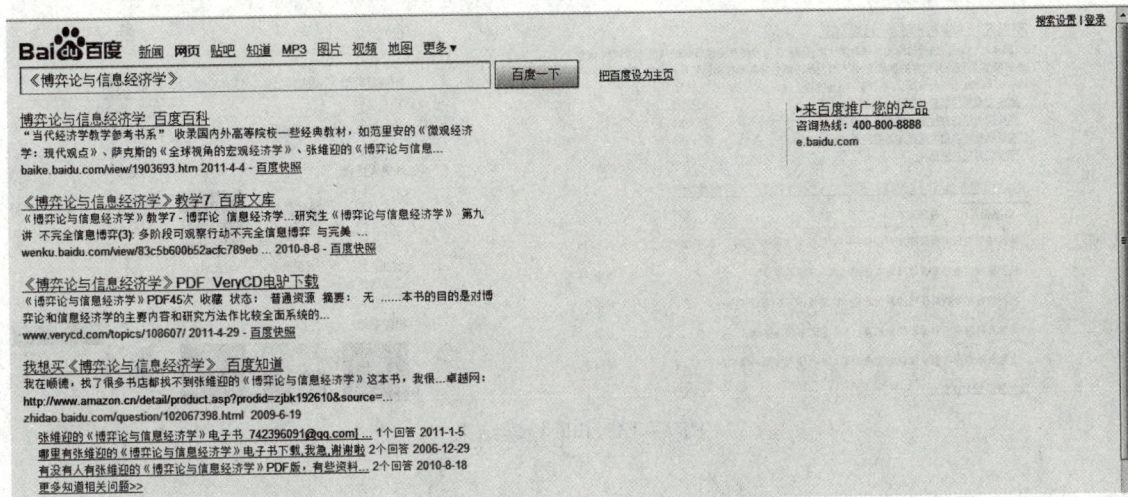

图 7 – 11 精确检索——书名号搜索结果

3. title：把搜索范围限定在网页标题中

网页标题通常是对网页内容提纲挈领式的归纳。把查询内容范围限定在网页标题中，有时能获得良好的效果。

例如：检索标题中含有"信息检索"的网页

检索式：title：（信息检索）

检索结果如图 7 – 12 所示。

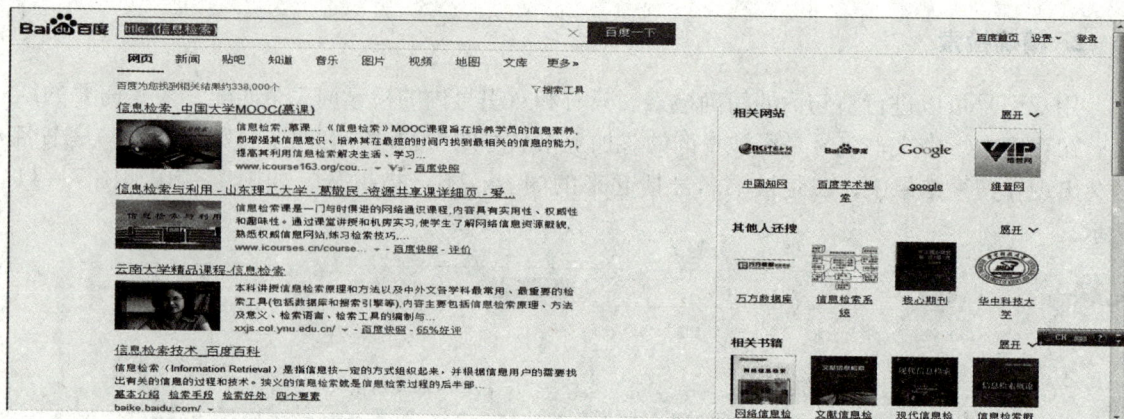

图 7 - 12　title 检索结果

例如：检索标题中同时含有"信息检索"和"课程改革"的网页

检索式：title：（信息检索　课程改革）

检索结果如图 7 - 13 所示。

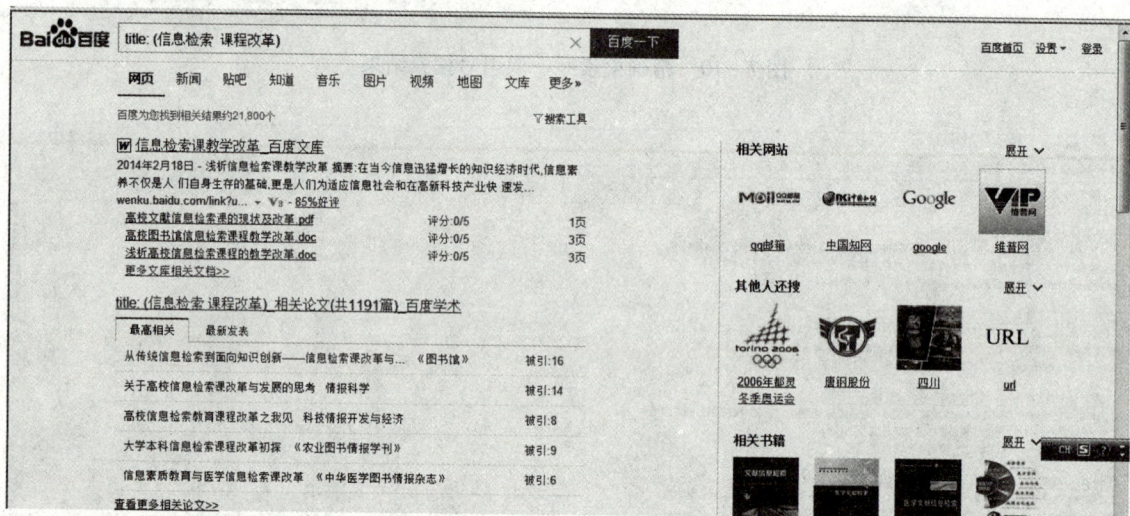

图 7 - 13　title 检索结果

4. site：把搜索范围限定在特点站点中

如果知道某个站点中有自己需要找的信息，就可以把搜索范围限定在这个站点中，提高查询效率。

例如：在四川国际标榜职业学院的网站中检索所有包含"社会体育"的网页

检索式："社会体育 site：polus. edu. cn"

检索结果如图 7 - 14 所示。

5. inurl：把搜索范围限定在 URL 链接中

网页 URL 中的某些信息，常常有某种有价值的含义，如果对搜索结果的 URL 做某种限

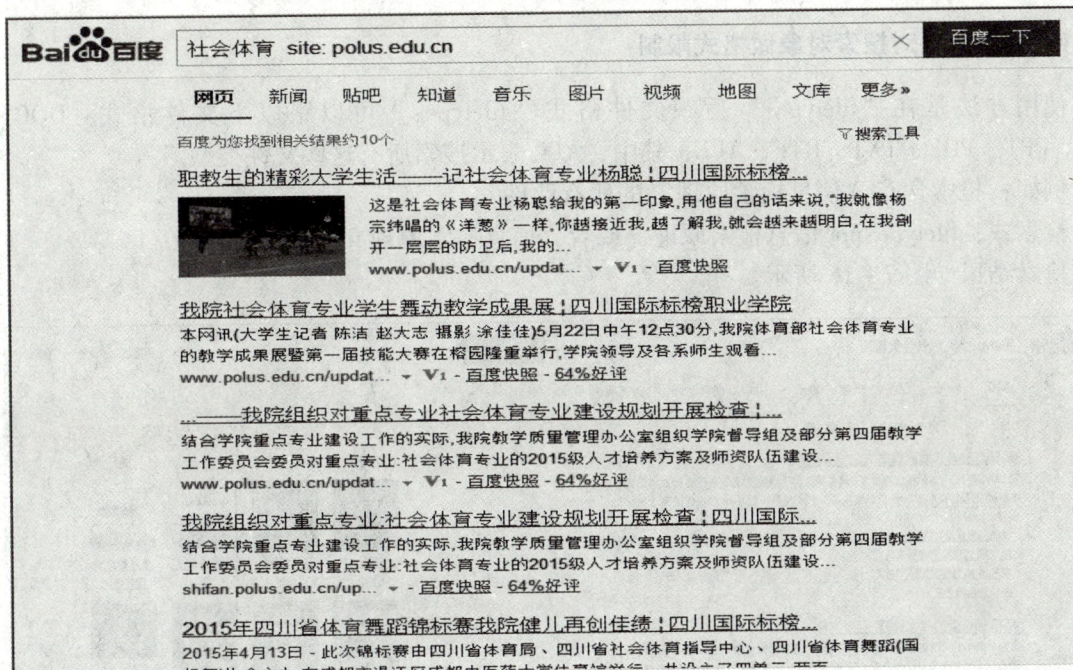

图 7 - 14   site 检索结果

定，就可以获得良好的效果。

例如：检索 URL 中含有"信息检索"的网页

检索式：inurl：（信息检索）

检索结果如图 7 - 15 所示。

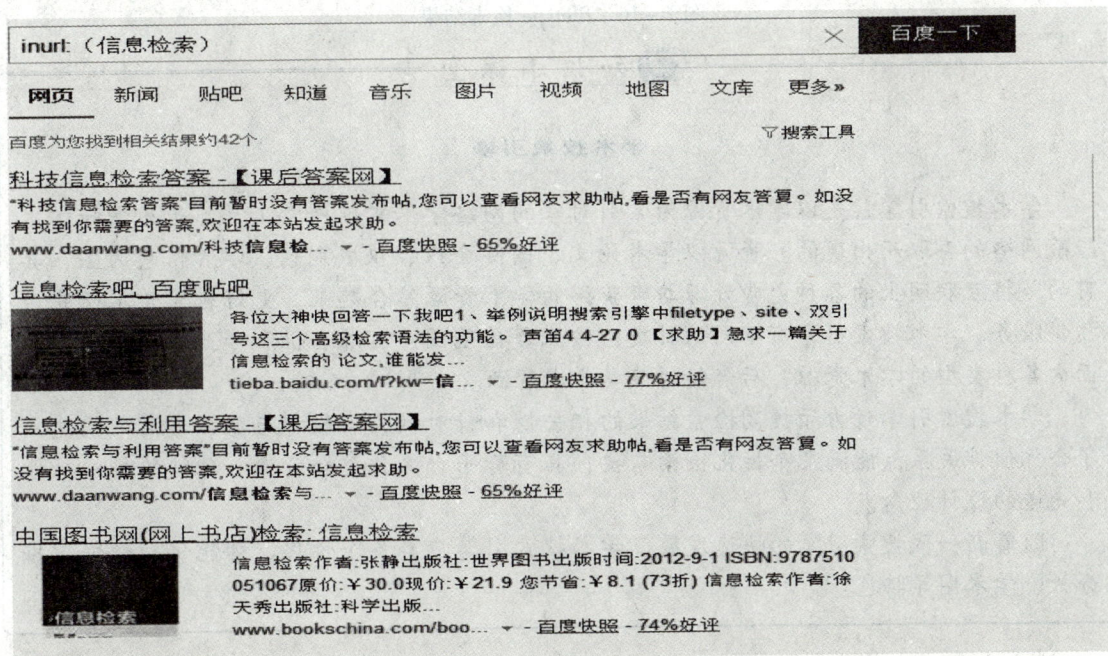

图 7 - 15   inurl 检索结果

6. filetype：对搜索对象做格式限制

使用方法是在"filetype："后跟文件格式。"filetype："可以跟以下文件格式：DOC、XLS、PPT、PDF、TXT、RTF、ALL，其中，ALL 表示搜索所有这些文件类型。

例如：检索含有"信息检索原理"的所有课件

检索式：filetype:ppt 信息检索原理　　或者　信息检索原理 filetype：ppt

检索结果如图 7 – 16 所示。

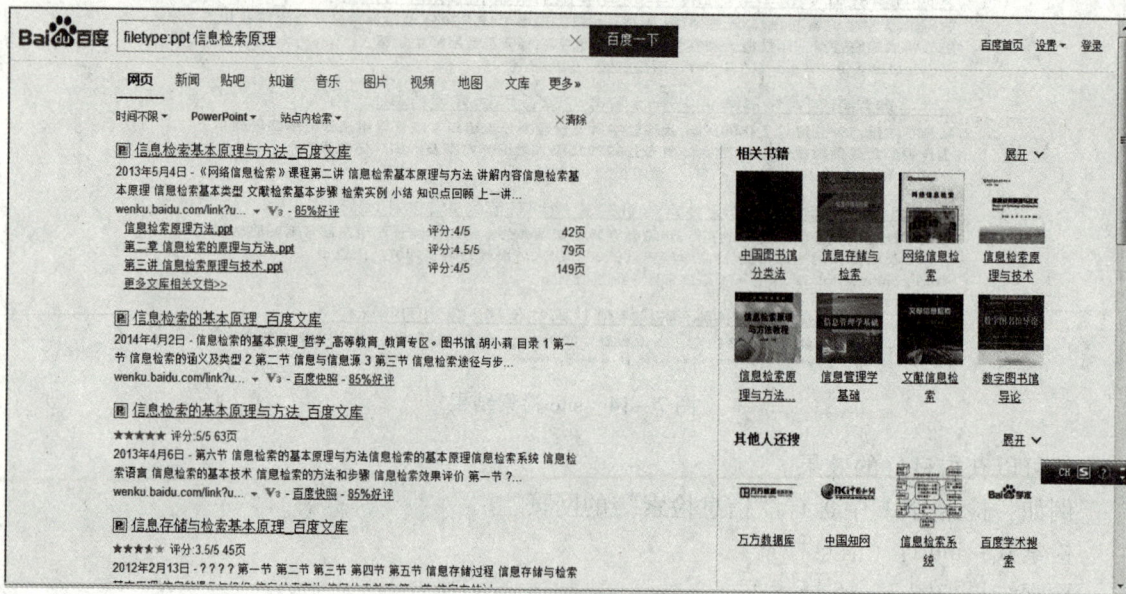

图 7 – 16　filetype 检索结果

知识小课堂

学术搜索引擎

学术搜索引擎就是以学术资源为索引对象的网络学术文献检索工具，是为增强学术隐蔽网络的存取而出现的。资源以学术论文、国际会议、权威期刊、学者信息为主，其目的是将互联网上的各种免费资源与可获得的学术资源结合起来，更好地为学术研究者提供服务。学术搜索引擎有不同的种类，按照覆盖范围，有综合性和专业性两类，前者面向各种类型的学术资源，后者针对某类学术资源。

学术搜索引擎致力于提高检索结果的相关性和针对性，一般都与数据库商之间建立了合作伙伴关系，能满足个性化检索需要，具有跨平台工作整合资源、独特的排序功能和先进的设计理念。

随着新一代搜索引擎的快速发展，学术搜索引擎应具备个性化、智能化、数据挖掘分析、学术圈等特色。

目前推出学术搜索引擎的运营商较多，影响较大的有超星百链、超星发现、Google Scholar（http://scholar.google.com）、百度学术搜索（http://xueshu.baidu.com）、雅虎奇摩（http://tw.search.yahoo.com/academia）、Socolar（http://www.socolar.com）等。

第八章

专利信息检索工具

第一节 专利信息概述

一、专利的概念

专利（patent）一词来源于拉丁语 litterae patentes，意为公开的信件或公共文献，是中世纪的君主用来颁布某种特权的证明。专利的基本含义有两个：一是公开，二是垄断。专利的基本含义可归纳为：专利权；受专利法保护的发明创造；专利说明书。

二、专利权的概念

专利权是由一个国家或者专利组织（例如欧洲专利局）的专利主管机关依照专利法规定，根据法定程序赋予自然人、法人或其他组织对其发明创造在一定期限内依法享有的专有权，是一种排他权（exclusive right）。专利权法律关系的主体是专利权所有人或者专利权持有人；其客体是被审批为专利的发明创造，例如发明、实用新型和外观设计；其内容是指法律规定的专利权人可以享受的权利和应当承担的法律义务。

专利权的重点内容是专利权的使用权，包括独占实施权、进口权、转让权、实施许可权、放弃权、标记权、禁止他人许诺销售权（即未经专利权人许可，通过广告、展销会、橱窗陈列而"许诺销售"其专利产品，也将被认定为侵权）。其中发明和实用新型专利权人与外观设计专利权人的独占实施权内容有不同的规定；对实施许可权和转让权有一定规定。

专利权是工业产权中最主要的组成部分。知识产权是无形财产，包括著作权和工业产权两个主要部分。著作权是文学、艺术、科学技术作品的原创作者，依法对其作品所享有的一种民事权利；工业产权是指人们在生产活动中对其取得的创造性的脑力劳动成果依法取得的权利。除专利权外，工业产权还包括商标、服务标记、厂商名称、原产地名称等产权。

三、专利文献的概念

专利文献（patent documentation）是指在专利制度下产生的一系列文献的总称，包括专利说明书、专利公报、专利文摘、专利索引、专利分类表等。专利文献具有独特的标准化著录方式。专利文献数量巨大、内容新颖、涉及面广、可操作性强。专利说明书记载专利的技术信息、法律信息及外在形式信息，包含专利的基本著录信息、摘要、权利要求书、说明书和附图，是专利信息检索的核心目标。

四、专利的类型

专利分为三种类型，即发明专利、实用新型专利和外观设计专利。

发明专利是指对产品、方法或者其改进所提出的新的技术方案。所谓产品，是指工业上能够制造的各种新制品，包括有一定形状和结构的固体、液体、气体之类的物品。所谓方法，是指对原料进行加工，制成各种产品的方法。发明专利并不要求它是经过实践证明可以直接应用于工业生产的技术成果，它可以是一项解决技术问题的方案或是一种构思，具有在工业上应用的可能性，但也不能将这种技术方案或构思与单纯地提出课题、设想相混同，这是因为单纯的课题、设想不具备工业上应用的可能性。发明专利最长的保护期是20年。

实用新型专利，就是指对产品的形状构造或其结合所提出的适于实用的技术方案，仅限于产品，它必须具有一定形状结构。方法、工艺、流程不能申报实用新型专利。实用新型专利最长的保护期是10年。

外观设计专利，是对产品的形状、图案、色彩或其结合所做出的具有美感的适于工业上应用的新设计，也就是必须是产品形状、图案、色彩或其结合的新设计，而且必须用于具体产品上。如一幅山水画，不使用于具体产品上，就不能算外观设计。如果被用到脸盆上，该山水画就成了外观设计。外观设计专利最长的保护期是10年。

五、专利的特点

1. 专有性

专业性，也称垄断性、独占性或排他性，是指专利权人对其发明创造享有的独占性的制造、使用、销毁、许诺销售和进出口的权利。未经发明人许可，任何单位或者个人不得在这个国家内制造、使用或销售、实施这项发明，否则就是侵权，要负法律责任。

2. 时间性

时间性是指专利权在一定期限内有效。专利权超过法定期限或因故提前失效，就成为全世界的公共财富，任何人都可无偿使用。各国专利法都规定了各自专利权的有效保护期限，保护期限的计算也各不相同，一般分为3种：一种自申请之日起计算；一种自公告之日起计算；一种自授权之日起计算。《中华人民共和国专利法》规定，发明专利权的期限为20年，实用新型和外观设计专利权的期限为10年，都自申请日起计算。

3. 地域性

专利权的地域性是指，一个国家依照其本国专利法授予的专利权，仅在该国法律管辖范围内有效，对其他国家没有任何约束力，外国对其专利权不承担保护的义务。如果一项发明创造只在我国取得专利权，那么专利权人只在我国享有专利权或独占权。如果有人在其他国家和地区生产、使用、销售该发明创造，则不属于侵权行为。

六、专利的性质

授予专利权的专利，应具备新颖性、创造性、实用性，也称为专利的"三性"。

新颖性（Novelty）是指申请专利的发明必须是前所未有的。我国《专利法》规定："新颖性，是指在申请日以前没有同样的发明或者实用新型在国内外出版物上公开发表过、在国内公开使用过或者以其他方式为公众所知，也没有同样的发明或者实用新型由他人向国务院专利行政部门提出过申请并且记载在申请日以后公布的专利申请文件中。"各国对判断新颖性的地域标准的规定大致分为三种：一是全世界新颖性或称绝对新颖性，即发明在申请日以前在世界范围内未在出版物上公开发表或以其他方式为公众所知，也未被人们公开使用；二是本国新颖性或称相对新颖性，发明在本国范围内未公开发表和公开使用即可；三是混合新颖性，在世界范围内未公开发表、在本国内未公开使用的发明都具有新颖性。我国专利法实行的是混合新颖性这一标准。

创造性（Inventiveness）也称"非显而易见性"，一件发明或者实用新型具备了新颖性，不一定就有创造性。新颖性主要侧重于判断某一技术是否是前所未有的，而创造性侧重于判断技术水平。我国《专利法》规定："创造性，是指同申请日以前已有的技术相比，该发明有突出的实质性特点和显著的进步，该实用新型有实质性特点和进步。"

实用性（Practical Applicability）是指申请专利的技术能够制造或使用，并且能够产生积极的社会效果，而且可以多次再现。

七、专利检索策略

专利分析检索的要求是获得与技术主题相关的总体文献。常用的检索策略包括总分式检索和分总式检索两种策略。

总分式检索策略首先是对总的技术主题进行检索，而后从检索结果中二次检索，获得各技术分支的检索结果。分总式检索策略要求首先对技术领域进行拆分，然后对各技术分支展开检索，再将各技术分支的检索结果进行合并，得到总的检索结果。

针对具体情况，还可以采用钓鱼/网鱼检索策略、分筐检索策略、引证追踪检索策略及上述检索策略的组合。

第二节　国内专利文献检索工具

一、中华人民共和国国家知识产权局专利检索

1. 中华人民共和国国家知识产权局介绍

中华人民共和国国家知识产权局网站网址：http://www.sipo.gov.cn/，如图8－1所示。

国家知识产权局（State Intellectual Property Office），原名中华人民共和国专利局（简称中国专利局）。1980年经国务院批准成立。1998年国务院机构改革，中国专利局更名

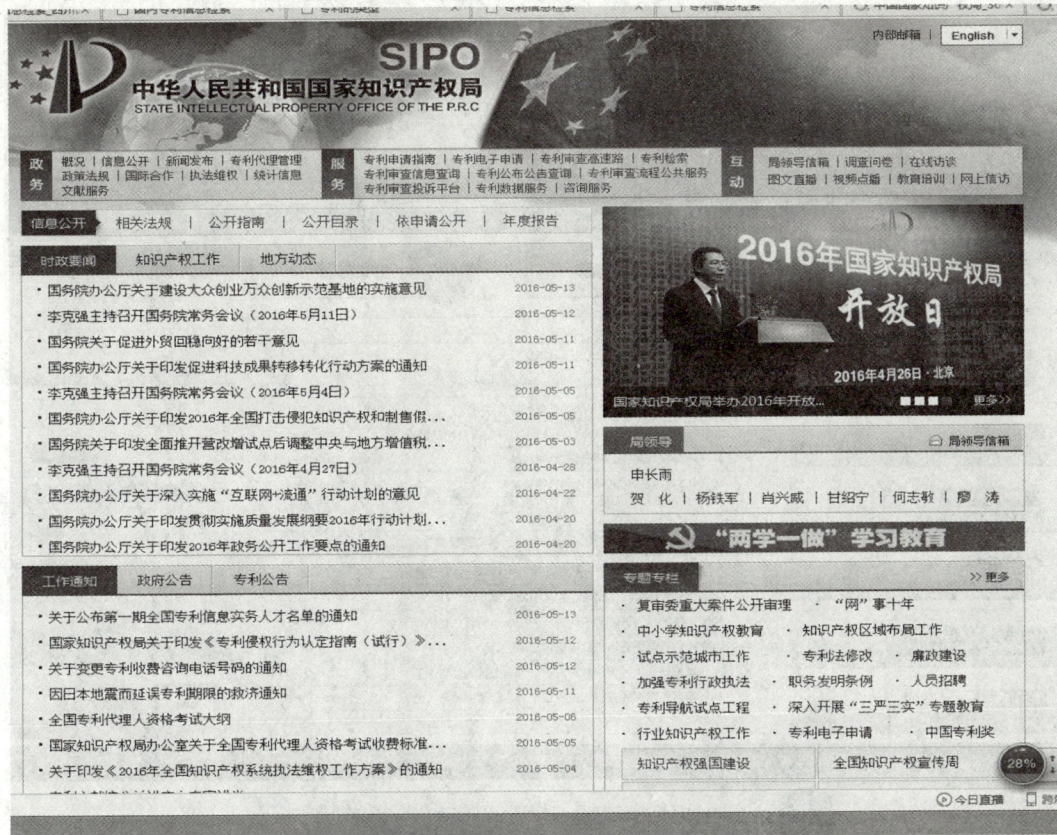

图 8-1　中华人民共和国国家知识产权局网站界面

为国家知识产权局，成为国务院的直属机构，主管专利工作和统筹协调涉外知识产权事宜。国家知识产权局专利局为国家知识产权局下属事业单位。国家知识产权局将对专利申请的受理、审查、复审、授权及对无效宣告请求的审查业务委托国家知识产权局专利局承担。

国家知识产权局的网站提供我国专利信息的免费检索服务，专利检索及分析入口为：http://www. pss - system. gov. cn/sipopublicsearch/portal/app/home/declare. jsp，如图 8-2 所示。该专利检索系统收录了自 1985 年以来公布的全部中国专利信息，包括发明、实用新型和外观设计三种专利的题录及摘要，并提供了各种说明书全文及外观设计图形，具有较高的权威性。

2. 检索方式

（1）常规检索

常规检索也称为简单检索。国家知识产权局专利检索的界面默认为常规检索界面。在检索框输入检索词，选择相对应的检索途径：检索要素、申请号、公开（公告）号、申请（专利权）人、发明人、发明名称等，即可进行检索，如图 8-3 所示。

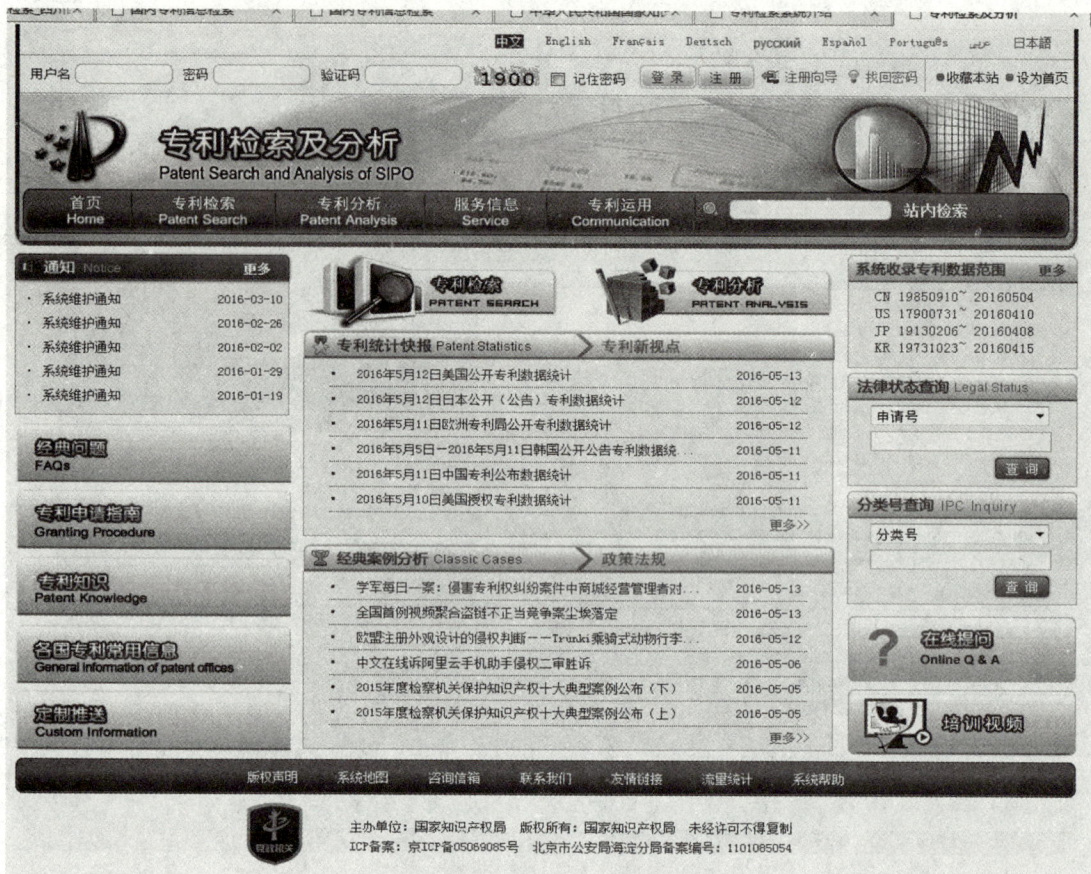

图 8-2　国家知识产权局专利检索及分析界面

图 8-3　国家知识产权局专利检索——常规检索

（2）表格检索

表格检索也称为高级检索。进入国国家知识产权局专利检索的检索界面之后，单击检索框上方的"表格检索"，如图 8 - 4 所示。该界面提供了检索专利类型及检索项目的选项，同时还有各种检索词输入框，用户可根据自己的需要，在与检索项目对应的栏目中输入 1 个或多个检索词，即可进行检索。

图 8 - 4　国家知识产权局专利检索——表格检索

（3）专业检索

进入国家知识产权局专利检索的检索界面之后，单击检索框上方的"表格检索"，该检索页面的下方即为专业检索界面，如图 8 - 5 所示。

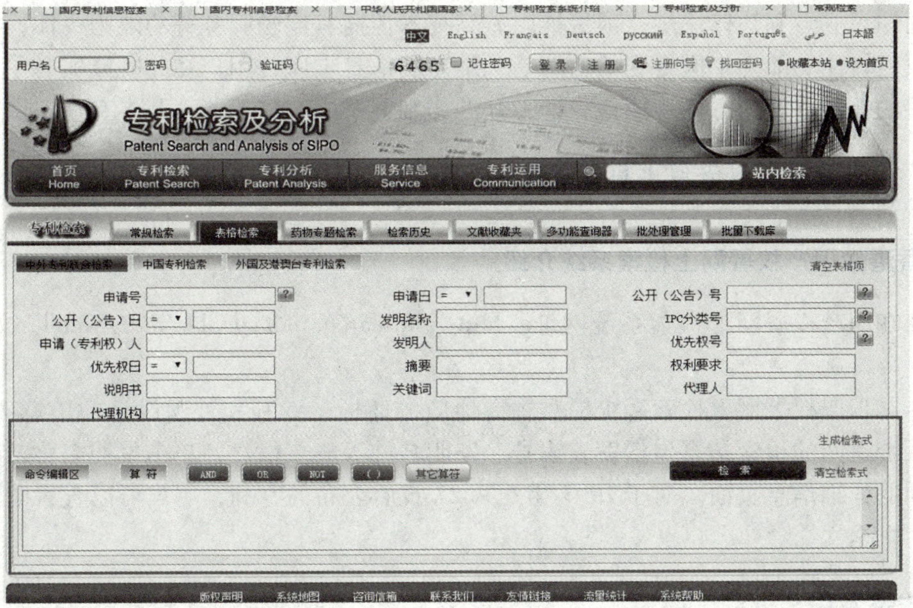

图 8 - 5　国家知识产权局专利检索——专业检索

二、中国专利信息网

中国专利信息网网址：http://www.patent.com.cn/，如图 8－6 所示。

图 8－6　中国专利信息网界面

中国专利信息网由国家知识产权局专利检索咨询中心主办，提供中国专利检索服务，以及专利转让、专利法规、专利代理机构等专利相关信息。该网站采取会员制服务方式，会员类型有免费会员、普通会员和高级会员，用户可以在网上自行注册。

中国专利信息网始建于 1998 年 5 月，于 2002 年 1 月推出了改版后的新网站，集专利检索、专利知识、专利法律法规、项目推广、高技术传播、广告服务等功能为一体，具备专利检索和项目转让功能。中国专利信息网是一个专利信息宝库，用户在此既能实时了解和中国专利相关的信息，又能方便快捷地查询专利的详细题录内容，还能下载专利全文资料。

三、香港知识产权署网上检索系统

1. 香港知识产权署网上检索系统介绍

香港知识产权署网上检索系统网址：http://ipsearch.ipd.gov.hk/index.html，如图 8－7 所示。

香港知识产权署网上检索系统提供香港地区的商标、专利和外观设计的信息查询服务。该检索系统返回的检索结果包括发表编号、发明名称等概要信息，单击发明名称链接，即可进入专利的详细信息页面。对于 1997 年 6 月 27 日后公布的专利，用户可以查看图像格式的专利说明书全文。

2. 检索方式

香港知识产权署网上检索系统提供简易检索、进阶检索两种方式来查询专利信息。

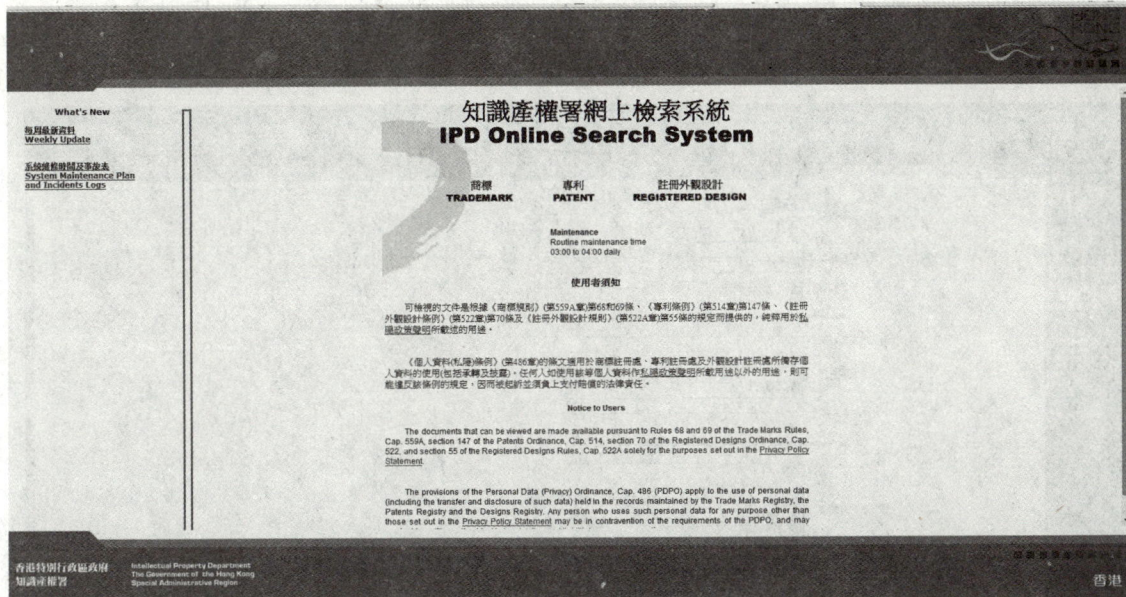

图8-7 香港知识产权署网上检索系统界面

（1）简易检索

打开香港知识产权署网上检索系统的专利检索界面，默认页面即为简易检索界面。简易检索包括申请编号、专利/发表编号、申请人/专利所有人姓名或名称、发明名称、送达地址等检索字段，可以限定专利提交日期，如图8-8所示。

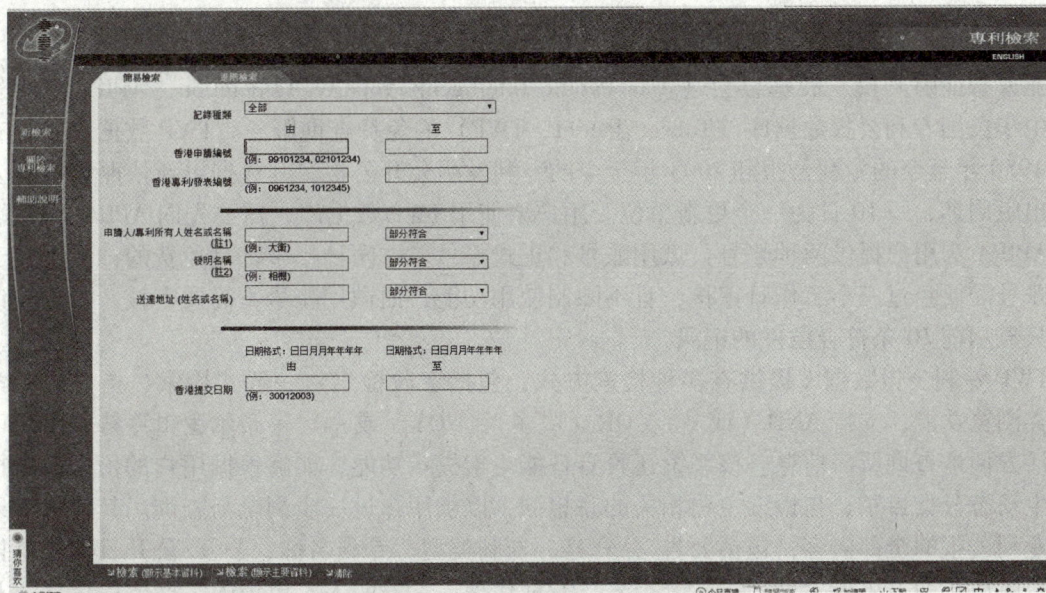

图8-8 香港知识产权署网上检索系统——简易检索

（2）进阶检索

进入香港知识产权署网上检索系统的专利检索界面之后，单击上方的"进阶检索"。

进阶检索在简易检索的基础上，还可以通过国际专利分类号来查询信息，可以限定专利提交日期、专利授予日期及优先权日期，如图8-9所示。

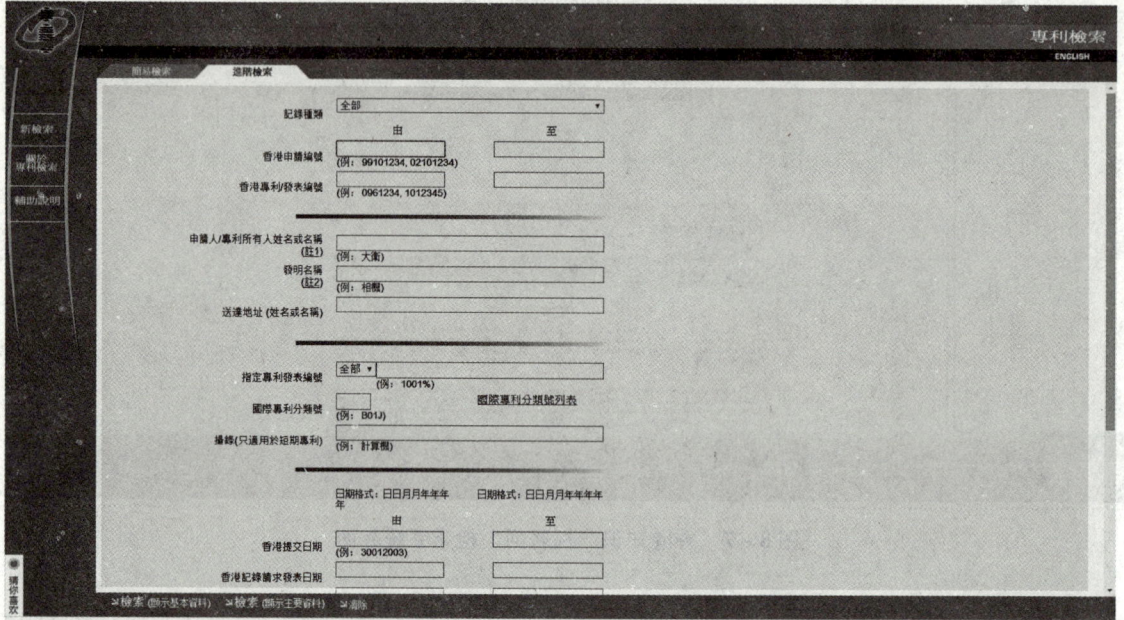

图8-9 香港知识产权署网上检索系统——进阶检索

四、APIPA 中华民国专利公报数据库

中华民国专利公报数据库网址：http://twp. apipa. org. tw/。

亚太智能财产权发展基金会（Asia Pacific Intelligent Property Association，APIPA）对外提供中华民国专利公报数据库（Taiwan Patent，TWP）的免费查询服务。TWP 数据库收录有台湾1950年至今的专利公报和2003年至今的专利发明公开公报，其数据更新依照该专利公报的出版周期，每10日为一个更新单位。用户要使用TWP数据库，需要先向APIPA申请账号，APIPA 为用户提供两种账号：试用账号和正式账号。这两种账号都是免费的，区别在于正式账号需要经过三个工作日审核，且不限制使用功能，而试用账号不需要审核，每次查询结果只显示前10条符合条件的记录。

TWP 专利公报数据库提供有多种检索方式，包括字段检索、一般式检索、指令式检索及分类浏览功能，支持 AND（或＊）、OR（或＋）、NOT（或－）等布尔逻辑算符，用户可以灵活方便地查询所需信息。该系统还具有智能检索提示功能，能够根据用户的检索请求自动产生动态分类目录、与检索主题相关的联想词，以供用户进一步浏览与查询。其检索结果包括专利公报的全部内容，包括公告/公开号、专利类型、专利名称、公开/公开日期、公报卷期、申请日期、申请案号、国际分类号、专利代理人、发明人、申请人、摘要等信息，并提供专利影像，用户可以在线浏览或下载试用。

第三节　国外专利文献检索工具

一、欧洲专利局 esp@cenet 专利数据库

1. 数据库介绍

欧洲专利局 esp@cenet 专利数据库网址：http://www.epo.org/，如图 8 - 10 所示。

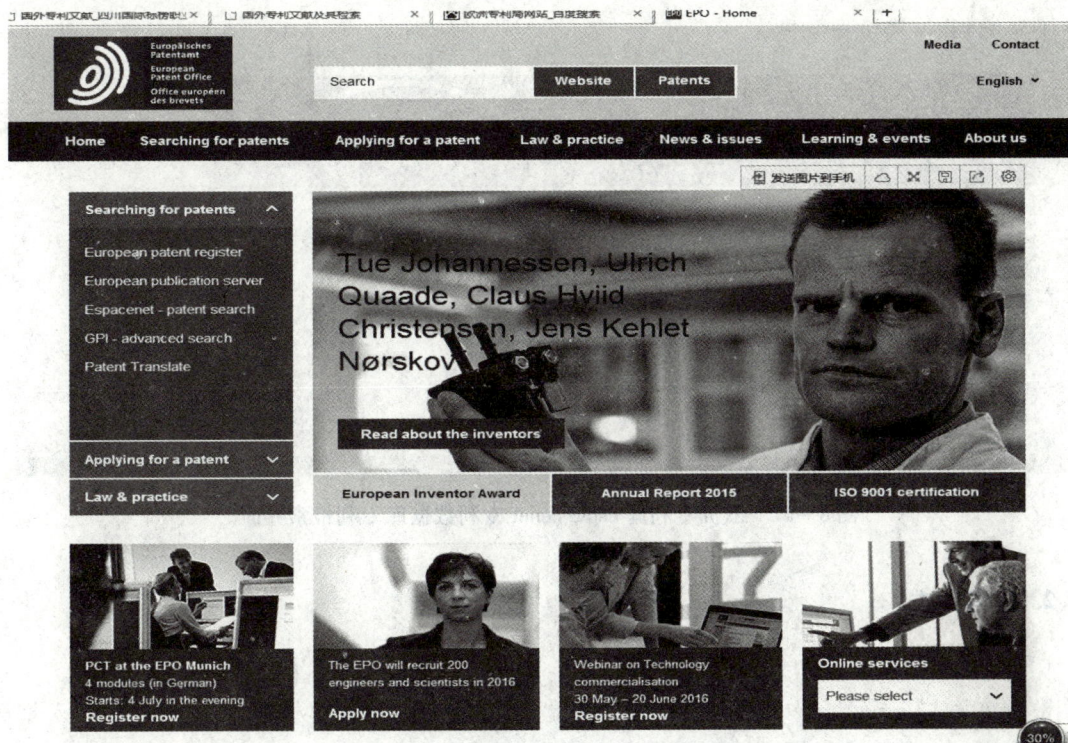

图 8 - 10　欧洲专利局 esp@cenet 专利数据库界面

欧洲专利局网站是由欧洲专利局、欧洲专利组织成员国及欧洲委员会共同研究开发的专利信息网上免费检索系统。该网站提供了自 1920 年以来世界上 80 多个国家公开的专利题录数据库及 20 多个国家的专利说明书。该网站是检索世界范围内专利信息的重要平台。该系统中，各数据库收录专利国家的范围不同，各国收录专利数据的范围、类型也不同。

EPO 各成员国数据库，收录欧洲各成员国最近 24 个月公开的专利。EP 数据库，收录欧洲专利局最近 24 个月公开的专利。WO 数据库，收录世界知识产权组织最近 24 个月公开的专利。以上数据库使用原公开语言检索近两年公开的专利，提供有专利全文扫描图像。在此之前的专利文献可通过世界范围专利数据库检索。

世界范围专利数据库收录了 80 多个国家的专利。在世界范围专利数据库所收录专利的国家中，收录题录、摘要、全文扫描图像、IPC 及 Ecla 分类信息的只有英、德、法、美少数几个国家，大部分国家只收录题录数据，而未提供全文扫描图像。

进入欧洲专利局 esp@ cenet 专利数据库界面，单击菜单"Searching for patents"，然后单击"Espacent patent search"即可进入专利检索界面，如图 8 – 11 所示。

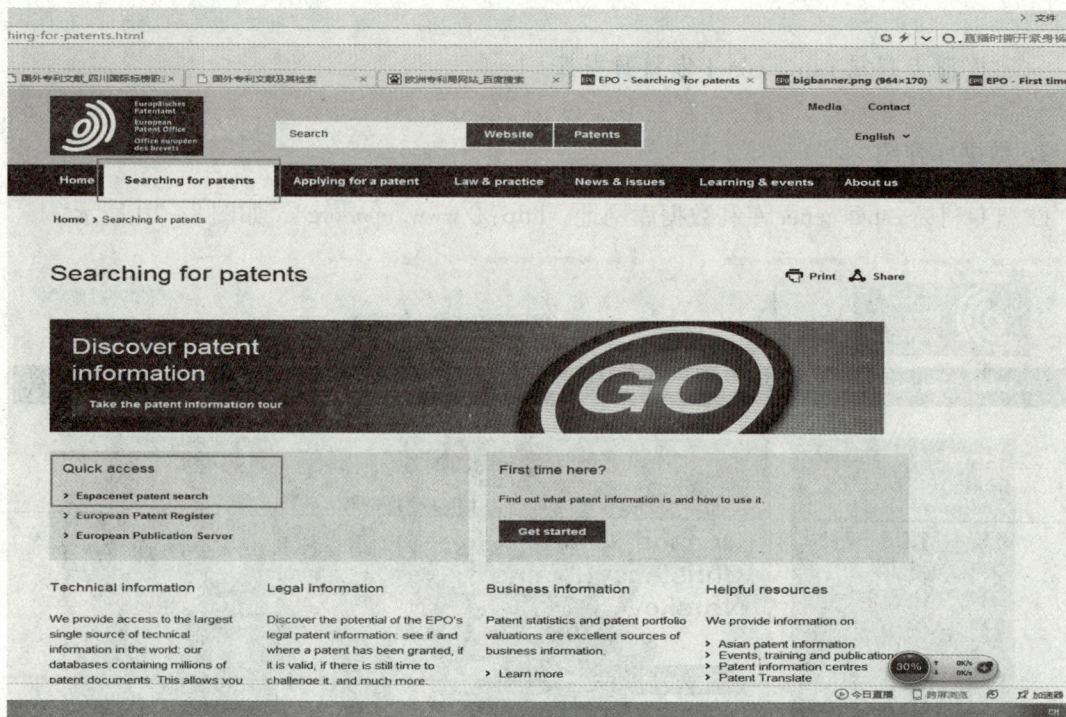

图 8 – 11　欧洲专利局 esp@ cenet 专利数据库专利检索界面

2. 检索方式

（1）快速检索（smart search）

欧洲专利局 esp@ cenet 专利数据库专利检索页面默认为快速检索。在检索框输入检索词，单击"search"按钮得到检索结果。

检索结果中列出了专利的名称、发明人、申请人、公开日期、公开号、IPC 及 EC 分类号等信息。单击专利名称即可查看该专利的详细信息。选中专利名称右侧的"in my patent list"，所选记录将保存在"my patent list"中（可存放 20 条记录）。单击"my patent list"链接，可查看被保存的专利信息。

单击命中记录的专利名称，进入检索结果题录显示页面。该显示页面上方有获取题录（Bibliographic date）、参考文献 HTML 格式专利说明书（Description）、参考文献 HTML 格式权利要求书（Claims）、最初申请说明书的图形和 INPADOC 法律状态信息（INPADOC LEGAL status）的链接，如图 8 – 12 所示。

（2）高级检索（Advanced search）

高级检索界面提供了专利名称（Title）、专利名称或摘要（Title or Abstract）、公开号（Publication number）、申请号（Application number）、优先权号（Priority number）、公开日（Publication date）、申请人（Applicant）、发明人（Inventor）、欧洲专利分类（European

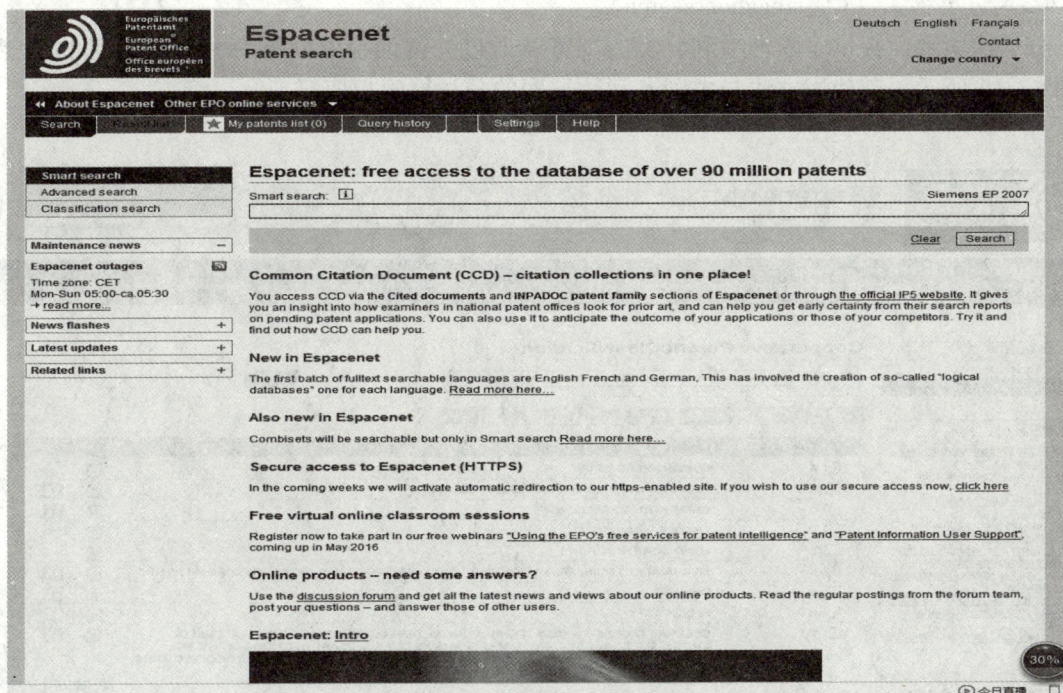

图 8 - 12　欧洲专利局 esp@ cenet 专利数据库——快速检索

classification）、国际专利分类（IPC）等 10 个检索字段，各检索字段之间为逻辑"与"的关系。用户可根据需求在相应的对话框中输入检索词，单击"search"按钮得到检索结果。检索结果及其显示格式与快速检索结果的相同，如图 8 - 13 所示。

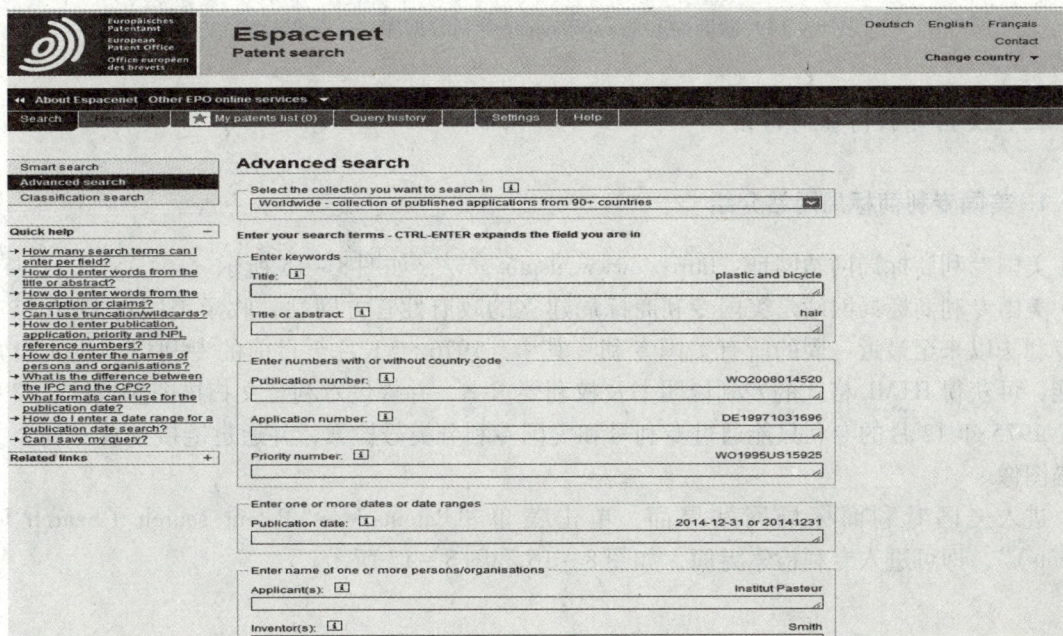

图 8 - 13　欧洲专利局 esp@ cenet 专利数据库——高级检索

（3）分类检索（Classification search）

分类检索界面提供了欧洲专利分类的浏览及通过关键词检索欧洲专利分类信息的功能，如图 8 - 14 所示，其使用方法与中国专利数据库的分类检索相似。

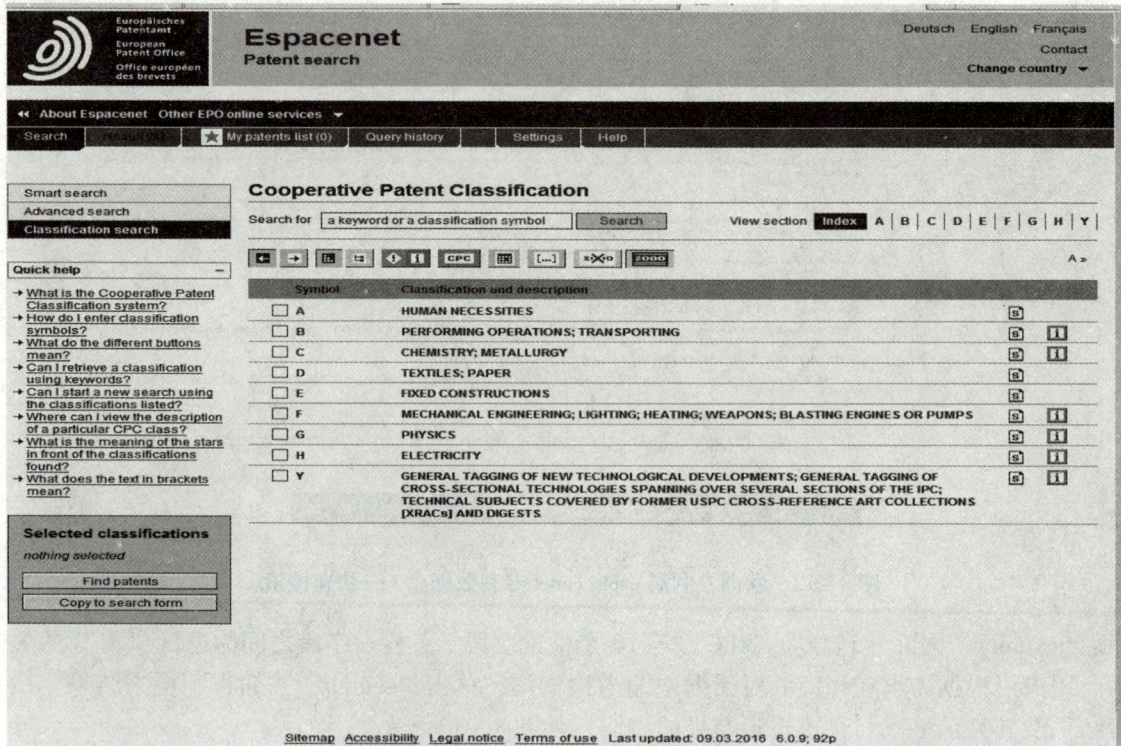

图 8 - 14　欧洲专利局 esp@ cenet 专利数据库——分类检索

二、美国专利商标局网站

1. 美国专利商标局网站介绍

美国专利商标局网站网址：http://www. uspto. gov/，如图 8 - 15 所示。

美国专利商标局网站是美国专利商标局建立的政府性官方网站，收录美国自 1790 年实施专利法以来至最近一周的所有美国专利。其中，1976 年 1 月至目前的专利提供全文检索功能，可获得 HTML 格式的专利说明书及权利要求书，并提供专利全文扫描图像链接。1790 年至 1975 年 12 月的专利只能通过专利号和美国专利分类号检索，并通过链接查看专利全文扫描图像。

进入美国专利商标局网站界面，单击菜单"Patents"→"Patent search（Search for patents）"，即可进入专利检索界面，如图 8 - 16 和图 8 - 17 所示。

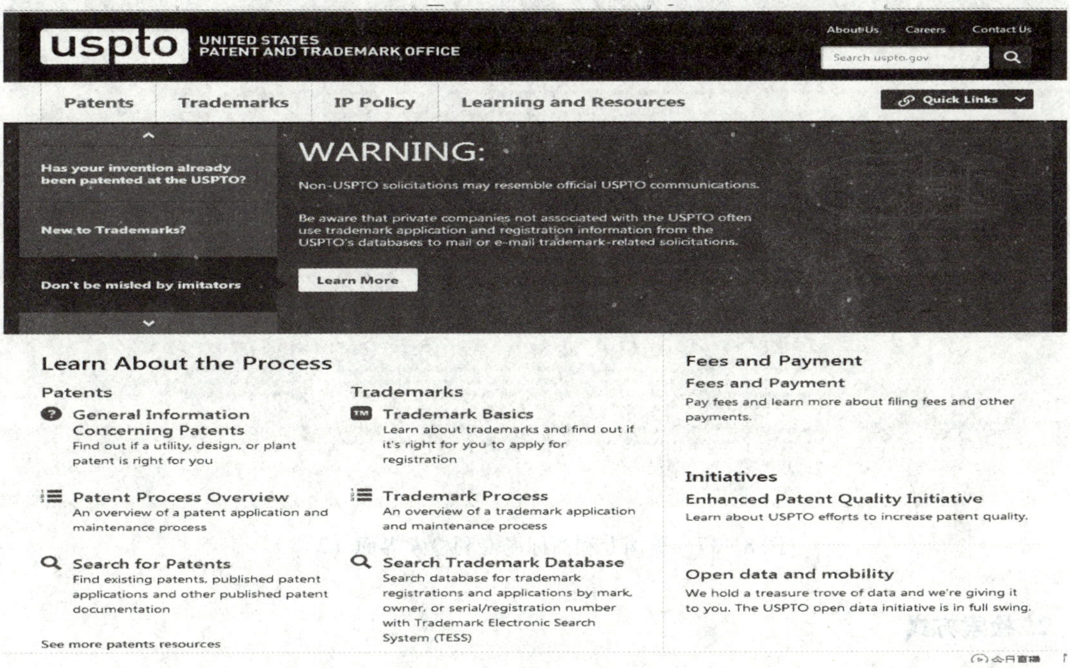

图 8－15　美国专利商标局网站界面

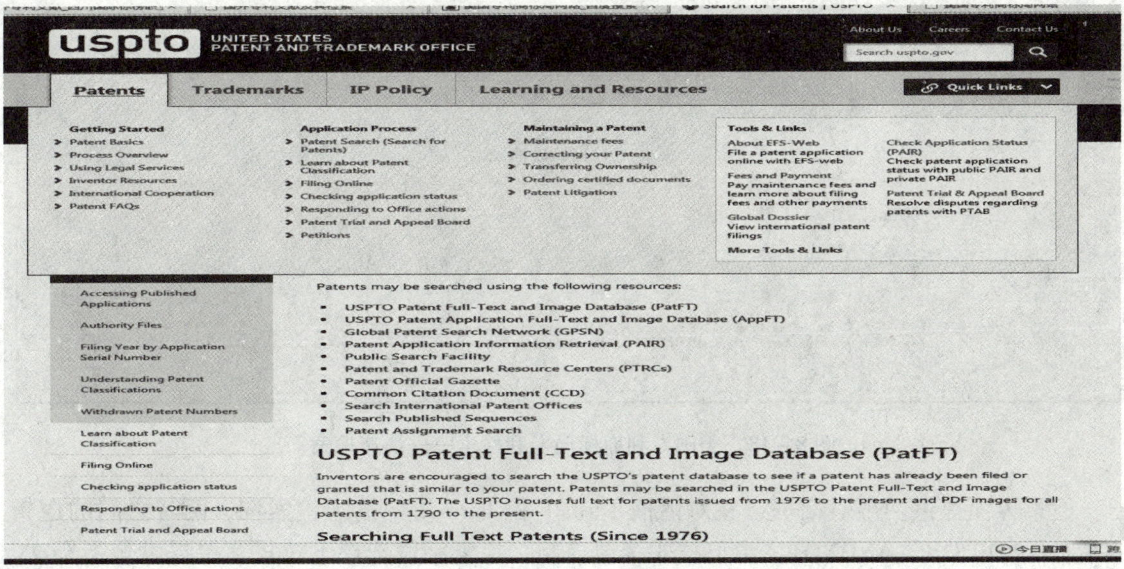

图 8－16　美国专利商标局专利检索界面（1）

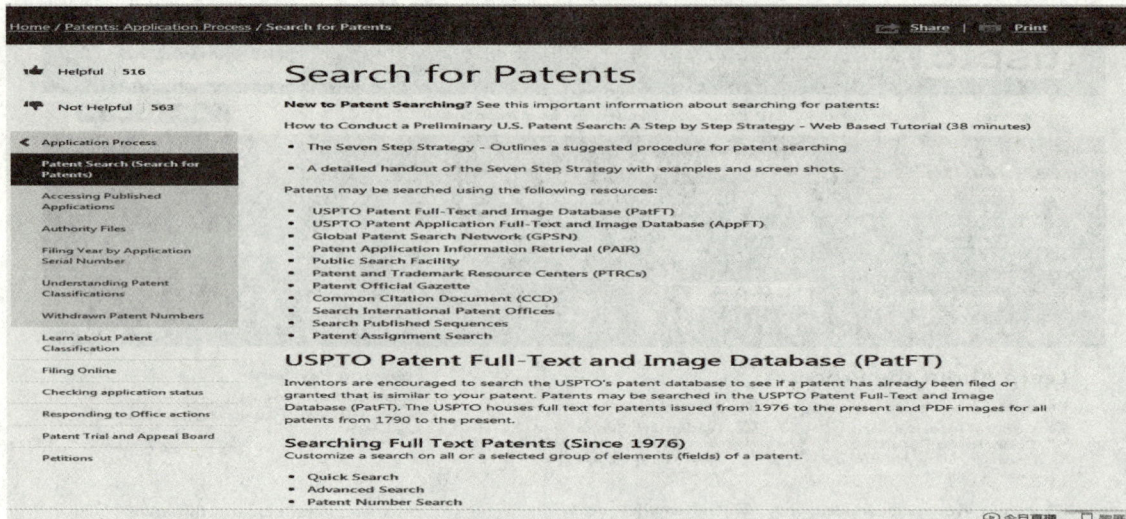

图 8 - 17　美国专利商标局专利检索界面（2）

2. 检索方式

（1）快速检索（Quick Search）

单击美国专利商标局专利检索界面中的"Quick Search"，进入快速检索界面，如图 8 - 18 所示。

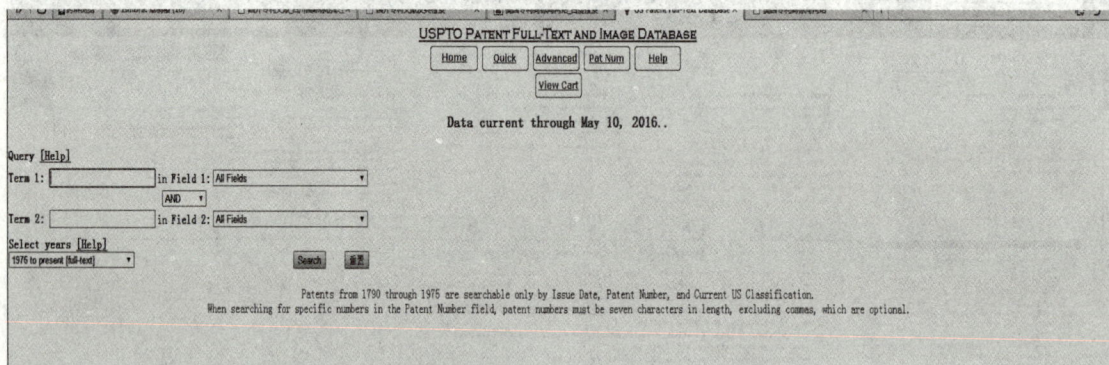

图 8 - 18　美国专利商标局专利检索——快速检索

检索界面提供两个对话框，在对话框 Term 1 和 Term 2 中输入检索词，两者之间的逻辑关系有 AND、OR、ANDNOT，由下拉式菜单控制。检索字段选择下拉式菜单提供包括全文、专利名称、文摘、专利号、申请号、权利要求、说明书、美国专利分类法、国际专利分类法、发明人、代理人、审查人、申请日、出版日、国外优先权等多达 30 个检索字段，年代选择下拉式菜单选择检索时间范围。单击"Search"即可获得检索结果，一次可显示 50 条记录。单击记录的下划线部分，即可获得专利全文，检索结果可打印或下载。

（2）高级检索（Advanced Search）

单击"Advanced Search"，进入高级检索界面，如图 8 - 19 所示。

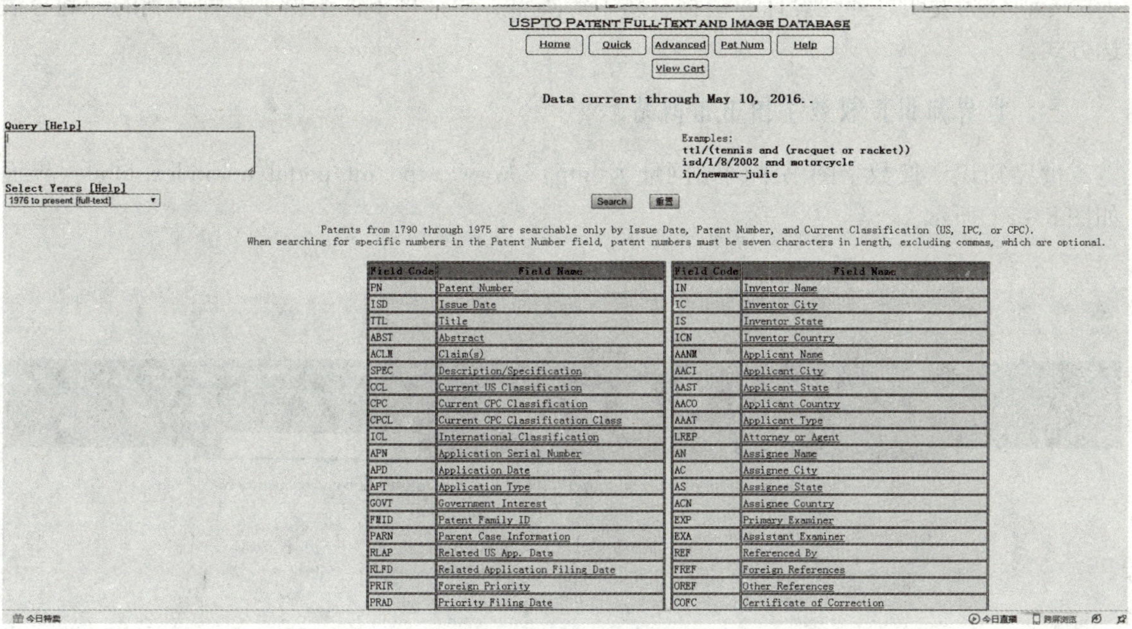

Field Code	Field Name	Field Code	Field Name
PN	Patent Number	IN	Inventor Name
ISD	Issue Date	IC	Inventor City
TTL	Title	IS	Inventor State
ABST	Abstract	ICN	Inventor Country
ACLM	Claim(s)	AANM	Applicant Name
SPEC	Description/Specification	AACI	Applicant City
CCL	Current US Classification	AAST	Applicant State
CPC	Current CPC Classification	AACO	Applicant Country
CPCL	Current CPC Classification Class	AAAT	Applicant Type
ICL	International Classification	LREP	Attorney or Agent
APN	Application Serial Number	AN	Assignee Name
APD	Application Date	AC	Assignee City
APT	Application Type	AS	Assignee State
GOVT	Government Interest	ACN	Assignee Country
FMID	Patent Family ID	EXP	Primary Examiner
PARN	Parent Case Information	EXA	Assistant Examiner
RLAP	Related US App. Data	REF	Referenced By
RLFD	Related Application Filing Date	FREF	Foreign References
PRIR	Foreign Priority	OREF	Other References
PRAD	Priority Filing Date	COFC	Certificate of Correction

图 8-19　美国专利商标局专利检索——高级检索

检索界面提供一个对话框，在对话框中一次输入检索式，单击“Search”即可完成检索。检索式支持布尔逻辑组配和短语表达，逻辑组配用“AND”“OR”“ANDNOT”表示。如：tennis AND（racquet OR racket）、television OR（cathode AND tube）、needle ANDNOT（（record AND player）OR sewing），短语用双引号（“”）表示，如“bawling balls”。检索式中用符号“/”限定检索词所在字段。限定字段代码有 31 种，在检索界面中有详细的列表可供参考。如发明名称字段代码 TTL，TTL/（nasal or nose）或 TTl/nasal or TTL/nose 代表检索词限定于发明名称中。发明人字段代码为 IN，IN/Dobbs 代表发明人为 Dobbt 的所有专利等。

（3）专利号检索（Patent Number Search）

单击“Patent Number Search”，进入专利号检索界面，如图 8-20 所示。

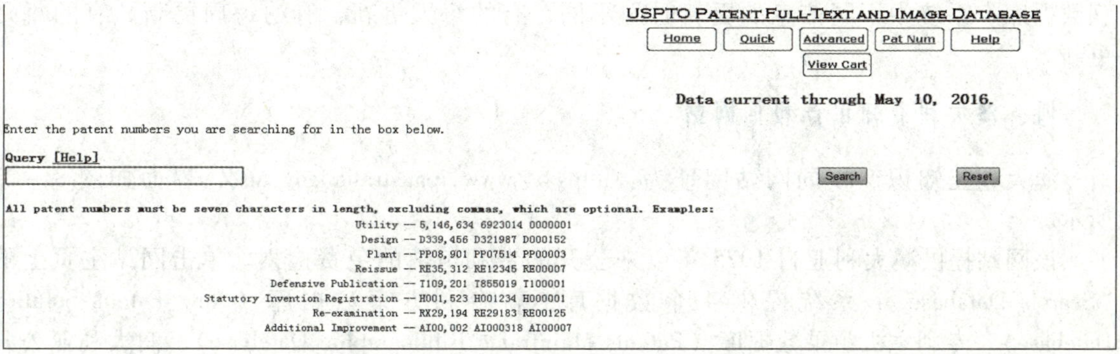

图 8-20　美国专利商标局专利检索——专利号检索

检索界面提供一个对话框，在对话框中输入专利号，单击“Search”即可完成检索。因美国专利分为发明、外观设计、植物、防卫等类型，对话框下面给出了各种专利的专利号表达方式。

三、世界知识产权数字图书馆网站

世界知识产权数字图书馆网站网址为 http://www.wipo.int/portal/en/index.html，界面如图 8 - 21 所示。

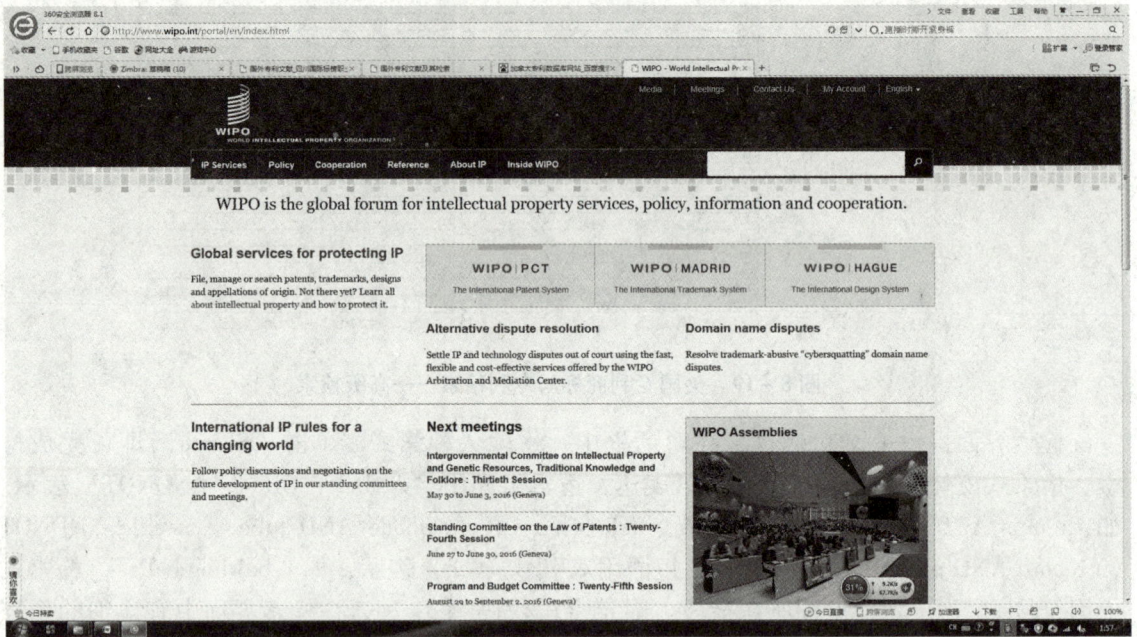

图 8 - 21　世界知识产权数字图书馆网站界面

世界知识产权数字图书馆（Intellectual Property Digital Library，IPDI），由世界知识产权组织于 1998 年建立，主要收录 PCT 国际专利公报数据库、PCT 国际专利全文图形数据库、马德里快报数据库、海牙快报数据库、健康遗产测试数据库和专利审查最低文献量科技期刊数据库。系统中不同信息的更新时间不同，有的每天更新，有的每周更新，有的每月更新。

四、澳大利亚知识产权局网站

澳大利亚知识产权局网站网址为：https://www.ipaustralia.gov.au/，界面如图 8 - 22 所示。

该网站提供澳大利亚自 1975 年以来公开的专利申请的免费检索。单击网站主页上的 "Search Database"，系统提供 4 个数据库：新专利方案数据库（New Patent Solution Datebase）、专利主机题录数据库（Patents Mainframe Bibliographic Datebase）、澳大利亚公开专利数据库（AU Published Patent Date Searching）和专利说明书全文数据库（Patent specifications）。

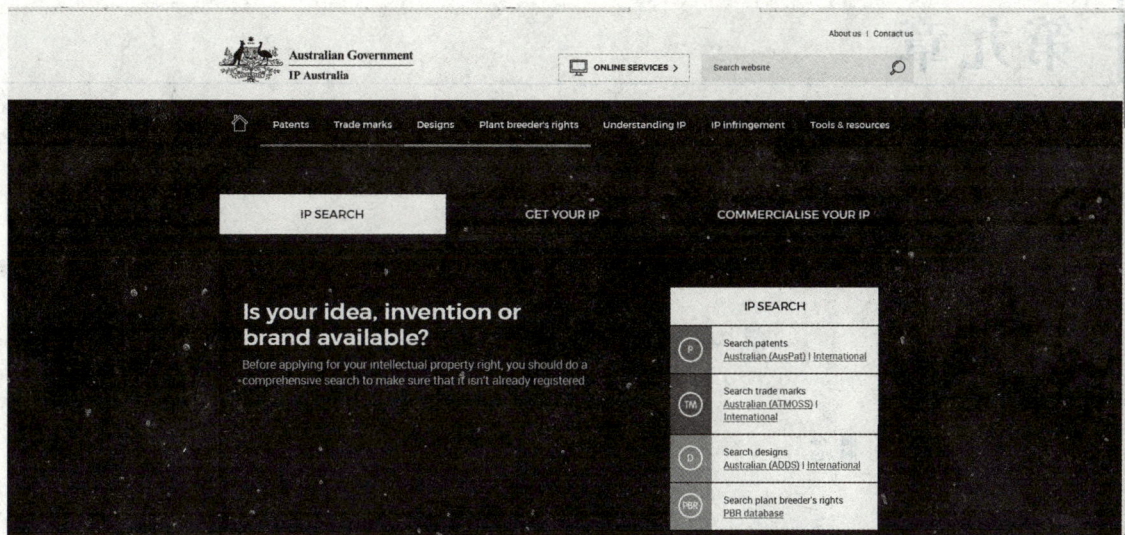

图 8 – 22　澳大利亚知识产权局网站界面

知识小课堂

科技查新工作

　　科技查新是为科研立项、成果鉴定、专利申请等提供参考服务的工作，是科研管理、经济管理工作中决策科学化的一个支持系统。

　　科技查新主要对查新内容的新颖性做出评价，它不是简单的文献收集与检索，而是检索工作者在深入进行文献检索的基础上，进行筛选、鉴别、确定密切相关文献，运用多种方法进行国内外文献的对比分析，为科研立题、成果评审等科技活动的新颖性评价提供科学依据的工作。

　　科技查新工作有查新委托、查新受理、检索准备、选择检索工具、确定检索方法和途径、查找文献、对文献进行分析对比、撰写查新报告、审核查新结果、提交查新报告、查新资料归档等步骤。

第九章

标准信息检索工具

第一节　标准文献概述

一、标准文献的概念

1. 标准的概念

在中华人民共和国国家标准《标准化工作指南第 1 部分：标准化和相关活动的通用词汇》（GB/T 20000.1—2002）中，对标准做了如下定义："为了在一定的范围内获得最佳秩序，经协商一致制定并经一个公认机构批准，共同使用的和重复使用的一种规范性文件。"这里的规范性文件是指"为各种活动或其结果提供规则、导则或规定性的文件"。

2. 标准文献的概念

标准文献有广义和狭义之分。

狭义标准文献是指由专门委员会制定，经过公认权威机构或国家行政主管部门批准的一套具有法定约束力的规范化文献，包括各种级别的标准、部门规范和技术规程等。

广义标准文献是指与标准化工作有关的一切文献，包括标准形成过程中的各种档案、宣传推广标准的手册及其他出版物、揭示报道标准文献信息的目录和索引等。

根据国际标准化组织（ISO）的界定，"标准文献还包括有关的文献工具书：标准目录、索引、文献目录等"。

二、标准文献的类型

标准可按其适用范围、研究的内容、实施的约束力和性质四个方面进行分类。

1. 按标准的适用范围或层次划分

中国按 1989 年 4 月 1 日起正式实施的《中华人民共和国标准化法》将标准分为五级。

（1）国际标准

国际标准是指由国际权威组织制定并为国际上承认和通用的标准，如国际标准化组织（ISO）标准、国际电工委员会（IEC）推荐的标准、国际理论与应用化学联合会（IUPAC）标准等。

（2）区域性标准

区域性标准是指适用于世界某一区域的，由区域性标准化组织及参与标准化活动的区域团体所制定并通过的标准。国际上权威的区域性标准化组织如欧洲标准化委员会（CEN）、欧洲电工标准化委员会（CENELEC）等。

（3）国家标准

国家标准是经全国性标准化组织批准、发布，在全国范围内统一实施的标准。如中国国家标准（GB）、美国国家标准学会（ANSI）标准、德国标准（DIN）、英国标准（BS）等。

（4）行业标准

行业标准是经某一专业统一组织或专门部门通过的标准，用于一个国家的某一专业或相关专业。中国行业标准是在没有国家标准而又需要在全国某个行业范围内统一技术要求而制定和实施的标准，在相应国家标准实施后，即行废止。

（5）企业标准

企业标准是由一个企业或部门批准，只适用于本企业或部门的标准。企业标准是企业组织生产、经营活动的依据，企业标准化是企业科学管理的基础。

2. 按标准的研究内容划分

（1）基础标准

基础标准是在一定范围内作为其他标准的基础并普遍使用的具有广泛指导意义的标准，如概念和符号标准、管理标准等。

（2）产品标准

产品标准是对产品结构、质量和检验方法所做的技术规定。

（3）方法标准

方法标准是以实验、检查、分析、抽样、统计、计算、测定、作业等方法为对象制定的标准，例如抽样方法、工艺规程、统计方法、分析方法等。

三、标准文献的特征

标准文献是科技文献的重要组成部分，是科技信息的重要来源之一，但其又有着不同于一般科技文献的某些特性。

1. 规范性

标准文献编写有统一的格式要求，我国执行 GB/T 1.1—2000《标准化工作导则第 1 部分：标准的结构和编写规则》，而国际标准由《ISO/IEC 导则第 3 部分：国际标准的结构和起草规则》（1997 年英文版）规定。

2. 替代性

标准文献内容会不断随着技术进步和社会发展而做出修改，经修改后的新标准将代替原有的旧标准，而少数与实际要求不符，又没有修改价值的标准，则会被废止。

3. 趋同性

随着国际经济贸易和科技文化交流的扩大，各国纷纷将本国标准制定成国际标准，或者将国际标准转化成本国标准，使得相当数量的标准在内容上相同或相似。

4. 约束性

强制性标准具有法律约束力，必须执行；推荐性标准，国家鼓励自愿采用，一旦纳入指令性文件，将具有相应的行使约束力。

5. 简洁性

标准数量多，篇幅小，文字简练，通常一个标准只解决一个问题。

无论是国际标准还是各国标准，在编号方式上均遵循各自规定的一种固定格式，通常为"标准代号＋流水号＋年代号"。这种编号方式上的固定化使得标准编号成为检索标准文献的途径之一。

第二节　国内标准文献检索工具

我国的标准文献检索工具主要有印刷型、光盘型和网络型三种形式。

印刷型的标准文献检索工具主要有：《中华人民共和国国家标准目录及信息总汇》《中国标准化年鉴》《中国标准导报》《中国国家标准汇编》《机械标准汇编》。

光盘型的标准文献检索工具主要有：《中国国家标准文本数据库》系列光盘、《中华人民共和国机械行业标准（JB）》全文光盘、《中国国家标准题录总览》光盘、《中华人民共和国国家军用标准》等光盘数据库。

我国著名的网络标准数据库主要有：国家标准全文数据库、中国行业标准全文数据库、国内外标准题录数据库、国外标准数据库、中国标准全文数据库、中外标准数据库、中国标准服务网、中国标准咨询网、中国国家标准咨询服务网、中国标准网、标注网、国家标准化委员会、军用标准化信息网等标准数据库。下面详细介绍这些数据库的检索方法。

一、国家标准全文数据库（知网版）

1. 数据库简介

《国家标准数据库》是中国知网CNKI（中国知识基础设施工程）的一个子库，该数据库收录了由中国标准出版社出版的，国家标准化管理委员会发布的所有国家标准，占国家标准总量的90%以上。标准的内容来源于中国标准出版社，相关的文献、专利、成果等信息来源于CNKI各大数据库。可以通过标准号、中文标准名称、起草单位、起草人、采用标准号、发布日期、中国标准分类号、国际标准分类号等检索项进行检索。

2. 检索方式

（1）简单检索

国家标准全文数据库的检索界面默认为简单检索，如图9－1所示。在检索页面左侧选择查询范围，系统默认为全部领域；在下拉菜单中选择合适检索项，并在之后填写相应的检索词；选择发布日期、实施日期等；单击"检索"按钮。

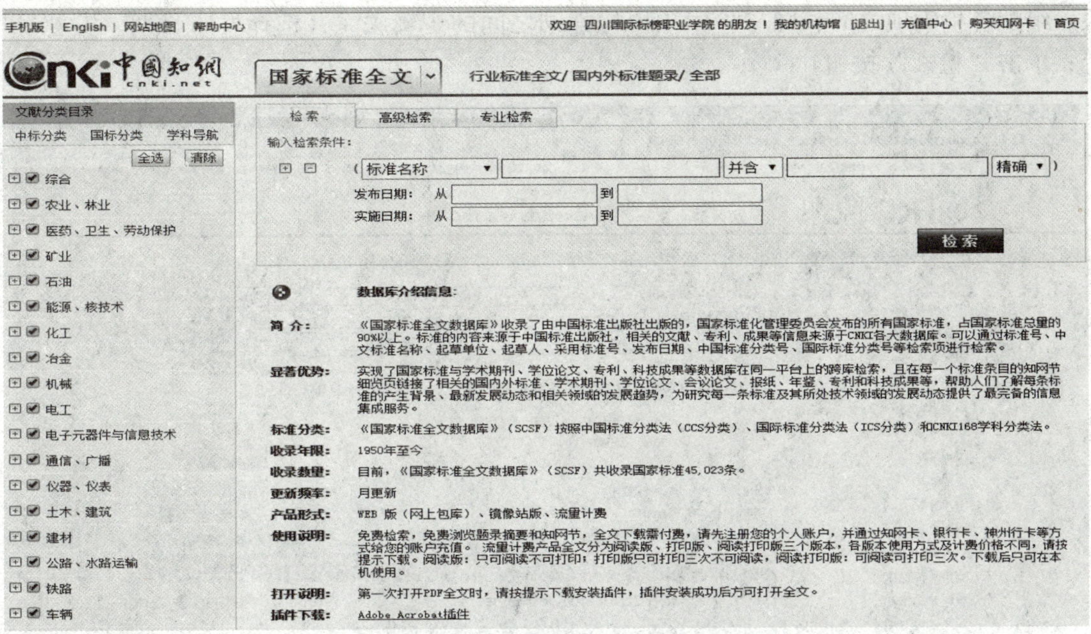

图9-1　国家标准全文数据库——简单检索

以检索四川大学起草的标准文献为例。检索项选择为"起草单位"，检索词为"四川大学"，检索结果如图9-2所示。

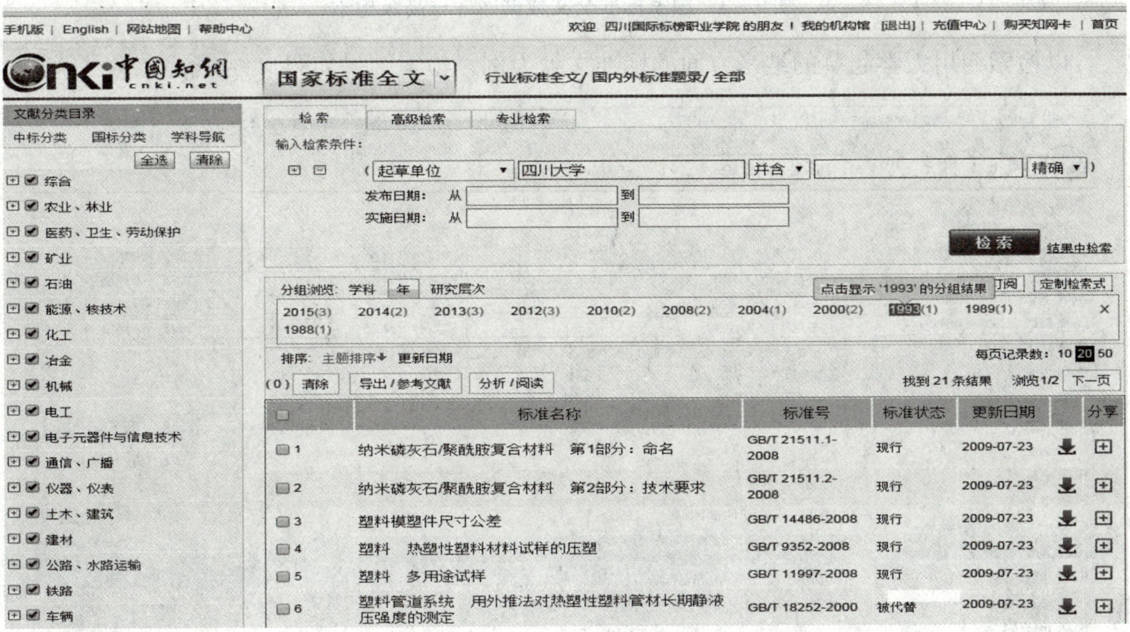

图9-2　检索结果

（2）高级检索

进入国家标准全文数据库的检索界面之后，单击"高级检索"，如图9-3所示。在检索页面左侧选择查询范围，系统默认为全部领域；选择检索项并填写检索词；选择逻辑关系，组配各检索项之间、同一检索项内检索词之间的逻辑关系；选择发布日期、实施日期等；单击"检索"按钮。

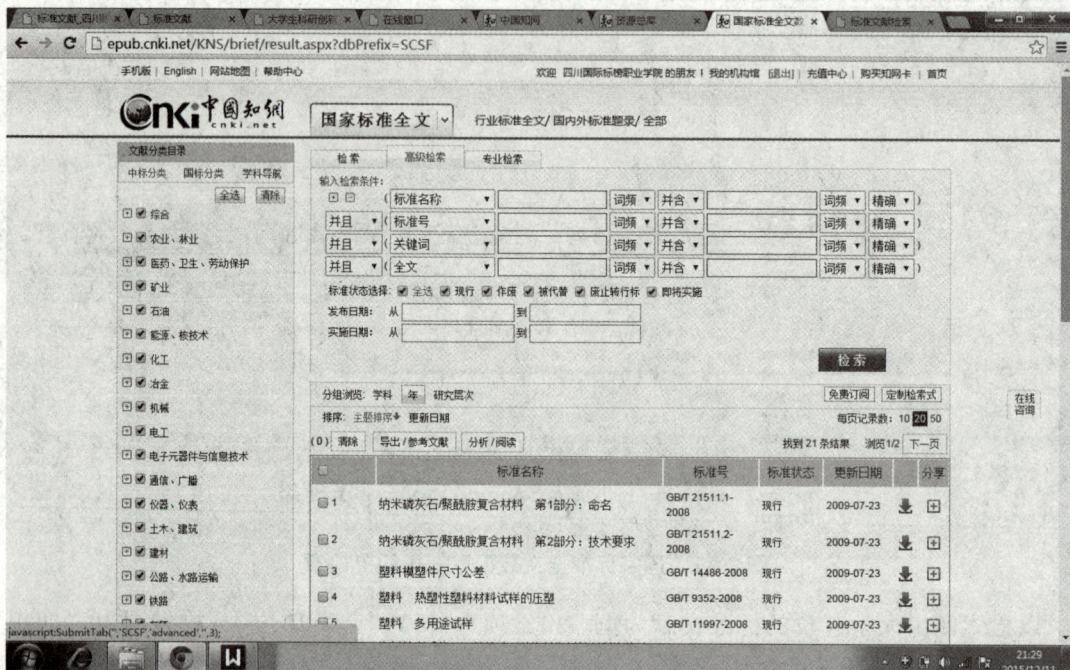

图9-3　国家标准全文数据库——高级检索

以检索四川大学起草的纳米方面的标准文献为例，检索结果如图9-4所示。

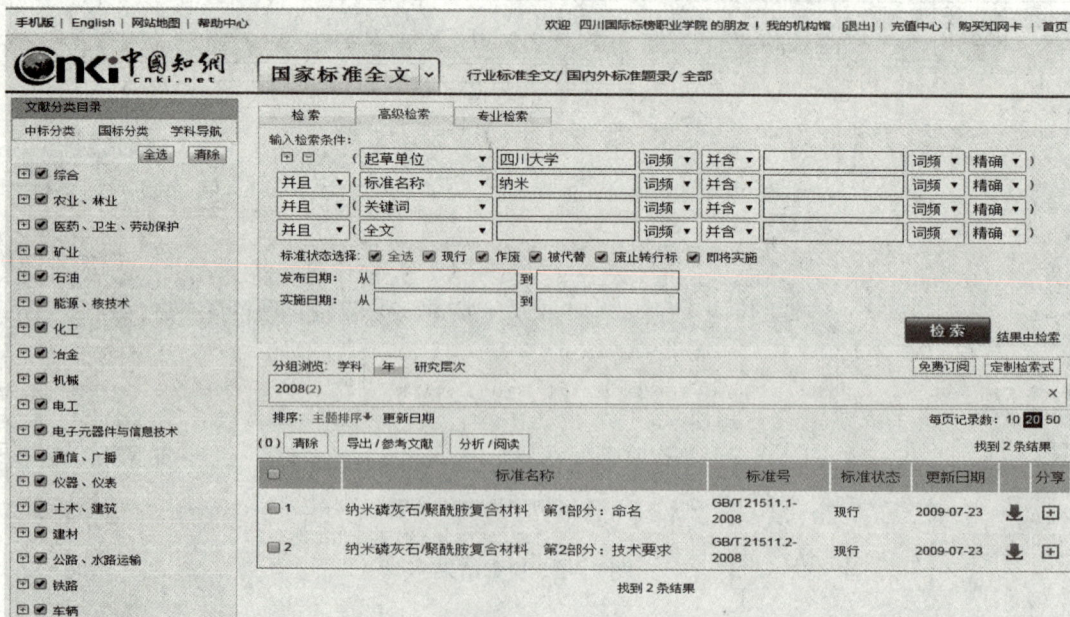

图9-4　检索结果

（3）专业检索

　　进入国家标准数据库的检索界面之后，单击"专业检索"，如图 9-5 所示。在检索页面左侧选择查询范围，系统默认为全部领域；编制专业检索表达式；选择发布日期、实施日期等；单击"检索"按钮。

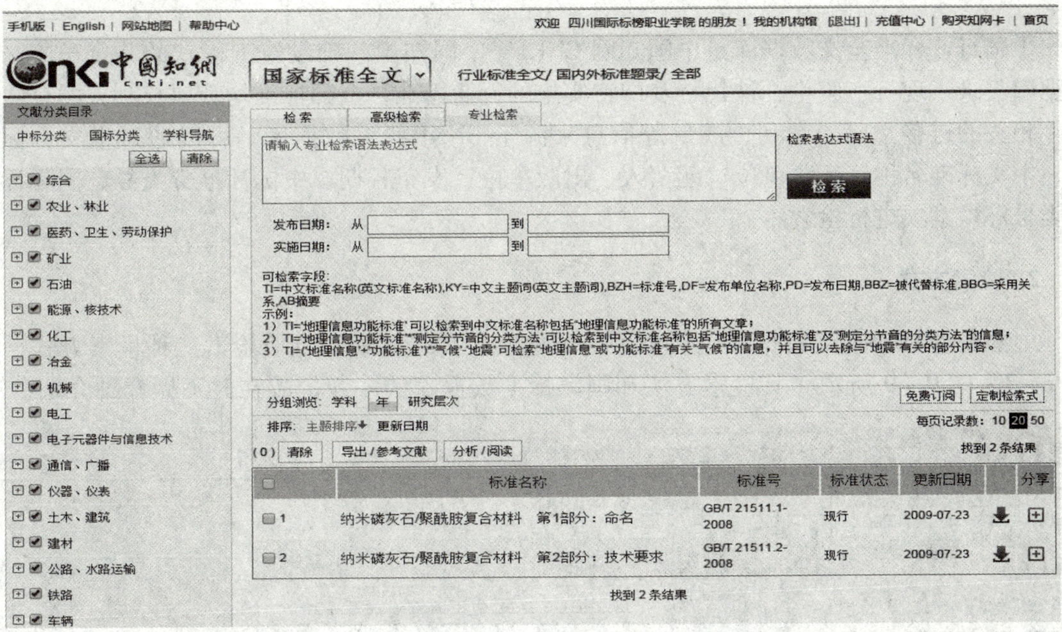

图 9-5　国家标准全文数据库——专业检索

　　以检索有关纳米方面的标准文献为例，检索式编制为：TI = '纳米'，检索结果如图 9-6 所示。

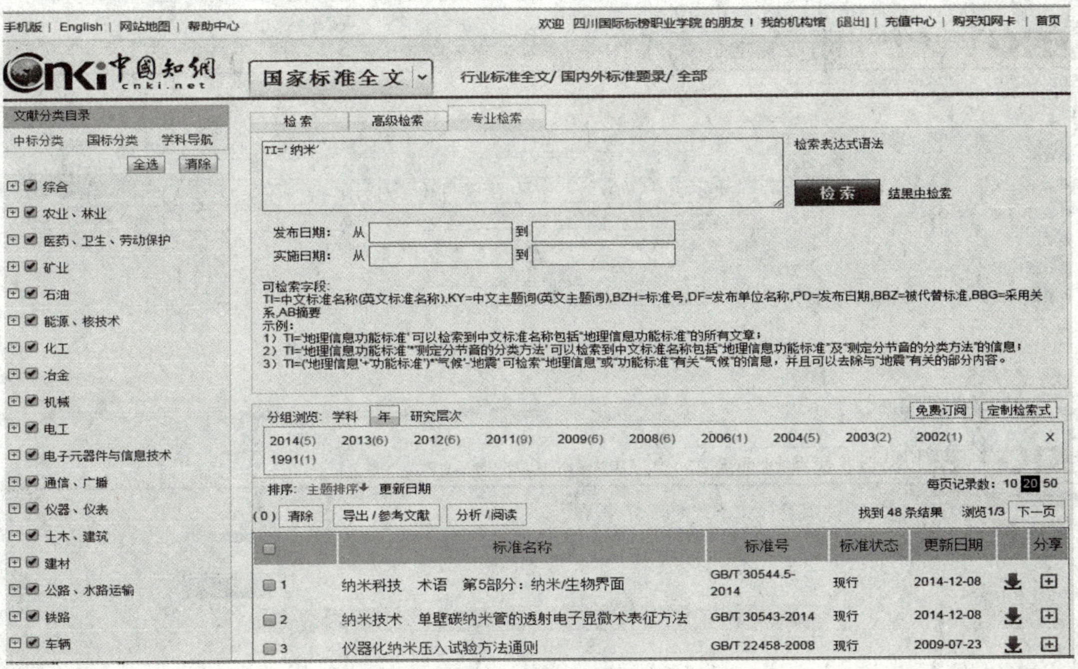

图 9-6　检索结果

二、中国行业标准全文数据库（知网版）

1. 数据库介绍

中国行业标准全文数据库是中国知网 CNKI（中国知识基础设施工程）的一个子库，该数据库收录了现行、废止、被代替及即将实施的行业标准，全部标准均获得权利人的合法授权。相关的链接文献、专利、成果等信息来源于 CNKI 各大数据库。可以通过全文、标准号、中文标准名称、起草单位、起草人、出版单位、发布日期、中国标准分类号、国际标准分类号等检索项进行检索。

2. 检索方式

中国行业标准全文数据库也提供了简单检索、高级检索和专业检索三种检索方式，如图 9-7~图 9-9 所示。其检索方法和国家标准数据库的一样，故在此不做详细介绍。

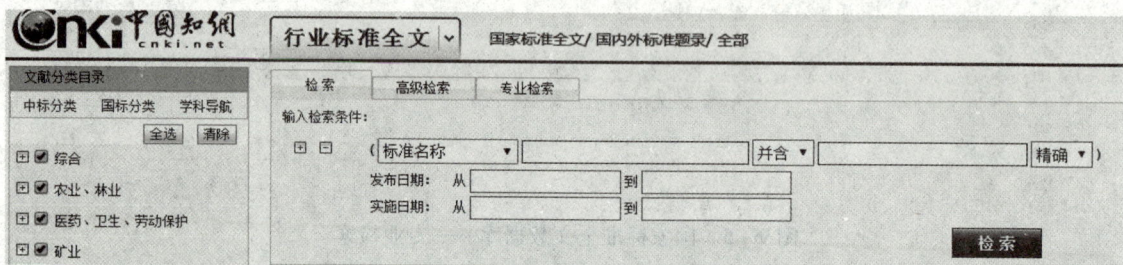

图 9-7　中国行业标准全文数据库——简单检索

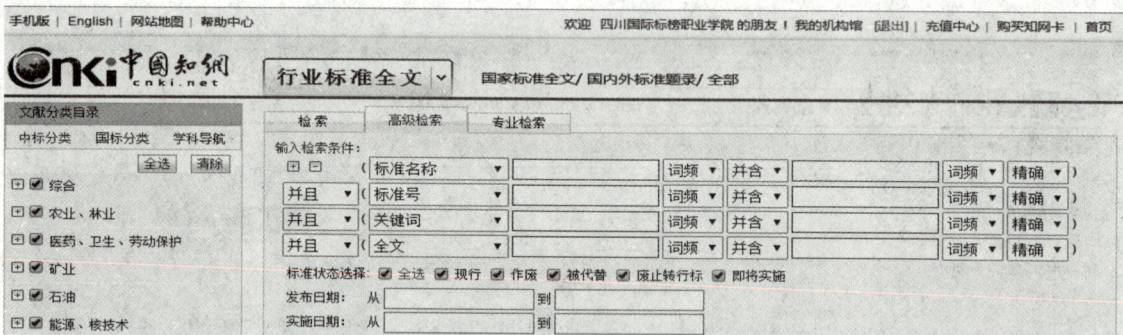

图 9-8　中国行业标准全文数据库——高级检索

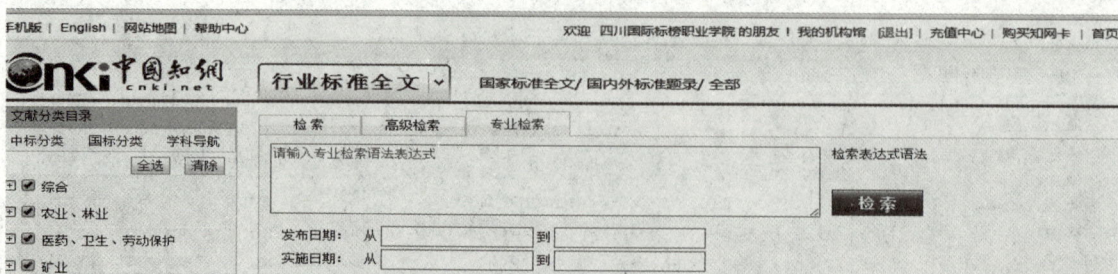

图 9-9　中国行业标准全文数据库——专业检索

三、国内外标准题录数据库（知网版）

1. 数据库介绍

　　国内外标准题录数据库是中国知网 CNKI（中国知识基础设施工程）的一个子库，该数据库是国内数据量最大、收录最完整的标准数据库，分为中国标准题录数据库（SCSD）和国外标准题录数据库（SOSD）。中国标准题录数据库（SCSD）收录了所有的中国国家标准（GB）、国家建设标准（GBJ）、中国行业标准的题录摘要数据，共计标准 272 686 条；国外标准题录数据库（SOSD）收录了世界范围内重要标准，如国际标准（ISO）、国际电工标准（IEC）、欧洲标准（EN）、德国标准（DIN）、英国标准（BS）、法国标准（NF）、日本工业标准（JIS）、美国标准（ANSI）、美国部分学协会标准（如 ASTM、IEEE、UL、ASME）等18 个国家的标准题录摘要数据，共计标准 381 372 条。标准的内容来源于山东省标准化研究院，相关的文献、成果等信息来源于 CNKI 各大数据库。可以通过标准号、中文标题、英文标题、中文关键词、英文关键词、发布单位、摘要、被代替标准、采用关系等检索项进行检索。

2. 检索方式

　　国内外标准题录数据库也提供了简单检索、高级检索和专业检索三种检索方式，如图 9 - 10 ~ 图 9 - 12 所示。其检索方法和国家标准数据库的一样，故在此不做详细介绍。

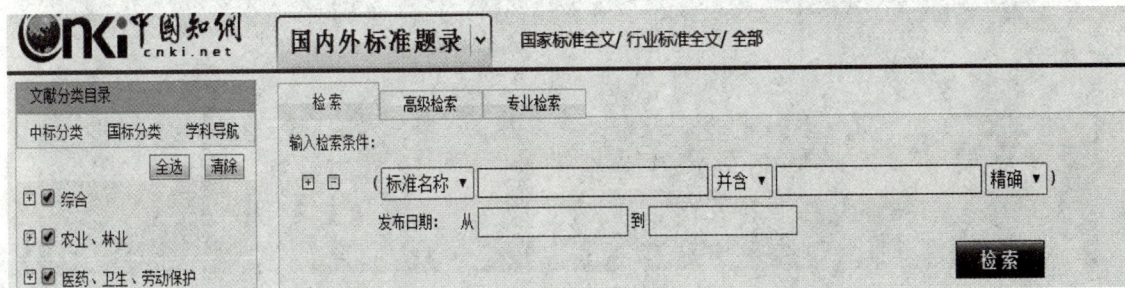

图 9 - 10　国内外标准题录数据库——简单检索

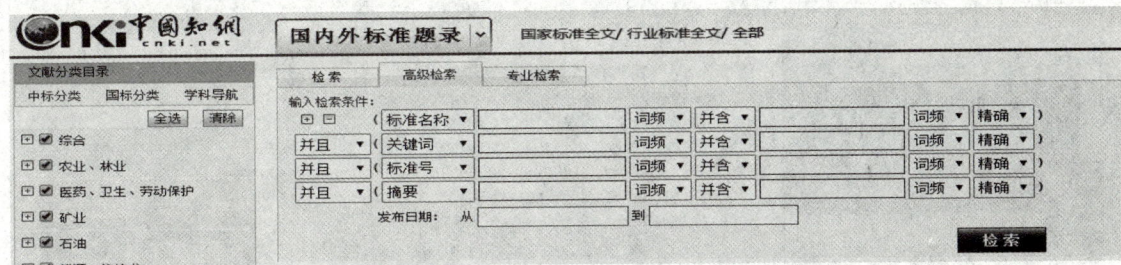

图 9 - 11　国内外标准题录数据库——高级检索

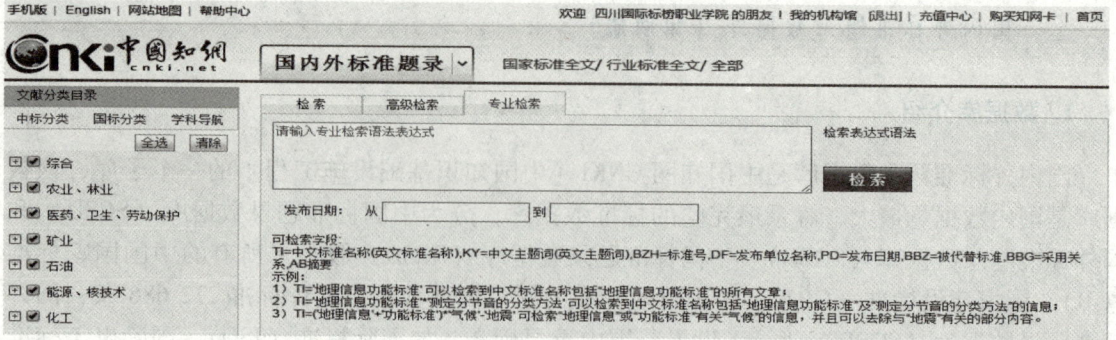

图 9-12　国内外标准题录数据库——专业检索

四、国家标准文献共享服务平台

1. 数据库介绍

国家标准文献共享服务平台即中国标准服务网（如图 9-13 所示，网址 http：//www.cssn. net. cn/），是国家级标准信息服务门户，是世界标准服务网（www. wssn. net. cn）的中国站点。中国标准化研究院标准馆负责网站的标准信息维护、网员管理和技术支持。

图 9-13　国家标准文献共享服务平台主页

国家标准文献共享服务平台门户网站向社会开放，提供标准动态跟踪、标准文献检索、标准文献全文传递和在线咨询等功能。

　　国家标准文献共享服务平台的标准信息主要依托于国家标准化管理委员会、中国标准化研究院标准馆及院属科研部门、地方标准化研究院（所）及国内外相关标准化机构。国家标准馆成立于 1963 年，馆藏资源有一个世纪的国内外各类标准文献 110 万余件，包括齐全的中国国家标准和 66 个行业标准，60 多个国家、70 多个国际和区域性标准化组织、450 多个专业协（学）会的成套标准，160 多种国内外标准化期刊及标准化专著。

2. 检索方式

　　单击国家标准文献共享服务平台主页的"资源检索"后，选择"标准文献"即可进入标准文献检索界面。

　　（1）简单检索

　　国家标准文献共享服务平台的标准文献检索界面默认为简单检索，如图 9 - 14 所示。在检索框输入标准名称或标准号，进行模糊检索，相关字段用空格分隔。

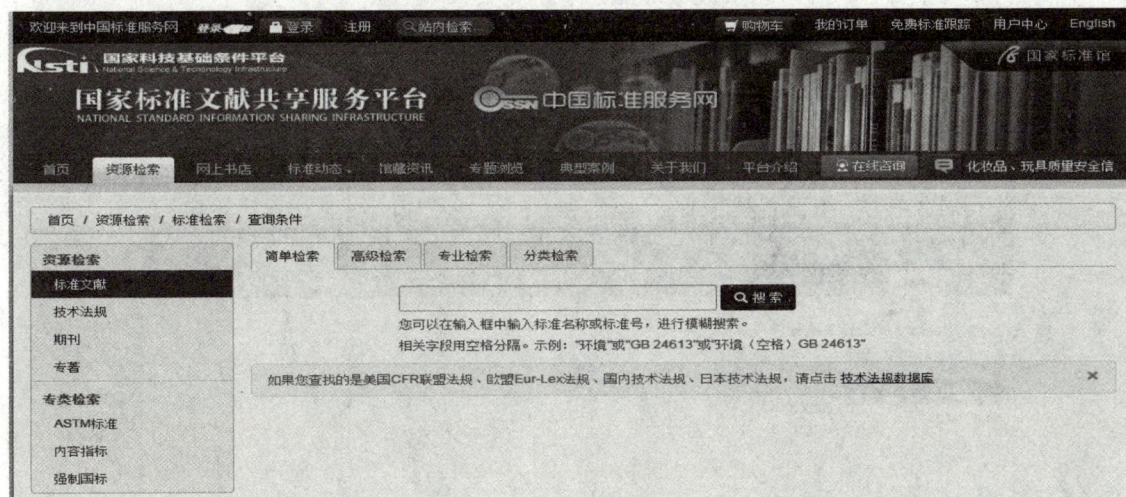

图 9 - 14　国家标准文献共享服务平台——简单检索

　　（2）高级检索

　　进入国家标准文献共享服务平台的标准文献检索界面之后，单击"高级检索"，如图 9 - 15 所示。

　　（3）专业检索

　　进入国家标准文献共享服务平台的标准文献检索界面之后，单击"专业检索"，如图 9 - 16 所示。

　　（4）分类检索

　　进入国家标准文献共享服务平台的标准文献检索界面之后，单击"分类检索"，如图 9 - 17 所示。

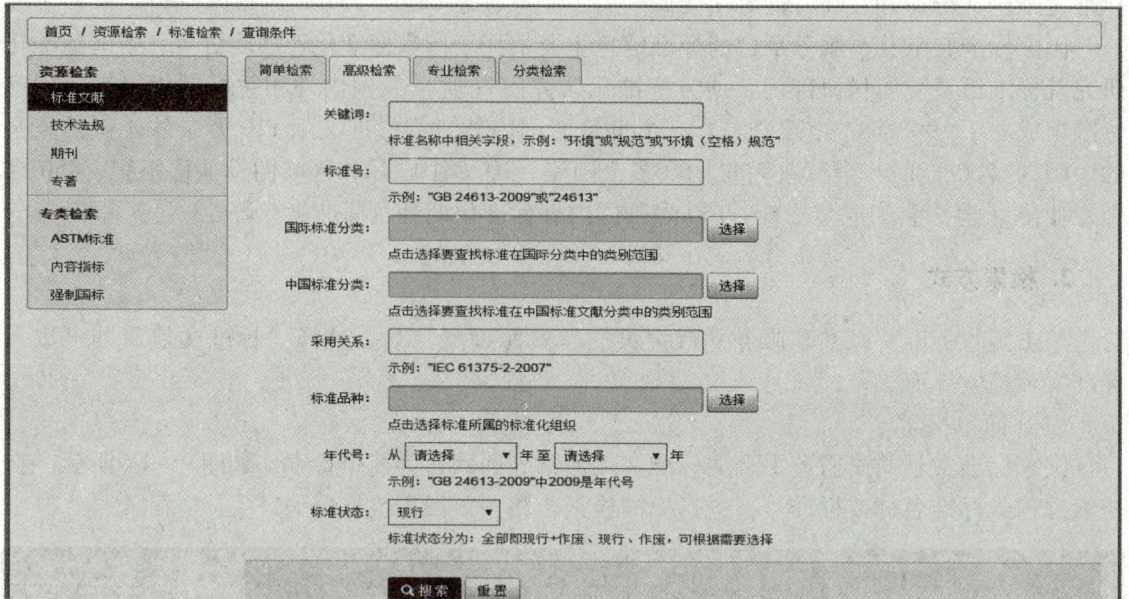

图 9 – 15　国家标准文献共享服务平台——高级检索

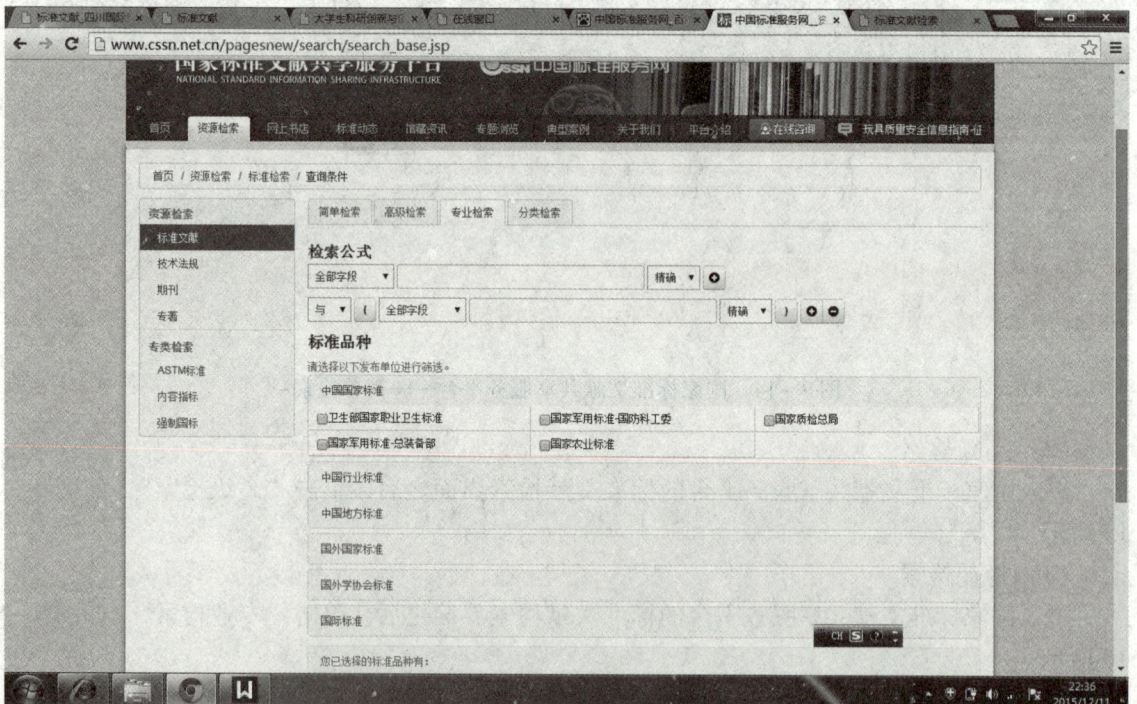

图 9 – 16　国家标准文献共享服务平台——专业检索

图 9-17 国家标准文献共享服务平台——分类检索

五、中国国家标准化管理委员会

1. 数据库介绍

中国国家标准化管理委员会网站（如图 9-18 所示，网址 www.sac.gov.cn）由中国国

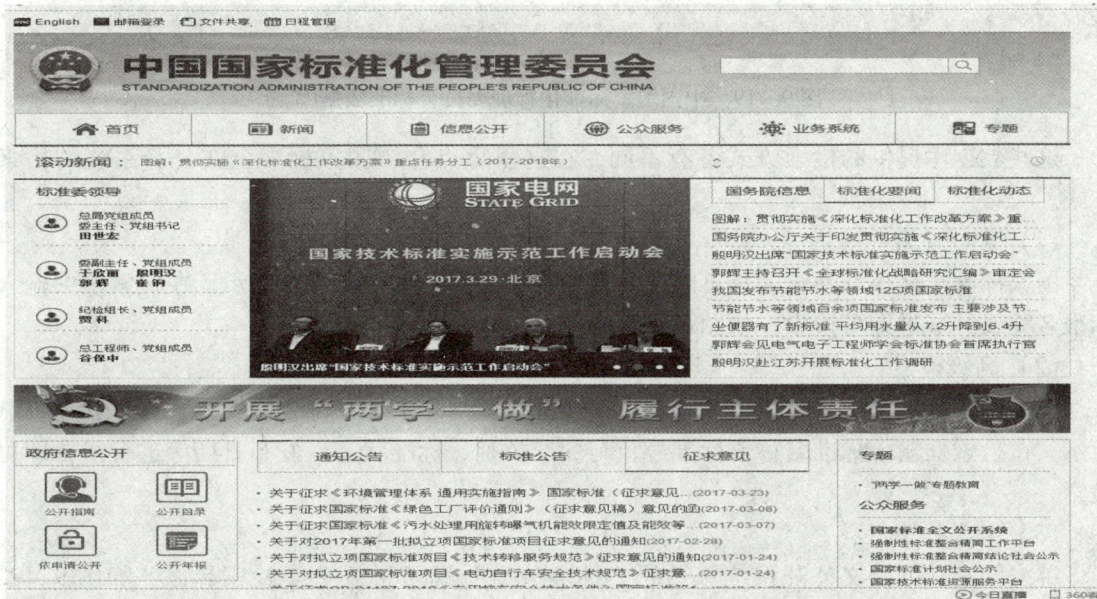

图 9-18 中国国家标准化管理委员会网站主页

家标准化管理委员会和 ISO/IEC 中国国家委员会秘书处主办，设有中国标准化管理、中国标准化机构、国内外标准化法律和法规、国内外标准介绍、标准目录、制定标准公告、国标修改通知、标准化工作动态、标准化论坛、标准出版信息等 30 多个大栏目。

2. 检索方式

中国国家标准化管理委员会网站提供了国家标准全文公开系统、国家标准目录查询、工业和信息化部标准栏目、环境保护部标准栏目、农业部农业标准栏目、卫生计生委标准栏目等六个标准数据库，如图 9 – 19 所示。

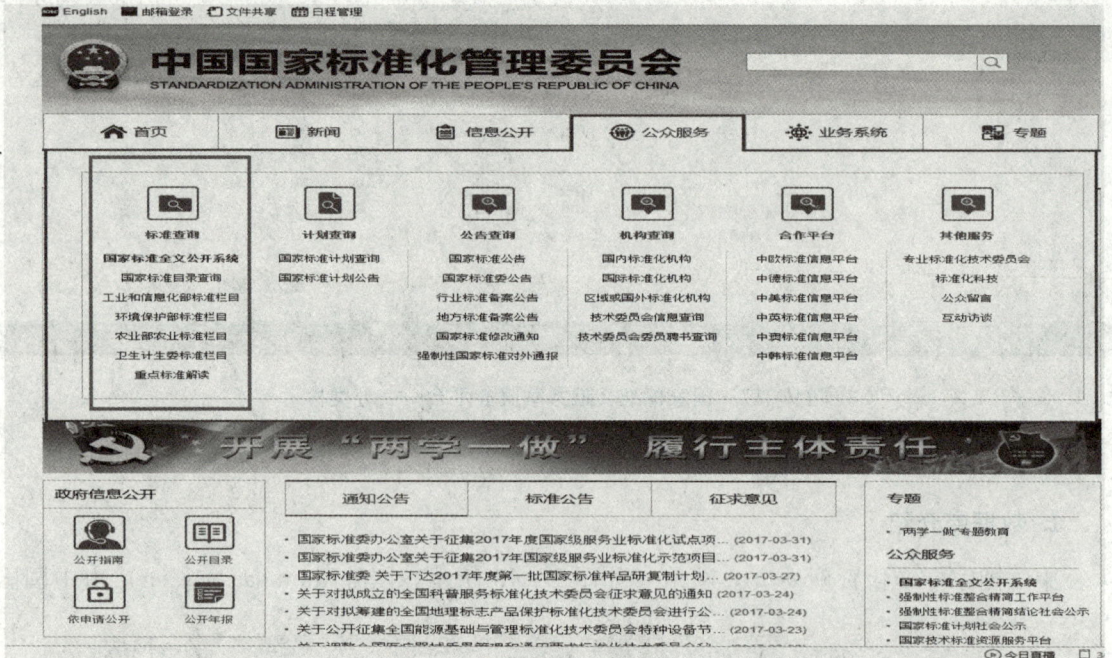

图 9 – 19 中国国家标准化管理委员会标准数据库

这些数据库提供的检索方式各有不同，在这里重点介绍国家标准全文公开系统的检索方式。

（1）普通检索

国家标准全文公开系统的首页默认为普通检索界面，如图 9 – 20 所示。在检索框中输入标准名称或标准号即可检索，如图 9 – 20 所示。

（2）高级检索

单击国家标准全文公开系统首页的"高级检索"即可进入高级检索界面，如图 9 – 21 所示。在检索框输入标准名称或标准号，与标准类别、标准状态、发布日期等进行组合即可检索。

（3）分类检索

单击国家标准全文公开系统首页的"标准分类"即可进入分类检索界面，如图 9 – 22 所示。

图9-20　国家标准全文公开系统普通检索界面

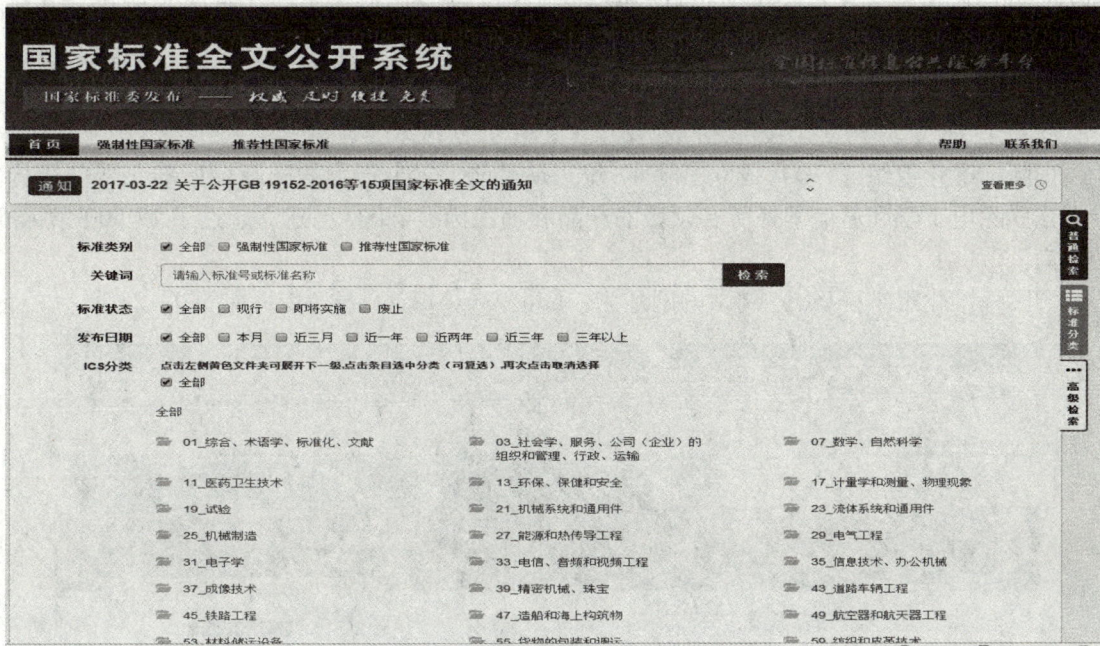

图9-21　国家标准全文公开系统高级检索界面

图 9-22　国家标准全文公开系统分类检索界面

第三节　国际及国外标准文献检索工具

国际标准是由国际标准化组织采用的技术规范。国际标准主要包括国际标准化组织（ISO）和国际电工委员会（IEC）制定的标准，以及国际标准化组织认可的其他 27 个国际组织制定的一些标准，如国际无线电干扰特别委员会等。

一、国际标准化组织（ISO）标准

国际标准化组织（ISO）成立于 1947 年，是目前世界上最大的国际性标准化专门机构。旨在建立除电工学和通信学外所有领域的产品和加工标准。ISO 已建立超过了 17 500 条标准和指南。

国际标准化组织（ISO）网站的网址为：http://www.iso.org，首页如图 9-23 所示。

图 9-23　国家标准化组织网站首页

二、国际电工委员会 (IEC) 标准

国际电工委员会（IEC）成立于 1906 年，至今已有 100 多年的历史。它是世界上成立最早的国际性电工标准化机构，负责有关电气工程和电子工程领域的国际标准化工作。

国际电工委员会（IEC）的宗旨是促进电气、电子工程领域中标准化及有关问题的国际合作，增进国际的相互了解。

国际电工委员会（IEC）网站网址为：http://www.iec.ch，首页如图 9 - 24 所示。该检索工具提供简单检索和高级检索两种检索方式。

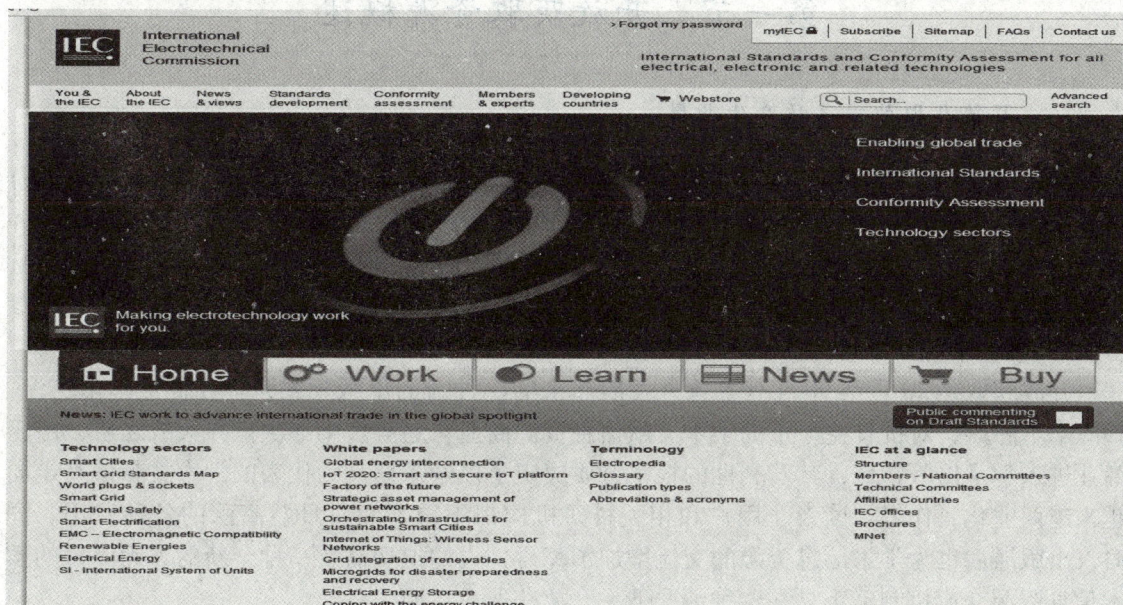

图 9 - 24　国际电工委员会网站首页

第十章

网络开放获取资源

第一节　开放获取资源概述

一、开放获取的定义及产生背景

2002 年 2 月 14 日发表的《布达佩斯开放存取计划》（Budapest Open Access Initiative）对开放获取（Open Access，OA）的定义为："文献 Internet 公共领域里可以被免费获取，并允许任何用户阅读、下载、复制、传递、打印、检索、超级链接该文献，并为之建立索引，用作软件的输入数据或其他任何合法用途。"OA 资源包括经过同行评议过的期刊文章、参考文献、技术报告、学位论文等全文信息。

开放获取是 20 世纪 90 年代在国外发展起来的一种新的出版模式，旨在促进学术交流，扫除学术障碍，对抗日益严重的学术文献信息资源商业化趋势。第二次世界大战之后，由于商业进入学术出版领域，其营利性的根本特质决定了以学术期刊为代表的学术文献信息走向越来越商业化，作者、读者、用户和相关科研机构都不得不面对日益高涨的各种费用。同时，出版滞后也为学术信息资源的交流增加了障碍，人们迫切需要一种全新的、无障碍的学术信息资源交流机制。正是在这种情况下，开放获取应运而生。

开放获取依托网络技术，采用"发表付费，阅读免费"的形式（论文为首次在网上发表，部分论文日后也会在印刷型期刊发表），通过自归文档和开放存取期刊两种途径，实现开放期刊、开放图书、开放课件和学习对象仓储等内容的知识共享。

二、开放资源的分类

对于开放资源的分类，目前也无权威标准。

从信息内容来划分，开放资源涵盖开放期刊、开放仓储、开放图书、开放教育资源、开放科学数据、开放学位论文、开放会议论文、开放专利、开放标准、开放软件工具、开放视频、重大项目网站、科学博客等。

从来源划分，开放资源可归纳为三大类：一是出版类资源。强调通过同行评议、出版途径、网络免费获取，包括开放期刊、开放图书、开放会议论文等。二是仓储类资源。部分资源也是经过同行评议或质量控制，强调某特定研究团体的研究成果，但不依赖于出版，在一定使用许可下可通过网络免费获取，包括开放仓储、开放数据、开放教育资源、开放学位论文等。三是交互类资源。类似于"用户生成内容（UGC）"，一般没有同行评议环节，是在发布后被评论或进入讨论的，包括开放视频、博客、论坛等。

三、开放资源的特点

开放资源除了具有数字化、网络化的特点外，还显示出两大特性：

一是开放性。开放性从技术上增加了开放资源的操作与获取的便捷性，与当前越来越多的开放创新需求相吻合，主要体现为永久免费、再使用性和机读性。

二是共享约束。包括使用政策限定和技术限定。不同于电子资源通过法律申明或不允许批量下载的限制手段，开放资源为了作者权益和自身成本，其开放性受到政策和技术的开放程度限定，这些限定包括开放资源的版权和许可政策、文本和数据挖掘政策、数据开放获取方式等。

第二节　国内开放获取数据库

一、汉斯国际中文开源期刊

1. 数据库介绍

汉斯出版社（Hans Publishers，www.hanspub.org）聚焦于国际开源（Open Access）中文期刊的出版发行，覆盖以下领域：数学物理、生命科学、化学材料、地球环境、医药卫生、工程技术、信息通信、人文社科、经济管理等。秉承着传播文化，促进交流的理念，该社积极探索中文学术期刊国际化道路，并积极推进中国学术思想走向世界。目前，汉斯出版社的部分期刊已被世界著名开源期刊数据库 DOAJ 和知网（CNKI Scholar）等数据库收录（如图 10 - 1 所示）。

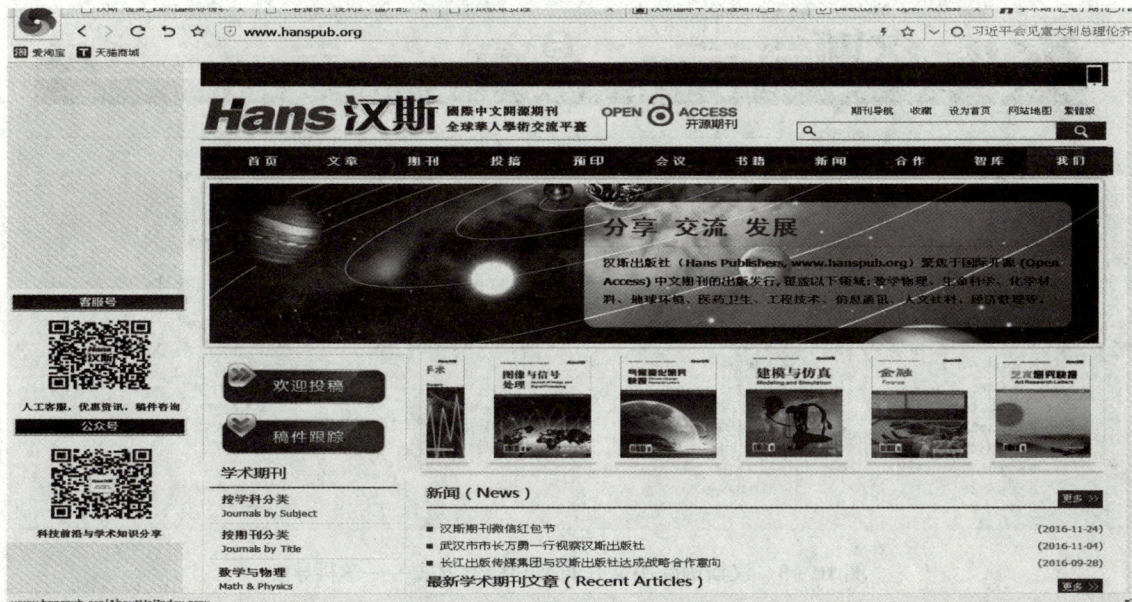

图 10 - 1　汉斯国际中文开源期刊网站界面

2. 检索方式

（1）简单检索

汉斯国际中文开源期刊的界面默认为简单检索，在检索框中可输入作者姓名、文章名、关键词、作者单位等检索词，如图 10 – 2 所示。

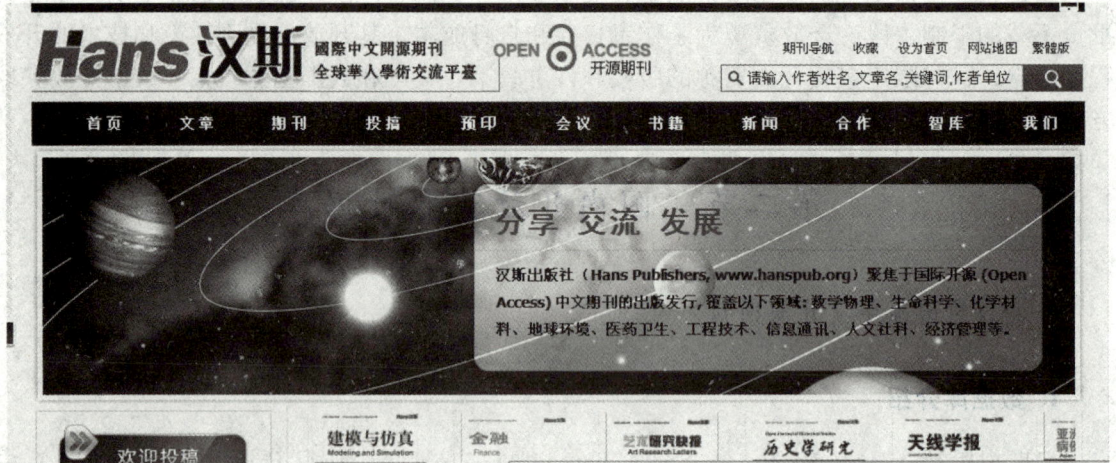

图 10 – 2　汉斯国际中文开源期刊检索方式——简单检索

（2）分类导航

汉斯国际中文开源期刊提供两种分类导航：一是学科分类导航，一是期刊分类导航，如图 10 – 3 和图 10 – 4 所示。用户可根据需要自行选择分类导航方式。

图 10 – 3　汉斯国际中文开源期刊检索方式——学科导航

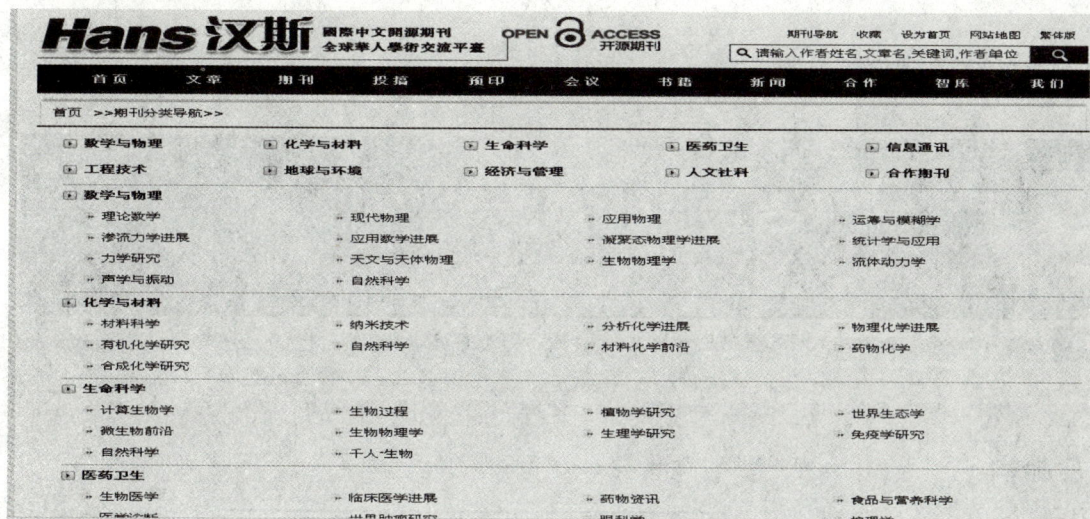

图 10 – 4　汉斯国际中文开源期刊检索方式——期刊导航

二、中国学术会议在线

1. 数据库介绍

中国学术会议在线（http://www.meeting.edu.cn）是经教育部批准，由教育部科技发展中心主办，面向广大科技人员的科学研究与学术交流信息服务平台。本着优化科研创新环境、优化创新人才培养环境的宗旨，针对当前我国学术会议资源分散、信息封闭、交流面窄的现状，通过实现学术会议资源的网络共享，为高校广大师生创造良好的学术交流环境，以利于开阔视野，拓宽学术交流渠道，促进跨学科融合，为国家培养创新型、高层次专业学术人才，创建世界一流大学做出积极贡献。

中国学术会议在线利用现代信息技术手段，分为阶段实施学术会议网上预报及在线服务、学术会议交互式直播/多路广播和会议资料点播三大功能，为用户提供学术会议信息预报、会议分类搜索、会议在线报名、会议论文征集、会议资料发布、会议视频点播、会议同步直播等服务，如图 10 – 5 所示。

2. 注册方法介绍

①认真填写注册表格，如图 10 – 6 所示。

②可以选择注册成为会员用户或办会用户。作为信息检索用户，一般注册为会员用户。

③如果忘记了密码，单击"找回密码"选项后，按照要求填写，将有一个新生成的随机密码发到邮箱中，如图 10 – 7 所示。

图 10 – 5　中国学术会议在线网站界面

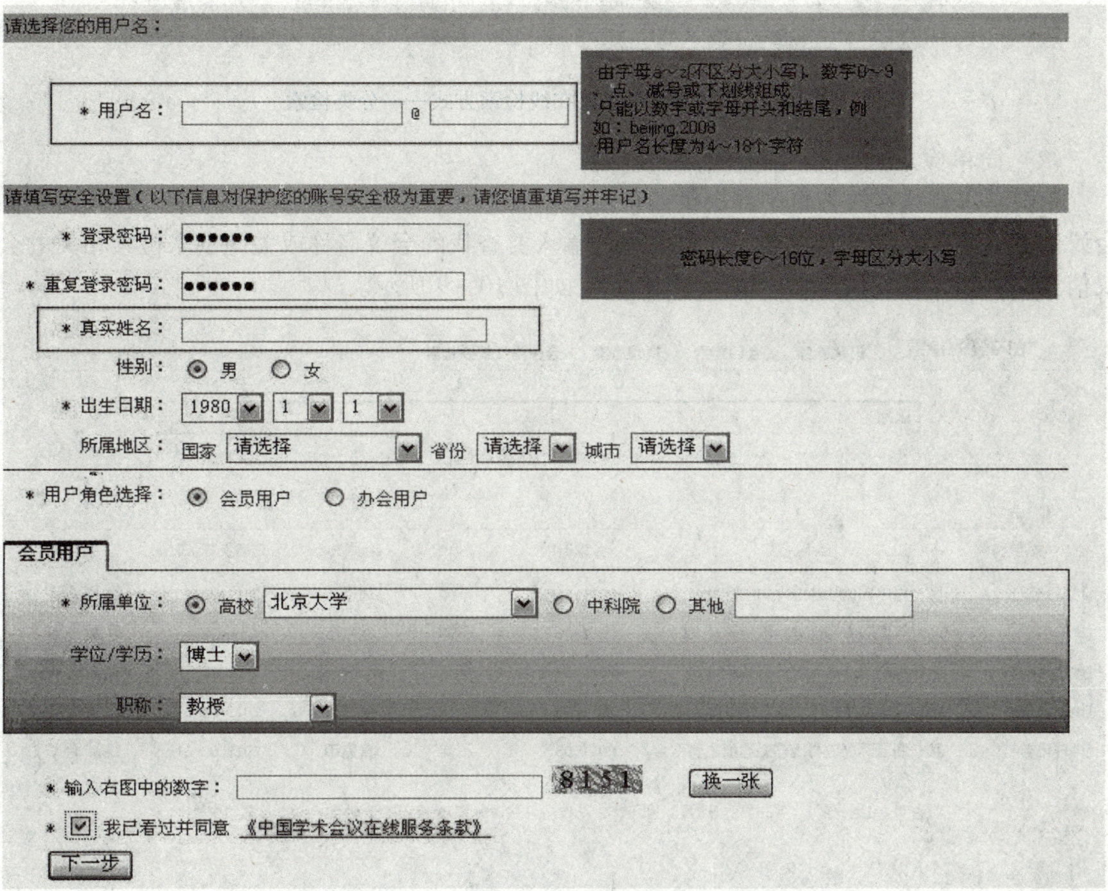

图 10 – 6　中国学术会议在线注册表格

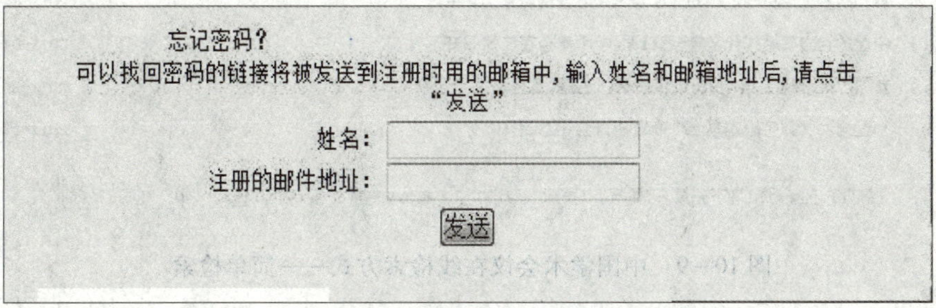

图 10 – 7　中国学术会议在线密码找回界面

3. 检索方式

（1）分类检索

中国学术会议在线首页上部提供学科分类检索，可以单击想查阅的会议信息所属学科来查找所需信息，如图 10 – 8 所示。

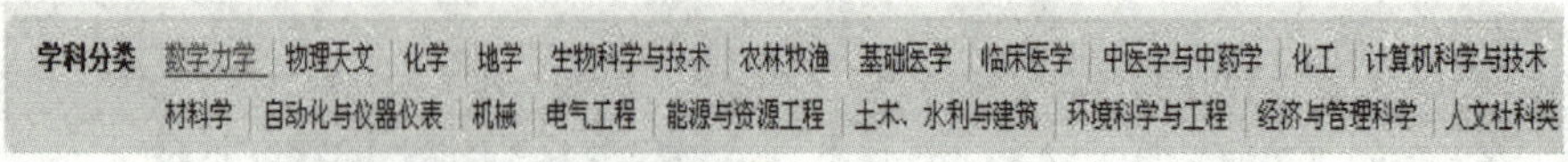

| 学科分类 | 数学力学 | 物理天文 | 化学 | 地学 | 生物科学与技术 | 农林牧渔 | 基础医学 | 临床医学 | 中医学与中药学 | 化工 | 计算机科学与技术 |
| | 材料学 | 自动化与仪器仪表 | 机械 | 电气工程 | 能源与资源工程 | 土木、水利与建筑 | 环境科学与工程 | 经济与管理科学 | 人文社科类 | | |

图 10 - 8　中国学术会议在线检索方式——分类检索

（2）简单检索

中国学术会议在线首页中部提供四种简单检索形式：模糊检索、会议检索、视频检索和会议论文摘要检索。可以在会议检索中通过输入要查找的会议名称或关键字来检索相关的会议信息。例如，在模糊检索中输入"地球"，如图 10 -9 所示。

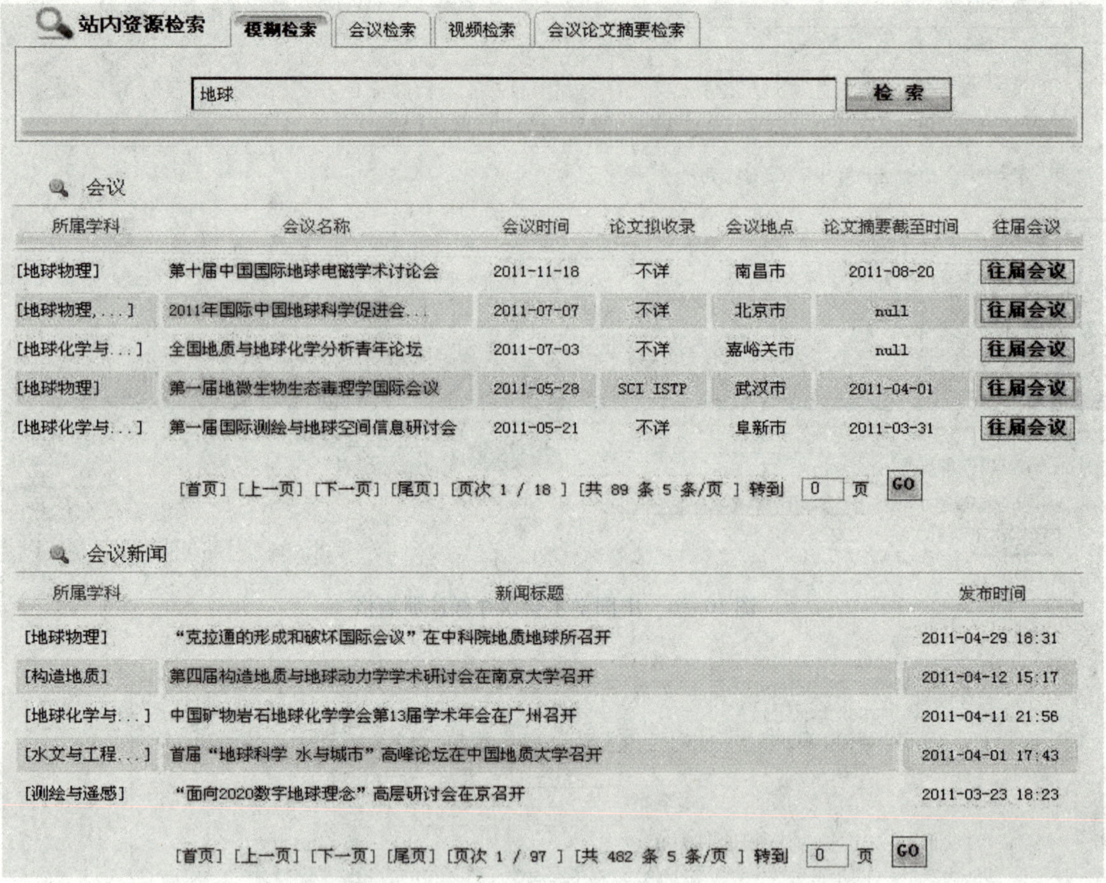

图 10 -9　中国学术会议在线检索方式——简单检索

第三节　国外开放获取数据库

一、开放存取资源图书馆（Open Access Library，OALib）

1. 数据库介绍

OALib 提供的开源论文超过 4 213 434 篇，涵盖所有学科。所有文章均可免费下载。

OALib Journal 是一个同行评审的学术期刊，覆盖科学、科技、医学及人文社科的所有领域。所有发表在 OALib Journal 上的文章都存放在 OALib 上。OALib 与 OALib Journal 均由 Open Access Library 公司管理。

　　OALib 开放存取资源图书馆网址：http://www.oalib.com/，如图 10 – 10 所示。

图 10 – 10　OALib 开放存取资源图书馆网站界面

2. 检索方式

（1）简单检索

OALib 首页默认为简单检索。在检索框输入关键词、作者等即可进行检索，如图 10 – 11 所示。

图 10 – 11　OALib 检索方式——简单检索

（2）高级检索

单击 OALib 首页的"高级检索"按钮即可进入高级检索页面。用户在检索框中输入关键词，匹配以对应的检索途径，选择正确的布尔逻辑关系即可进行检索，如图 10 – 12 所示。

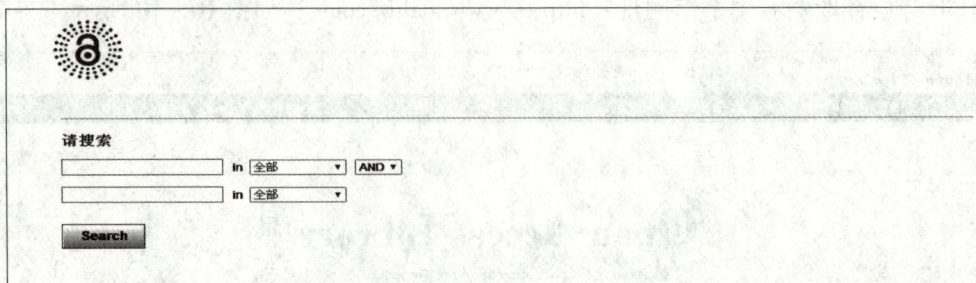

图 10 – 12　OALib 检索方式——高级检索

（3）分类导航

OALib 开放存取资源图书馆提供了出版社和期刊两种分类导航。在 OALib 首页单击"出版社"或"期刊"即可进入相应的分类导航页面，如图 10 – 13 和图 10 – 14 所示。

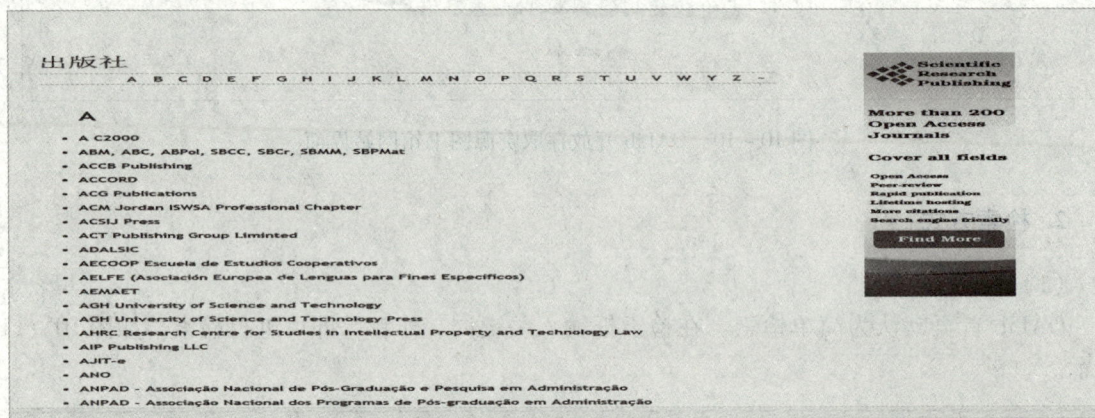

图 10 – 13　OALib 检索方式——出版社导航

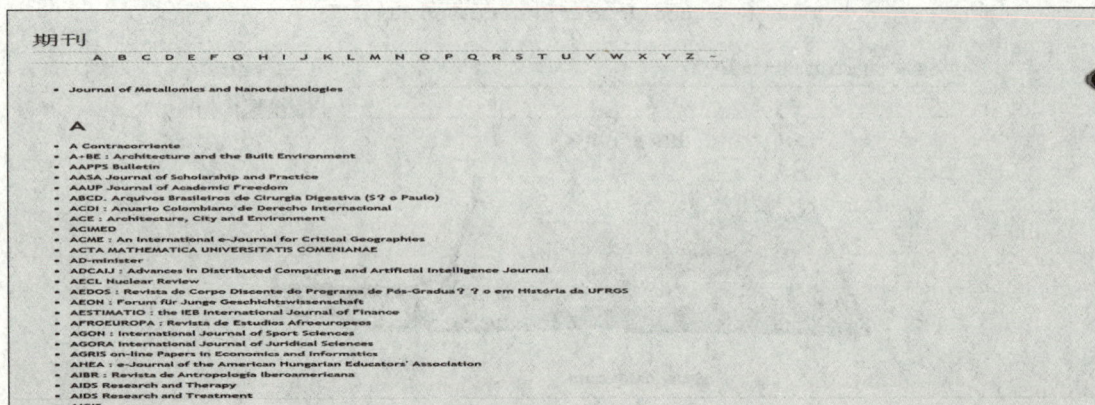

图 10 – 14　OALib 检索方式——期刊导航

二、美国科研出版社 OA 资源（Scientific Research Publishing）

1. 数据库介绍

美国科学研究出版社（Scientific Research Publishing，SPR）主要从事学术会议和出版物的服务。它也致力于专业期刊的促进工作。该公司以其出色的团队及广泛的第三方关系使其出版物为用户带来了极大的满足和方便。

科研出版社作为开放读取（Open Access）的先行者之一，目前共有 180 多种期刊及配套的电子版本，内容涵盖物理、化学、医学、生物、数学、通信、计算机、电力、能源、工程等领域，已出版文章超过 10 000 篇，多个期刊已被 CAS、EBSCO、CAB Abstracts、ProQuest、IndexCopernicus、Library of Congress、Gale、CSP 等数据库全文或摘要收录。

美国科研出版社 OA 资源网址为 http://www.scirp.org/，如图 10 - 15 所示。

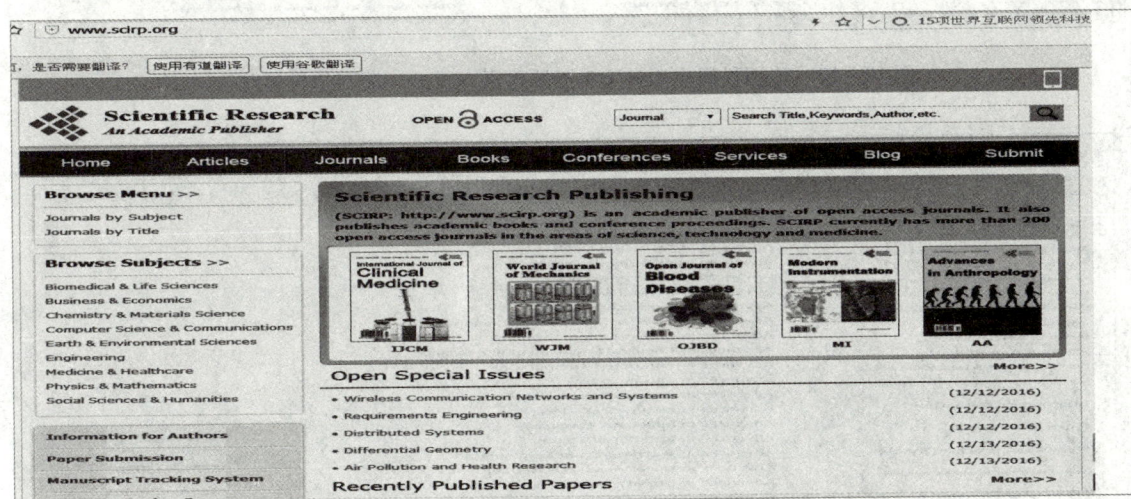

图 10 - 15　美国科研出版社 OA 资源界面

2. 检索方式

（1）简单检索

美国科研出版社 OA 资源首页默认为简单检索。在该页面可选择检索期刊、图书、会议文献。在检索框输入题名、关键词、作者等检索词，选择所需文献类型即可进行检索，如图 10 - 16 所示。

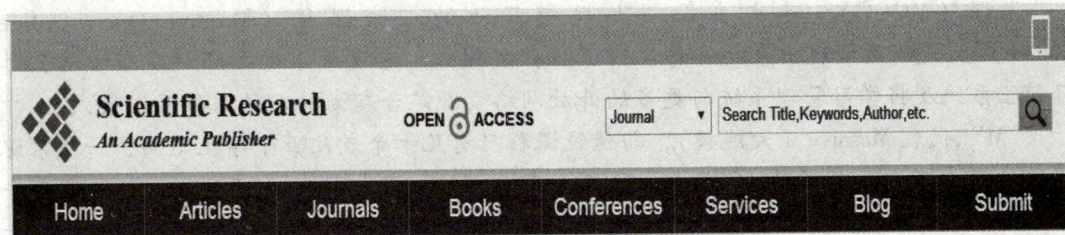

图 10 - 16　美国科研出版社 OA 资源检索方式——简单检索

（2）分类检索

美国科研出版社 OA 资源首页提供期刊分类导航（Browse Menu）：学科导航（Journal by Subject）和刊名导航（Journal by Title），如图 10–17 和图 10–18 所示。

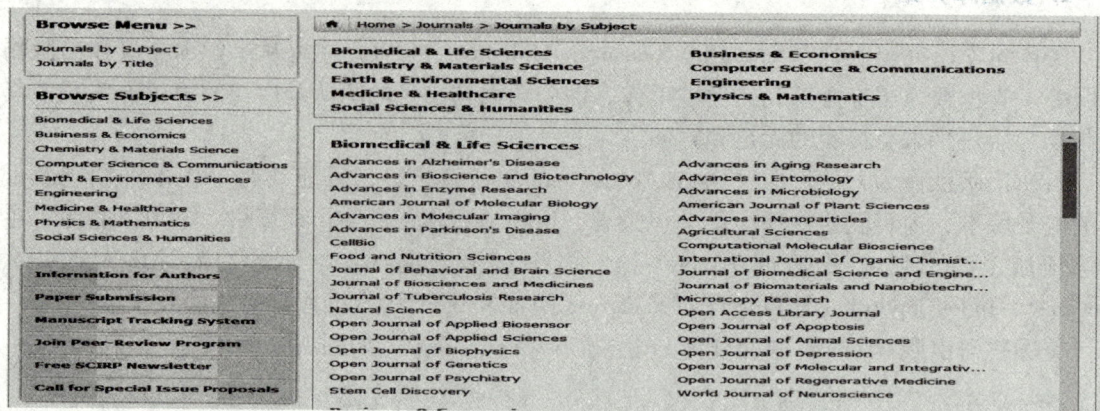

图 10–17　美国科研出版社 OA 资源检索方式——期刊学科导航

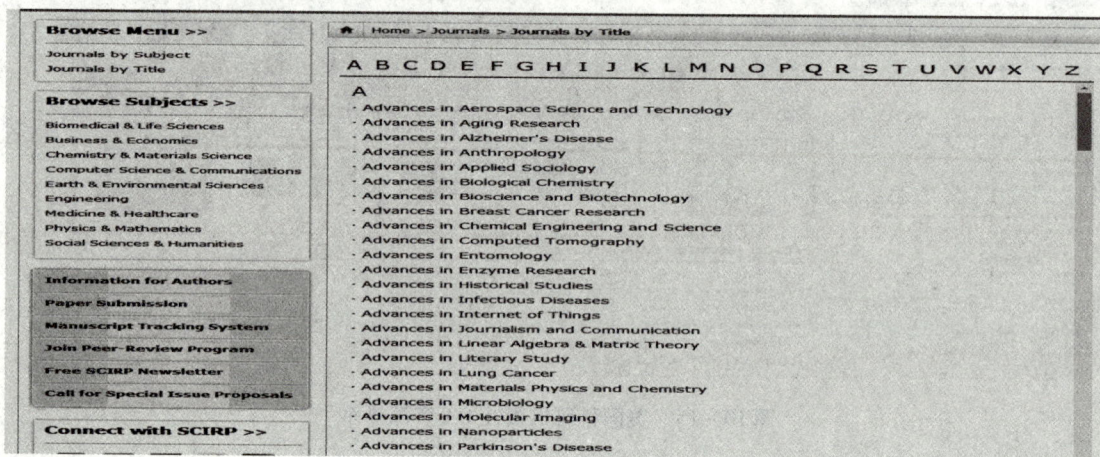

图 10–18　美国科研出版社 OA 资源检索方式——期刊刊名导航

知识小课堂

开放教育资源——慕课

慕课（MOOC），英文直译"大规模开放的在线课程（Massive Open Online Course）"，是新近涌现出来的一种在线课程开发模式。它发端于过去那种发布资源、学习管理系统及将学习管理系统与更多的开放网络资源综合起来的旧的课程开发模式。

"M"代表 Massive（大规模），与传统课程只有几十个或几百个学生不同，一门慕课课程动辄上万人，最多达 16 万人；第二个字母"O"代表 Open（开放），以兴趣为导

知 识 小 课 堂

向，凡是想学习的，都可以进来学，不分国籍，只需一个邮箱，就可注册参与；第三个字母"O"代表Online（在线），学习在网上完成，不受时空限制；第四个字母"C"代表Course，就是课程的意思。

2012年被《纽约时报》称为"慕课元年"。多家专门提供慕课平台的供应商纷起竞争，Coursera、edX和Udacity是其中最有影响力的"三巨头"，前两个均进入中国。中国大学MOOC爱课程（http://www.icourses.cn/imooc/）是教育部、财政部"十二五"期间启动实施的"高等学校本科教学质量与教学改革工程"支持建设的高等教育课程资源共享平台。该网站内容面向高校师生和社会大众，集中展示了"中国大学视频公开课"和"中国大学资源共享课"，并对课程资源进行运行、更新、维护和管理操作。

第三篇

实 用 篇

第三篇

災用篇

第十一章

检索报告的撰写

第一节　检索报告的概述

一、检索报告的含义

检索报告是课题调研检索报告的简称，有时候也叫作查新报告。检索报告是真实记录科研人员调研文献信息的过程，以便查验科研人员撰写的相关综述论文的新颖性、全面性和科学性。检索报告往往是每个科研人员开始课题的第一步。为了保证课题的新颖，必须通过科学的方法对课题涉及的文献领域进行调查和分析，是论文写作和科学研究的基础。

二、检索报告的特点

检索报告记录了文献调研的过程，它具有自己的特点。

①客观性，检索报告是对检索过程的真实记录，检索过程是客观的，科研涉及的文献有就是有，没有就是没有。

②全面性，没有采用最新的文献信息或遗漏重要的文献资料，会导致科研论据不充分，影响研究视野。只有检索了较全面的文献资料，才能"知彼"，才能为"百战不殆"，奠定坚实的基础。

③主题明确，科研人员必须要对检索课题进行全面的分析，在资料的取舍上应优先选择那些与课题密切相关的最新研究动态、专家文献和热点论文。在精读和使用这些材料时，应真正理解他人工作的实质，做到主题明确，重点突出。

第二节　检索报告的撰写

一、检索报告的基本格式

检索报告的格式不是唯一的，但是基本格式少不了以下几个方面：

1. 课题分析

课题分析是检索过程中的首要环节，分析课题就是要明确检索的要求和范围。所以，在进行检索之前，对课题要进行认真的分析研究，明确课题查找的目的和要求。目的越明确，范围越具体，掌握的线索越多，查检所需信息的准确性就越大。

课题分析主要从以下几个方面展开：

（1）主题内容

所谓主题内容，就是课题研究的中心问题。首先，根据课题内容，深入分析主题的目的，明确课题的要求和内容特征，确定课题的学科属性、专业范围、时间范围和语种等。课题的主题越具体，越有利于检索。其次，找出课题研究的关键问题，选择恰当的主题词或关键词。

（2）时间范围

分析时间范围的目的在于确定检索的时间范围，以避免浪费时间和精力。通过分析时间，根据课题的历史背景和检索要求，可估算出所查找信息的合适时间段。例如，了解某个领域的最新研究进展，只需查找近一两年的文献即可。

（3）地域范围

分析地域范围的目的在于确定检索的地域范围，以避免浪费时间和精力。通过分析地域，根据课题的地理背景和检索要求，可估算出所查找信息的合适地域。例如，了解某个城市的最新研究进展，只需查找某个城市即可。

（4）语种要求

分析语种要求的目的在于可以将检索的范围扩大到国外，调查的广度与深度都得到提高。比如，要了解美国的教育制度，如果选择中文和英文，那么就可以直接看到国外的文献了。

（5）文献类型

分析文献类型的目的在于确定检索工具。因为是对不同类型的信息收集，所以使用的检索工具有所不同。明确课题信息类型，选择检索工具和检索手段，提高检索针对性，以使检索效果达到最佳。

2. 确定检索词

检索词的确定是整个检索的关键所在，检索词是表达检索课题主要内容的基本单元，只有检索词选择得当、正确，检索结果才可能准确。

3. 构造检索式

在计算机的检索过程中，检索提问与存储标识之间的对比匹配是由计算机进行的，构造检索表达式的核心是既能表达检索需求，又能被计算机识别。检索式构造是否正确直接影响到检索结果是否精确、全面。

4. 实施检索

实施检索即将构造出的检索式放到各种检索工具中进行检索，每一个检索工具都有自己的收藏特色和检索特点，根据不同的检索工具选择不同的检索式，并得出检索结果。

5. 检索结果

就所选择的数据库，逐个列出数据库名称、每个检索式所检出的文献量，以及从这些检出文献中挑选的相关文献数量及每篇文献的完整记录格式，如标题、作者、作者单位、刊名、摘要等信息。

6. 检索心得

经过对一个课题的系统检索，谈谈有何体会。重点放在检索过程中检索策略的调整方面，要有具体的调整过程。

二、检索报告的写作步骤和注意事项

1. 分析检索课题

①分析检索课题的主题，了解准确、具体的检索需求。
②分析课题内容涉及的学科范围、主题概念及概念间的关系，以便选择检索方法。
③课题所需信息的类型，包括文献载体、出版类型、所需文献量、年代范围、地域范围，涉及的语种、有关的著者、机构等。
④课题对查新、查准和查全的指标要求；其他要求，如时间、费用要求等。

2. 选择检索系统

选择检索系统就是选择检索工具。一个计算机系统通常可提供多个检索数据库，一个手检系统即为一部工具书。
选择检索系统时，应考虑的主要问题有：
①专业范围、信息类型（目录型、文摘型、全文型）、时间范围、编制的质量（是否齐全，标引的深度）、系统提供的检索途径是否方便等。
②有手检工具，也有机检工具，应首选机检工具。
③考虑价格和可获取性，应选择容易获取的检索系统，注意数据库的价格，权衡价格效益比。

3. 确定检索入口

确定检索入口就是选择检索途径和检索用词、类目等。检索途径可以根据文献的内部特征和外部特征来决定。检索词的选择方法有两种：直接提取法和间接概括法。直接提取法是直接从检索课题中选用检索词；间接概括法是选用一个能概括检索课题主题的词作检索词。
检索词是构成检索式的基本单元。选择检索词要满足匹配的要求：内容匹配和形式匹配。

4. 制定检索式

用逻辑运算符将检索词连接起来就构成了检索式，通过检索式可以提高检索结果的精确度。
检索词是构成检索式的基本单元。选择检索词要满足匹配的要求：内容匹配和形式匹配。
逻辑运算符指系统规定的布尔逻辑算符、截词符、位置运算符、限制符等符号，用以规定词间的关系。

5. 实施检索

实施检索是根据检索策略确定的检索方法和检索工具实际检索文献，获取文献信息的过程。实施检索包括检索策略的调整，当检索过程遇到困难时，如检索结果不符合要求时，要及时做出调整，修改检索策略。

6. 检查检索结果

通过检索得出检索结果后，需要对检索结果进行分析和比对，筛选出与检索课题符合的检索结果。查看检索结果，分析、反思检索过程中的问题。

附：检索报告

关于钢铁企业市场营销策略研究的检索报告

（学生作业）

1 检索课题

钢铁企业市场营销策略研究

2 课题分析（20分）

2.1 课题分析（5分）

学科范围：经济

时间范围：不限

检索途径：题名 主题 全文 关键词

文献类型：纸本图书 电子图书 期刊图书 网络文献

检索技术：布尔检索法

2.2 提炼检索词（10分）

钢铁 企业 公司 市场营销 策略

3 检索系统（20分）

3.1 检索工具（5分）

金盘图书馆书目检索系统

超星电子图书馆

读秀学术搜索（http://www.duxiu.com）

中国知网（http://www.cnki.net）

百度（http://www.baidu.com）

3.2 构造检索式（15分）

A1 钢铁 and（企业 or 公司）and 市场营销 and 策略

A2 钢铁 and 企业 and 市场营销 and 策略

A3 钢铁 and 公司 and 市场营销 and 策略

4 实施检索（50分，要求列出检索结果并摘录最相关的记录）

4.1 金盘（10分）

4.1.1 检索时间：2016-03-23

4.1.2 检索方式：多字段检索

4.1.3 匹配方式：模糊匹配

4.1.4　所用检索式：

A2 钢铁 and 企业 and 市场营销 and 策略

A3 钢铁 and 公司 and 市场营销 and 策略

4.1.5　检索过程截图：

4.1.6　检索结果列表：

检索式	检索途径	检索结果
A2 钢铁 and 企业 and 市场营销 and 策略	题名	0
	主题词	0
A3 钢铁 and 公司 and 市场营销 and 策略	题名	0
	主题词	0

4.1.7　检索结果摘录：A2 和 A3 检索式未检索到相关文献，故未做摘录。

4.2　超星（10 分）

4.2.1　检索时间：2016 − 03 − 23

4.2.2　检索方式：简单检索

4.2.3　所用检索式：

A2 钢铁 and 企业 and 市场营销 and 策略

A3 钢铁 and 公司 and 市场营销 and 策略

4.2.4　检索过程截图：

4.2.5　检索结果列表：

检索式	检索途径	检索结果
A2 钢铁 and 企业 and 市场营销 and 策略	全文	0
	书名	0
A3 钢铁 and 公司 and 市场营销 and 策略	全文	0
	书名	0

4.2.6　检索结果摘录：A2 和 A3 检索式未检索到相关文献，故未做摘录。

4.3　读秀（10 分）

4.3.1　检索时间：2016 – 03 – 30

4.3.2　检索方式：简单检索

4.3.3　匹配方式：精确匹配

4.3.4　所用检索式：

A2 钢铁 and 企业 and 市场营销 and 策略

A3 钢铁 and 公司 and 市场营销 and 策略

4.3.5　检索过程截图：

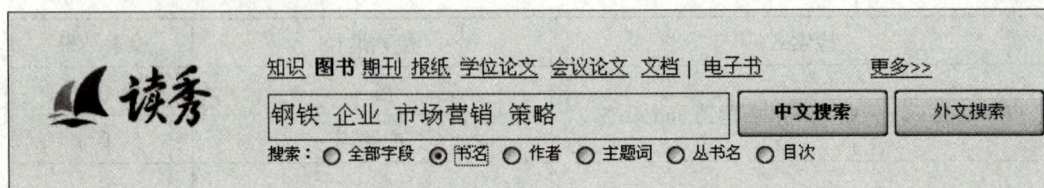

4.3.6　检索结果列表：

检索式	检索途径	检索结果
A2 钢铁 and 企业 and 市场营销 and 策略	全文	273
	书名	0
A3 钢铁 and 公司 and 市场营销 and 策略	全文	270
	书名	0

4.3.7　检索结果摘录：

检索式 A2 和 A3 通过全文途径检索到的文献与课题相关度不大，故未做摘录，通过书名途径未检索到文献。

4.4　中国知网（10 分）

4.4.1　检索时间：2016 – 04 – 06

4.4.2　检索方式：高级检索

4.4.3　匹配方式：精确匹配

4.3.4　所用检索式：A1 钢铁 and（企业 or 公司）and 市场营销 and 策略

4.3.5　检索过程截图：

4.3.6　检索结果列表：

检索式	检索途径	匹配方式	期刊论文	硕士论文	博士论文	报纸
A1 钢铁 and（企业 or 公司）and 市场营销 and 策略	篇名	精确	6	6	0	0
	主题		25	99	0	0

4.3.7　检索结果摘录：

通过中国知网检索到的文献大部分是期刊论文，在做筛选时，主要根据是否是核心期刊、被引频次及是否针对钢铁企业来选取。共选取有价值的文献 9 篇。

序号	题名	文献类型	推荐理由
1	我国钢铁企业市场营销策略分析	期刊论文	被引频次最高，核心期刊
2	我国钢铁企业市场营销策略分析		被引频次高
3	中国钢铁企业市场营销策略研究		被引频次高，核心期刊
4	我国钢铁企业市场营销策略分析		被引频次高，核心期刊
15	我国大型钢铁企业市场营销策略研究	硕士论文	被引频次高

4.5　百度（10 分）

4.5.1　检索时间：2016 – 04 – 13

4.5.2　检索方式：简单检索

4.5.3　匹配方式：模糊匹配

4.5.4　所用检索式：A1 钢铁 and（企业 or 公司）and 市场营销 and 策略

4.5.5　检索过程截图：

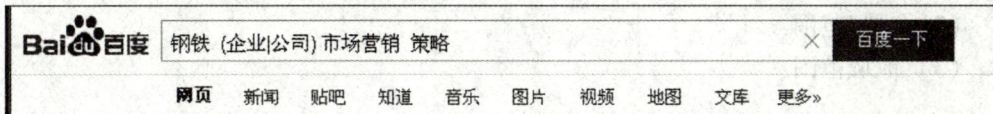

4.5.6 检索结果列表：

检索式	检索途径	检索结果
A1 钢铁 and（企业 or 公司）and 市场营销 and 策略	全文检索	1 600 000

4.5.7 检索结果摘录：

（1）我国钢铁企业市场营销战略研究

信息来源：http：//dwz.cn/5IZ8rY

（2）我国钢铁企业市场营销策略分析

信息来源：http：//dwz.cn/5IZ6OO

5 检索心得（10分）

检索人员钟丽：学习了信息检索这门课后，我知道了信息检索有许多方法，例如常用法中有顺查法、倒查法、抽查法，还有提高法等。信息检索的途径分为外表特征和内在特征。而在提炼检索词中切分法是对课题语句进行切分，以词为单位划分句子或词组。补充检索词的同义词和相关词，以增加检全率。针对我做的课题，在金盘、超星、读秀、知网、百度这五个检索工具中我觉得百度和知网最合适。这几个检索工具各有各的好处。像金盘这类的检索工具，它的权威性较高，但是选择范围窄，有的由于馆藏的量和种类的限制，有些相关文献无法查找，有时感觉是在浪费时间，但是要做好相关课题，联机检索还是我的首选。百度这类搜索引擎，对于查阅一些粗泛、时政的信息比较方便、好用。但是对于同一课题，一些表面上同类的信息文献都在上面，有些拙劣的见解未经严格的考究也出现在上面，但是这样的搜索工具，采集的文比较新，思考角度也要宽泛些。在检索我的课题时，我知道了扩大检索范围，可以增加同义词、相关词，加入 OR 算符；减少 AND 或 NOT 的使用次数；将狭隘的位置算符改成宽泛的位置关系或；在文摘或全部字段中检索；使用截词检索；使用自由词检索等。

附：信息检索报告模板

××××信息检索报告

一、检索课题

二、课题分析

1. 课题内容及要求分析

（1）学科范围：

（2）时间范围：

（3）地域范围：

（4）语种要求：

（5）文献类型：

2. 确定检索词

3. 构造检索式

三、实施检索

四、检索结果

五、检索心得

第十二章

文献综述的撰写

第一节　文献综述概述

一、文献综述的含义

文献综述简称综述，是作者对某问题的研究，其在全面搜集、查阅大量文献的基础上，经过对资料的综合、分析、归纳后，以更为精炼、更为明确概括的文字，更有层次和逻辑的结构书写形成的有别于原著论文的具有回顾性、综合性、理解性、传播性、评述性、介绍性、展望性、逻辑性较强的一类编著论文。

它是专题报告最集中的表达形式，是一切研究的基础，在论文写作中占据着重要地位，同时也是论文中一个重要组成部分。与科研论文不同，文献综述是对某一时期内某一学科、某一专业或技术较新的研究成果、发展水平及科技动态等信息资料进行搜集、整理、选择、提炼，并做出综合性介绍和阐述的实用文体，是科学技术知识的再创造。

二、文献综述的特点

文献综述的写作与科研论文不同，无论其内容、资料或写作方法，均有自己的特点。主要表现在以下几点。

1. 综合性

文献综述要纵横交错，既要以某一专题的发展为纵线，反映当前课题的进展，又要将国内与国外研究现状进行横向的比较。只有如此，文章才会占有大量素材，经过综合分析、归纳整理、消化鉴别，使材料更精炼、更明确、更有层次和更有逻辑，进而把握本专题发展规律和预测发展趋势。文献综述要求文献资料来源广泛、全面、新颖。

2. 评述性

评述性又称评论性，是指比较专门、全面、深入、系统地论述某一方面的问题，对所综述的内容进行综合、分析、评价，反映作者的观点和见解，并与综述的内容构成整体。综述以第三人称形式叙述，作者要从局外角度审视专题，进行综合评述，以保持公正性。

3. 客观性

综述表达要持客观态度，内容采用原文的观点，或直接引用原文，综述作者不能把自己的观点强加到所引用的资料上，而要将有关资料的观点、依据的事实、得出的结论，巧妙地贯穿在一起，融合为一体，以说明专题的成就、动态、进展及发展趋势。

4. 先进性

文献综述的先进性不是写学科发展的历史，而是要搜集最新资料，获取最新内容，将最新的信息和科研动向及时传递给读者。任何一个领域的知识在经过一段时间的增长后都需要加以整理，以清晰的逻辑关系展现出来，从而补充或取代陈旧的知识。文献综述就是对最新知识的整理，先进性是其灵魂。

5. 启发性

文献综述的阅读者多是对此领域感兴趣的研究者，希望在阅读文献综述中获得此领域研究现状的认识，同时能够从中找到对自己的研究具有启发性的信息。文献综述不只是将最新的信息被动地传递给读者，还要在传递过程中切中问题的关键，形成独特的思想，使阅读者对比自己的研究工作而产生思想火花的碰撞，迸发出创作的灵感。

6. 限制性

文献综述专题性强，论题往往局限在一定范围内，不宜无限制地扩展。

三、文献综述的分类

根据文献综述的内容和写作要求，其分类如下：

1. 按时间划分

文献综述可分为回顾性综述和前瞻性综述。

（1）回顾性综述

回顾性综述是就某一专题，按年代和学科本身发展历史阶段，由远及近地综合分析，反映这方面研究工作的进展。回顾性综述在内容安排上对时间顺序的要求应较严格，应着重介绍历史阶段性的成就。因为内容主要是关于该专题的整个发展。

（2）前瞻性综述

前瞻性综述，又称展望性综述，是指在总结和分析现有文献资料的基础上，对某一学科领域或专题的发展前景、趋势及可能的结果做出预测。

2. 视作者是否发表个人意见划分

文献综述可分为归纳性综述和评论性综述。

（1）归纳性综述

归纳性综述偏重于客观叙述，它是在选定一个具体专题后，将收集到的有关资料按一定顺序进行整理、归纳、分类和排列，使它们相互关联、前后贯通，构成一篇具有条理性、系统性和逻辑性的综述，而其中几乎没有作者个人的观点。

（2）评论性综述

评论性论述，除了对文献资料进行客观的归纳分析外，作者还要提出自己的观点、结论或倾向性意见。既有叙述，又有评论。

3. 根据内容划分

可分为动态性综述、成就性综述和争鸣性综述三种。

（1）动态性综述

即对某一学科或专题发展的动态，按其发展的阶段，一直介绍到目前的进展情况，这类综述对制定科研规划具有重要的指导作用。

（2）成就性综述

是对某一专题、某一项目的新成就、新技术、新进展的相关文献进行综合分析评述。这种综述文章，可不考虑和叙述有关的历史和现状，而是直接跨到所需要阐述的时间上来。此类综述较有实际价值，对当前工作有指导意义。

（3）争鸣性综述

即对某一学科或专题在学术观点上存在的分歧进行分类、归纳和综述，并按不同的见解分别加以叙述，但作者本人倾向性的意见应与被引用文献的观点分开表述。

第二节 文献综述的基本格式

文献综述的具体格式包括：题目、作者及所在单位的名称、摘要、关键词、前言、正文、总结和参考文献。其中正文最为重要，是文献综述的核心。

1. 题目

要求准确、简洁、清楚，体现特点，点明专题，同时附加限制词，结尾用综述、进展、动态等字眼。慎重使用缩略语，不得使用不定式，避免名词堆砌。

2. 作者

作者署名要实事求是，存在多位作者时，按实际贡献排序，并要附上每位作者所在的工作单位名称。

3. 摘要

摘要说明全文的主要内容，包括主要成就、进展、形成的观点及其依据等。摘要要具有独立性和自含性，不应出现图标、冗长的公式和非公知的符号、缩略语。

4. 关键词

关键词是文中起关键作用的自然词，一般 3~5 个，最后一个词为"综述"，中间应用分号";"隔开。

5. 前言

前言（引言）部分一般以 200~300 字为宜，主要是说明写作的目的，介绍有关的概念、定义及综述的范围，扼要说明有关主题的研究现状或争论焦点，使读者对全文要叙述的问题有一个初步的轮廓。引言要用简明扼要的文字说明写作的目的、必要性、有关概念的定义、综述的范围、阐述有关问题的现状和动态，以及对主要问题争论的焦点等。

在综述的前言部分要写清以下内容：

①首先要说明写作的目的，定义综述主题、问题和研究领域。

②指出有关综述主题已发表文献的总体趋势，阐述有关概念的定义。

③规定综述的范围、包括专题涉及的学科范围和时间范围，必须声明引用文献起止的年份，解释、分析和比较文献及组织综述次序的准则。

④扼要说明有关问题的现况或争论焦点，引出所写综述的核心主题，这是广大读者最关心而又感兴趣的，也是写作综述的主线。

6. 正文

正文部分是综述的主题，是综述的核心与基础。其写法多样，没有固定的格式。可按文献发表的年代顺序综述，也可按不同的问题进行综述，还可以按不同的观点进行比较综述，不管用哪种格式综述，都要将搜集到的文献资料进行归纳、整理及分析比较，阐明前言部分所确立综述主题的历史背景、现状和发展方向，以及对这些问题的评述。

针对专题所要综述的主要内容，可分成若干段落或问题，每个段落或问题下面都是从不同侧面、不同层次上解释题目的中心内容，而且段落之间各有分工并保持内在的联系。主体部分的每一段落开始，应是综合提炼出来的观点，即论点。接着是既往文献所提出的实验结果或调查事实，即论据。

7. 总结

总结是对综述正文部分做扼要的总结，概括主要论点和论据，进一步得出结论，指出存在的问题及今后发展的方向和展望。内容单纯的综述也可不写总结。

8. 参考文献

参考文献是文献综述的重要组成部分。作者通过他人的文献来论证自己的主题，同时也为读者提供了被引用文献的线索，便于查对与利用。列出文献目录是文献综述必不可少的附属部分。其目的一是为本综述提供依据，提高综述的可信度；二是为读者提供原始文献的线索；三是体现了对前人研究成果的尊重。

对综述类论文参考文献的数量，不同期刊有不同的要求，一般以 30 条以内为宜，以 3~5 年内的最新文献为主。

第三节 文献综述的写作步骤及注意事项

一、文献综述的写作步骤

由于文献综述能概括或确定出研究的主题，因此，其对于研究方案的设计、研究活动的开展等有着非常重要的作用。文献综述的撰写没有固定的模式或方法，但一般可以按照以下几个步骤进行。

1. 确定题目和关键词

根据写作目的，规划所要撰写的内容、性质、范围，以此确定题目。选题时，应通过多种渠道、多种方式了解信息，选择有意义的、有价值的问题或专题作为题目。

关键词可能在确定题目时出现，也可能在初步查阅文献资料时产生。

2. 搜集文献

大量、全面的文献资料是撰写文献综述的基础。根据题目，拟定所要检索文献的内容、性质、范围，然后进行文献搜集，也就是信息检索。利用常用的中外文期刊论文数据库，搜集尽可能多、尽可能全的文献，大概要搜集 50 篇左右与自己的研究主题相关的文献资料。

3. 阅读文献

对检索到的文献进行有计划的阅读，先浏览摘要或总结，决定取舍。对符合要求者，先粗读一遍，并在这些文章上做出标记，同时将其题目，作者姓名，刊载期刊的名称、卷、页和年份详细记录下来。

对重要的文章，依照粗读的提示，再深入细致地阅读全文，并做好文摘卡片或笔记，或在复印件上画出记号，做好标记。精读过程中要将相关的、类似的内容分别归类，对结论不一致的文献，要对比分析，按一定的评价原则，做出判断。

4. 制订、修改写作提纲

经阅读与思考，形成写作思路，制订写作提纲，并对写作提纲进一步修订、完善。

5. 再次查阅文献

根据写作提纲，进一步审视所检索到的文献，不足者，进行补漏，再次检索、阅读。

6. 撰写成文

根据事先拟好的提纲逐个问题展开阐述，做到有论必有据，同时还要融入自己的见解、评论。在写综述的过程中，必须深刻理解参考文献的内涵。综述完成后，应该多次修改或询问他人建议，力求做到更好。

二、文献综述写作注意事项

文献综述既不同于读书笔记、读书报告，也不同于一般的科研论文。因此，在撰写文献综述时，应注意以下几个问题：

①搜集文献应尽量全。掌握全面、大量的文献资料是写好综述的前提，否则，随便搜集一点资料就动手撰写是不可能写出好的综述的，甚至写出的文章根本不能称为综述。

②注意引用文献的代表性、可靠性和科学性。在搜集到的文献中可能出现观点雷同的现象，有的文献在可靠性及科学性方面存在着差异，因此，在引用文献时，应注意选用代表性、可靠性和科学性较好的文献。

③所引用的原文要通读，杜绝间接引用。

④引用文献要忠实于文献内容。由于文献综述有作者自己的评论分析，因此在撰写时应分清作者的观点和文献的内容，不能篡改文献的内容。

⑤引用文献要恰当，不宜过多或过少，某一类型的观点引用一两篇即可，一般引用文献的总数在 30 篇以内。

⑥参考文献不能省略。文献综述的参考文献绝对不能省略，而且应是文中引用过的，能反映主题全貌的并且是作者直接阅读过的文献资料。

⑦认真写作，详细核对，避免序号、人名等各种错误。

⑧反复修改，力求简明扼要，避免综述枯燥乏味，或写成文献汇编、流水账。

总之，一篇好的文献综述，除了反映较完整的文献资料外，还要有评论分析，并能准确地揭示主题内容。

附：文献综述范文

高校教师发展中心研究综述

庞慧萍

20 世纪 80 年代以来，世界高等教育进入了以提高质量为中心目标的时代，措施之一就是成立"教学促进中心""教师发展中心"类似机构。

2012 年，教育部、财政部颁发的《关于"十二五"期间实施"高等学校本科教学质量与教学改革工程"的意见》中，明确提出要"引导高等学校建立适合本校特色的教师教学发展中心……并重点建设一批高等学校教师教学发展示范中心"。

在东北师范大学主办的"2012 高校教师发展国际研讨会"上，与会专家呼吁，应在高校设立教师发展机构，提升教师特别是青年教师的教育教学能力。

通过中国知网 CNKI 学术文献总库，检索出以下资料：

检索式	检索途径	匹配方式	期刊论文	硕士论文	博士论文	报纸	会议论文
教师 and 发展 and 中心	主题	精确	244	18	19	18	15
高校教师 and 发展 and 中心	主题		169	50	16	12	13
民办 and 高校 and 教师发展	题名		7	3	0	0	0
民办 and 高校 and 教师发展 and 中心	题名		0	0	0	0	0

其中第一、第二检索式通过主题检索的结果很多，通过分析题名，发现有很多都与课题相关度不大，其他检索式也有部分文献与课题相关度不大，因此最终筛选出的相关文献数量总数为 15 篇，结果见参考文献。

一、教师发展的内涵

高校要建设教师发展中心，首先应对教师发展的内涵和范畴有个明确的把握。目前大家比较认可的教师发展的内涵分广义和狭义两种。广义上的教师发展包括一切在职大学教师，通过各种途径方式的理论学习与工作时间，使自己的专业化水平持续提高，不断完善。狭义的教师发展指通过有组织、有针对性、专业化、系统化的培训和激励帮助大学教师更快更好地胜任角色，职业生涯得到全面、良好发展。

二、教师发展中心的概念界定

目前国内外很多高校承担教学职能的机构在职能上相差不大，机构名称却存在一定的差异。

在美国，哈佛大学为博克教学和学习中心，布朗大学、宾夕法尼亚大学、哥伦比亚大学为谢里登教学和学习中心，康纳尔大学为教学卓越中心，普林斯顿大学为麦格劳教学和学习中心，达特茅斯学院为学习促进中心，耶鲁大学为研究生教学中心，密歇根大学为学习和教学研究中心。在英国，伦敦大学为教师发展办公室、剑桥大学为教学和学习中心。

在我国，香港大学为教与学提高中心 Center for the Enhancement of Teaching and Learning、台湾大学为教学发展中心、北京大学为教学促进中心、清华大学为教学与培训中心、华中科技大学为教学方法与技术研究支持中心、中国海洋大学为教学支持中心、首都经贸大学为教学促进中心、江南大学为教师卓越中心……

教师发展中心从名称上来看，是以促进教师发展，特别是教学能力的发展为目的，实质上，所有同教学和学习相关的工作都可以纳入中心的服务和管理之中。它的职能不局限在教与学，还包括与之相关的服务和管理工作，不要只将教师发展中心定型为专门进行教学辅导的机构。其主要以辅导教学为主要任务，但是任何与教师发展相关的问题，都可以得到中心的帮助。

三、教师发展中心的特点

梅国平等提出，为了给教师专业成长提供一定的空间，教师发展中心应该具备以下特质：①教师发展中心是一个相对独立的专业自主机构，应具有专业自主权；②择优选聘人员，形成优势团队，该团队应由学校优秀教师组成，包括教学名师、中青年学科带头人、骨干教师等；③找准职能定位，探索促进发展渠道。

沙丽曼提出，美国常青藤盟校的教师发展中心从总体来说具有以下几个特点：①人员组成与服务对象的跨学科性；②活动内容和开展形式的多样性；③活动组织与开展的主动性；④服务开展形式与最终目的的实践性。

四、教师发展中心机构设置及主要职责

美国常青藤盟校教师发展中心大部分为独立机构，具有完善的组织结构。在组织构成上，主要包括中心的行政部门、服务性的部门和咨询委员会，有的还在各个部门设立教师联络部和研究生联络部。①行政部门主要是在主任的领导下，负责行政管理、项目管理和技术服务工作，负责各项工作的组织，具有"枢纽"的作用；②咨询委员会由来自不同领域的优秀教师组成，是中心重大工作的决定者，为中心的发展

提供原则和方向上的建议；③部分中心在每一个部门下设教师联络部和研究生联络部，便于各部门交流教学需要和传达中心的各项活动信息，是开展活动和满足不同教学团体复杂需求的纽带，便于联络。

台湾大学的教师发展中心以"专业、服务、信赖、激励"为工作哲学，隶属于教务处，中心设置主任一人，下有教师发展、数字媒体、学习促进与规划研究等四个功能性分组，中心之上设置咨询委员会，对中心业务提供咨询和建议。①教师发展组旨在协助该校教师与教学助理提升课程的教学质量；②数字媒体组旨在提供该校教师完善的数字学习资源；③学习促进组旨在提升该校学生学习效能；④规划研究组旨在协助规划本校改善教学质量的策略。

庞海芍汇总了部分国内外大学教师发展机构设置情况，具体见表1。

表1　国内外大学教师发展机构设置情况

学校	中心名称	成立	隶属关系	人员	主要职能
清华大学	教学研究与培训中心	1998	教务处，业务独立	6~7	教师岗位达标培训、精品课程、教改立项、教育技术培训
北京理工大学	教学促进与教师发展中心	2011	教学副校长主管	10	教师培训、质量评估、研究交流、咨询服务
上海交通大学	教学发展中心	2011	教学副校长主管	10	培训、研讨、咨询、研究
首都经贸大学	教师促进中心	2007	人事处，业务独立	10	主题午餐会、教学咨询、职业生涯规划
香港大学	Center for the Enhancement of Teaching and Learning		教学副校长主管	37	教师发展、教学评价、课程改革、教学研究
台湾大学	教学发展中心	2006	隶属教务处，服务导向型	26	规划研究、设计课程、教学咨询、推广多媒体教学
密西根大学	Center for Research on Learning and Teaching	1962	学术副校长主管	25	新教师入职培训、系主任和副院长的职业培训、个别咨询、学生学习评估
牛津大学	The Oxford Learning Institute	2000	学术副校长主管	22	研讨会、管理与领导发展、支持新进教师、鼓励女性教职员

段利华等提出国内大学教师发展中心的主要职能有：①开展教学研究与评估；②为教师教学能力提升搭建沟通交流平台，为教师教学实践中的疑难问题提供个性化

的咨询与辅导；③对新入职教师开展教学基础培训，对任课教师分类开展教学能力提升培训，对各级教学管理人员开展业务培训，对研究生助教开展上岗培训；④帮助教师解决在教学实践中遇到的问题，使广大教师掌握系统教育理论，实现教育理念的创新，掌握高效开展教学活动的基本方法，并付诸实践；⑤深入研究教育教学规律，探索有效提升高校教师教学水平的方法和途径，形成成果并予以推广；⑥建设一支结构合理的、高水平的、具有高度奉献精神和创新精神的教师队伍。

北京理工大学的教学促进和教师发展中心的主要工作职责包括：教师培训、教学评估与激励、研究交流和咨询服务。

五、教师发展中心开展的活动（项目）

美国常青藤盟校教学促进中心的活动在形式上已经达成一致，主要包括工作坊、习明纳、教师论坛、工作项目、工作午餐、网络资源观看、咨询和发表刊物。①工作坊是一种参与式、体验式、互动式的学习模式，通常由 10～20 名成员组成，以一名在某个领域富有经验的主持人为核心，成员在其指导之下，通过活动、讨论、短时演讲等多种方式共同探讨某个话题的组织模式；②习明纳就是学生按照某一课题形成一个小组，通过教授的指导，进行大量的调查研究，同教师自由地进行学术讨论，最终达成学习和研究的目的；③中心根据不同的人群和服务内容，实行各式各样的工作项目，例如国际留学生助教项目、教学证书项目、教学实践项目等；④教师论坛：参会的教师在民主、自由的氛围下发表意见，高级教师会为初级教师提供教学建议，解答初级教师的困惑，为教师发展提供指导性的意见，有利于教师的专业发展；⑤工作午餐主要是在约定好的时间内，由相关学科或不同学科的教师一同参加会餐，教师之间通过交流，有利于不同部门之间交流教学经验，有利于部门之间的团结，便于跨学科领域的发展。

美国密歇根大学的学习和教学研究中心（Center for Research on Learning and Teaching）是全美最早建立的高校教师发展机构。该中心开展的主要活动有：①以学科为基础的个性化服务项目；②教师与研究生适应项目；③教师和研究生助教项目；④个人教学咨询；⑤资助；⑥教学技术服务；⑦评价与研究。

英国伦敦大学的教师发展机构的教师发展办公室根据教师的实际情况及个人要求设置了不同的学习课程。该教师发展机构主要开展的活动有：①年度考核方案；②关于平等意识的培训；③计算机技能培训；④健康及安全培训。

西安交通大学教师教学发展中心的主要工作有：①开展教师教学培训，提高教师教学能力；②组织教学改革研究，解决教学疑难问题；③提供教学评估咨询，致力于教师教学发展；④为外校提供咨询培训，发挥示范辐射作用。梅国平等认为教师专业发展活动应该"服务教师、服务教学、服务科研、服务学术"，据此开展相应的活动。①师道提升行动：师德大讲堂、课堂公约重建活动；②师楷塑造行动；③师徒帮扶行动：师徒结对、名师答疑；④师能助推行动：重视"教学学术能力"的发展、建设周期性的学术沙龙、组织高端学术论坛、组织校本学习活动；⑤师绩展示行动：增强教师楷模和拔尖人才的荣誉感，充分调动他们从事教师促进工作的积极性，激发广大教师追求发展的热情，为他们提供学习借鉴的成功经验。

参考文献：

[1] 杨秀玉．教师发展阶段论综述［J］．外国教育研究，1999（6）：36－41．

[2] 梅国平，宋友荔，谢翌．教师发展：学校内涵发展的生命线——基于"江西师范大学教师发展中心"建设的思考［J］．江西师范大学学报（哲学社会科学版），2012（4）：33－38．

[3] 刘丽．我国高校"教师发展"的现状及任务、途径［J］．煤炭高等教育，2006（6）：83－84．

[4] 段利华，褚远辉．对成立大理学院教师教学发展中心若干问题的思考［J］．大理学院学报，2012（10）：9－14．

[5] 宋钰劼．俄罗斯高校教师发展特点及启示［J］．集美大学学报，2012（1）：22－26．

[6] 徐延宇．美国高校教师发展浅析——以密歇根大学学习和教学研究为案例［J］．比较教育研究，2012（12）：81－85．

[7] 郭晓佳．英国大学教师发展研究［D］．东北师范大学．

[8] 庞海芍．大学教师发展中心的功能与运行机制研究［J］．国家教育行政学院学报，2012（8）：60－65．

[9] 沙丽曼．美国常青藤盟校教学促进中心研究［D］．吉林大学．

[10] 李勇，骆有庆，于志明．国外著名大学教学发展中心建设的经验与借鉴［J］．高等农业教育，2012（12）：6－8．

[11] 潘懋元．大学教师发展与质量提升［J］．深圳大学学报（人文社会科学版），2007（1）：23－36．

[12] 王中向．我国高校教师发展的新探索——以教师教学发展中心为例［J］．湛江师范学院学报，2012（2）：5－9．

[13] 林杰．哈佛大学博克教学和学习中心——美国大学教师发展机构的杠杆［J］．清华大学教育研究，2012（2）：35－38．

[14] 马知恩．西安交通大学教师教学发展中心工作取得初步进展［J］．中国大学教学，2012（6）：94－96．

第十三章

毕业论文的撰写

第一节　毕业论文概述

一、毕业论文的概念

毕业论文是高等院校的应届毕业生为了完成学业，综合运用大学期间所学的基础理论、专业知识和专业技能，就某一学科的某一课题，进行理论探讨和实践研究，在此基础上写出的具有一定学术价值或应用价值的科研论文。

毕业论文写作是一项比较复杂的学习、研究和写作相结合的综合训练，是检验学生掌握知识的程度、分析和解决问题基本能力的一份综合考卷，是学生全部学习成果的总结。

二、毕业论文的特点

毕业论文属于学术论文的范畴，是一种特殊的学术论文，它既有学术论文的共性，又有自己的特殊之处。

1. 学术论文的特点

学术论文具备科学性、理论性、创造性、学术性和规范性的特点。

（1）科学性

所谓科学性，是指学术论文所阐述的理论要有大量的事实和实验结果作为依据，关于解决某一实际问题所持的观点、见解，必须有科学理论作为依据，能够反映事物发展的客观规律，要能经得起实践的检验。

（2）理论性

所谓理论性，是指学术论文不仅具有应用价值，还具有浓厚的理论色彩，具有理论价值，主要表现在两个方面：一是不能"就事论事"，要从一定的理论高度进行分析和总结，形成一定的科学见解，进而得出科学的结论；二是对论文中提出的问题，要用事实和理论进行符合逻辑的论证与分析或说明，将实践上升为理论。

（3）创造性

创造性是指论文中要提出新问题，解决新问题，得出新观点，即在原有理论的基础上要有新发现、新见解，提出新观点；解决实际问题要有新思路、新办法。

（4）学术性

学术性是学术论文区别于其他文体的基本特点。学术论文要有一定的理论高度，要分析有学术价值的问题，要研究某种专门的、有系统的学问，要引述各种事实和道理去论证自己的新见解，体现为作者对研究对象的本质与规律的研究，对研究结果或发现的科学表述。

（5）规范性

学术论文写作是为了交流、传播、存储新的科技信息，便于为他人所用。因此，学术论文要按一定格式写作，应具有良好的可读性。一篇学术论文如果规范性和可读性很差，将严重降低它的价值，有时甚至会引起人们怀疑其研究成果的可靠程度。

2. 毕业论文的特点

毕业论文写作是为了使在校大学生树立起科学的思想、培养科学的精神、遵循科学的规范、掌握科学研究的方法，为今后独立开展科学技术研究和撰写学术论文奠定坚实的基础。所以，与学术论文相比，毕业论文在具有学术论文特点的基础上，又有其自己的特点。

（1）指导性

毕业论文是在导师指导下独立完成的科学研究成果。对于如何进行科学研究，如何撰写论文等，教师都要给予具体的方法指导。

（2）习作性

毕业论文是毕业生完成学业和申请学位的一个标志性作业，写作的主要目的是培养学生具有综合运用所学知识解决实际问题的能力，为将来作为专业人员写学术论文做好准备，它实际上是一种习作性的学术论文。

（3）考查性

毕业论文的写作是学生运用所学专业的基础知识，进行独立的科学研究，进而分析问题、解决问题。毕业论文往往能反映出作者的综合素质，因此，它可以综合考查学生在校期间的学习情况。

（4）价值性

价值性是指毕业论文的选题、教学等方面的价值。选题的价值性主要指论文符合社会需要和为经济建设服务的程度，作为应用型高等学校，更注重论文选题具有一定的实用价值。教学的价值性主要指论文能够反映教师教学水平，也是对学校在专业设置、课程内容、教学质量检验的重要标准之一。

（5）详尽性

毕业论文要经过考核和答辩，因此，要求论点要集中、论据要充分、分析要透彻，介绍实验装置、实验方法和实验步骤都要比较详尽，论文要有一定的深度。

三、毕业论文的分类

毕业论文在高校毕业生中，除专科生不做学位上的要求外，通常和学位论文是合二为一的，对本科、硕士、博士而言，毕业论文即学位论文。国家标准 GB 7713—67《科学技术报告、学位论文和学术论文的编写格式》对学位论文的定义是："学位论文是表明作者从事科学研究取得创造性的结果或有了新的见解，并以此为内容撰写而成、作为提出申请授予相应的学位时评审用的学术论文。"又将学位论文分为三类：

（1）学士论文

学士论文应能表明作者确已较好地掌握了本门学科的基础理论、专门知识和基本技能，并具有从事科学研究工作或担负专门技术工作的初步能力。这是对本科生毕业论文的要求。

（2）硕士论文

硕士论文应能表明作者确已在本门学科上掌握了坚实的基础理论和系统的专门知识，并对所研究课题有新的见解，有从事科学研究工作或独立担负专门技术工作的能力。这是对硕士研究生毕业论文的要求。

（3）博士论文

博士论文应能表明作者确已在本门学科上掌握了坚实宽广的基础理论和系统深入的专门知识，并具有独立从事科学研究工作的能力，在科学或专门技术上做出了创造性的成果。这是对博士研究生毕业论文的要求。

第二节　毕业论文的基本格式

毕业论文是学术论文的基本形式，在内容上不一定会有很高的学术价值，但是在论文的结构与格式上，却有极为严格的要求。毕业论文的格式是否规范也是毕业论文等级评定的一个重要方面。这就要求毕业论文撰写要严格按照写作程序进行，层次分明，结构清晰，体式完整。

一、前置部分

1. 题名

应能概括整篇论文最重要的内容，言简意赅，引人注目，一般不宜超过20个字，外文题名不超过10个实词，中外文题目应一致。题名一般取居中编排格式。

2. 摘要

论文摘要应阐述论文的主要观点。说明本论文的目的、研究方法、成果和结论。书写要合乎逻辑关系，尽量同正文的问题保持一致。结构要严谨、表达要简明、语义要确切，一般不再分段落。

毕业论文（毕业设计）的摘要包含中文摘要和外文摘要，中文摘要字数应在200~300字，外文摘要不宜超过250个实词。

3. 关键词

关键词是能反映论文主旨最关键的词句，一般为3~8个。关键词的排序，通常应按研究的对象、性质和采取的手段排序，而不应任意排列。关键词与关键词之间用分号";"隔开。关键词应另起一行，排在摘要的左下方。中外文关键词应一一对应。

4. 目次

目次由毕业论文（毕业设计）各部分内容的顺序号、名称和页码组成，另页排在"摘要"之后。目次应该用"……"联系名称与页码。

二、主体部分

主体部分包括引论、本论、结论等。

1. 引论

引论也称为序论或引言，是论文的开头部分。

毕业论文的引论可以是研究对象或拟解决的问题、选题意义、研究现状，并提出论文的论点。论证问题的提出是引论的核心，提出问题要明确、具体，交代研究对象和范围，说明为什么选此论题，选题有何学术价值和实际意义，前人做了哪些研究，研究到什么程度。

在写作引论时，要注意和摘要相区别，不能和摘要重复，更不能变成摘要的注释。

2. 本论

本论也称正文，是论文的主体部分，是作者集中表述个人研究成果的部分，是对问题进行分析、对观点进行论证的内容。一篇论文的价值高低主要取决于其正文的内容。

本论内容较多，应注意结构的严谨和逻辑的严密，具体要处理好以下关系：

①首先要正确处理本论中要素间的关系。本论是由论点、论据、论证等要素构成的。论点是论文的灵魂，是决定论文成败的关键，论点必须集中、明确、正确、深刻。论据是论点的根据和理由，论据的数量和质量直接关系到论文的生命，论据一定要真实、典型、新颖性。论证揭示论点和论据之间的联系，作者要根据论点的需要把论据组织起来，使二者成为有机的整体。

②要合理安排本论的结构。引论中提出的问题要在本论中经过严密的论证，给予科学的回答和解决，因此，要安排好本论的结构，使论点与论据有序地统一起来，形成一个整体。

3. 结论

结论是在论证的基础上得出的最终定论，也是对全文的总结，是论文的归结。

做结论时，不要简单重复上文的内容，要从理论的高度给予明确的概括。结论的语言要字字斟酌，或肯定，或否定，不能用"大概""可能""好像""似乎"等含糊不清的词来表达。这是毕业论文的科学性和严密性所要求的。

三、后置部分

1. 致谢

致谢是毕业论文中对向自己提供过帮助和指导的人表达谢意的部分。致谢对象可以是论文的指导老师，给予过帮助的老师、同学或某些组织。内容要真实，感情要真挚、诚恳，语言要得体。

2. 参考文献

在写作过程中引用过的他人的论文或书籍，一般在文章的最后依次列出，便于读者了解资料来源并进行查找。参考文献是作者直接阅读过的重要文献，不可从他人文献中转引，一般也不引用文摘类文献。

参考文献采用国际通用的著录符号。如专著必须依次表明：序号（外加方括号）、作者、书名、出版地、出版者、出版年份、页码。

文献类型以单字母标识（外加方括号），如专著为［M］、论文集为［C］、报纸文章为［N］、期刊文章为［J］、学位论文为［D］、研究报告为［R］、未说明的文献为［Z］。若有外文文献，按中文在前、外文在后的顺序分别排列，并以第一作者姓氏的汉语拼音及外文字母为序；外文书名及刊名用斜体字。若引用文章为电子文献，注明网络地址及日期。

附：参考文献著录格式

（1）专著著录格式

［序号］著者．书名［M］．版本（第一版不写）．出版地：出版者，出版年：起止页．

（2）期刊著录格式

［序号］作者．题名［J］．刊名，出版年份，卷号（期号）：起止页码．

（3）论文集著录格式

［序号］作者．题名［A］．见（英文用 In）：主编．论文集名［C］．出版地：出版者，出版年：起止页码．

（4）学位论文著录格式

［序号］作者．题名［D］．保存地点：保存单位，年．

（5）科技报告著录格式

［序号］作者．题名［R］．报告题名及编号，出版年．

（6）国际或国家标准著录格式

［序号］标准编号，标准名称［S］．

（7）专利著录格式

［序号］专利所有者．专利题名［P］．专利国别：专利号，出版日期．

（8）电子文献著录格式

［序号］作者．题名［电子文献/载体类型标识］．电子文献的出处或可获得地址，发表或更新日期/引用日期．

3. 注释

在毕业论文（毕业设计说明书）写作过程中，有些问题需要在正文之外加以阐述和说明。

4. 附录

附录是作为论文主体的补充项目，并不是必需的。比如，篇幅过大的复制品；其他原始数据，包括各种图谱、计算程序、结构图、统计表等。

第三节 毕业论文的写作步骤

毕业论文的写作时间长、内容多、环节多、工作量大，要按时按质完成各项工作，必须遵循一定的规律，循序渐进，按照论文写作的基本流程进行。毕业论文写作的基本步骤大致分为以下七个部分。

1. 确定选题

选题是论文撰写成败的关键。选题是毕业论文撰写的第一步，实际上就是确定"写什么"的问题，即确定科学研究的方向。一般可结合本专业或指导教师的科研领域提出论文题目，报上级审阅同意后确立。选好课题是毕业论文成功的一半。

确定选题需要注意两点：一是要坚持选择有科学价值和现实意义的课题，二是要根据自己的能力选择切实可行的课题。

2. 拟定写作提纲

由于毕业论文的篇幅一般比较长，内容也相对比较复杂，因此，在正式撰写毕业论文之前，需要先拟定一个论文的写作提纲。

论文的写作提纲可以体现作者的总体思路，突出重点，易于组织材料；有利于根据纲目结构，科学安排时间，分阶段写作论文；同时，也便于对论文进行修改和调整，避免出现遗漏和大返工。

3. 搜集资料

根据所选论题，进行广泛的资料搜集，查阅相关中外文文献，包括选题的第一手资料、他人的研究成果、相近学科的材料、名人的论述、政策文献、背景材料等。

4. 整理资料，完成文献综述和基本构思，进行开题

对所收集的资料进行广泛的整理、分析、阅读，完成文献综述，对文献资料进行分析、归纳整理，进行全面、深入、系统的评述。完成开题报告和开题手续，根据导师的开题意见转入论文正式写作。

5. 撰写初稿

撰写初稿是论文写作的核心工作，一般来说，论文初稿就是论文提纲的细化和扩展。

实际在对提纲进行细化和扩展时，思维常常会受到刺激而变换认识的角度，或者产生更新的观点，这时需要重新审视材料，重新选择视角，重新做局部甚至是全局的构思、修正，更改原来的论文提纲，朝着新的方向写作。

6. 修改定稿

在完成论文初稿的基础上，进一步对论点、材料、结构、文字和标点符号中存在的错误、不足等进行改正，以形成论文正稿，并做最后定稿。

7. 编校、打印和装订

完成论文正稿后，按规定的论文格式规范进行文体编辑，制作论文封面、论文目录，根据格式规范要求编排论文内容。对论文的文字、用语、用词、标点符号、数字、公式、文体格式进行最后的校对，并按规定要求进行打印和装订。

附：某高职院校毕业论文版式模板

×××职业学院

毕业论文

题　　目
系
专　　业
年　　级
学生姓名
学　　号
指导教师

年　月　日

教务处制

×××职业学院

毕业论文版式/文字的排式和参考文献著录要求

一、基本要求

（1）在正式撰写论文前，须进行选题、设计任务书，进行开题报告、中期检查等。

（2）按时完成各阶段的任务、进度要求。

（3）毕业论文正文不少于 4000 字。（各系可根据专业特色适当调整字数要求，上报教学服务中心，经分管院长审批后方可执行）

二、毕业论文格式要求

毕业论文应包括：封面、目录、中文摘要（优秀论文需英文摘要）、正文、注释、参考文献。

1. 封面

教务处统一格式（标题应简短、明确、有概括性）。

标题下有专业、学生名、指导教师名、年月日等。

2. 中（英）文摘要

中文摘要 200~500 字。摘要应精练、准确地概括全文中心内容、特点。关键词（最能表达主要内容的词）3~5 个。优秀毕业论文须有英文摘要。

3. 目录

列出论文正文的一、二级标题名称及对应页码，附录、参考文献、后记等的对应页码。各级标题的字号为：论文标题小二号字，一级标题（章）四号，二级标题（节）四号，三级标题（小节）四号。三级编号法：1、2、3；1.1、1.2、2.1、2.2；1.1.1、1.1.2。

4. 正文

中文采用宋体小四号；英文采用 Times New Roman 字体，字号小四。论文名称和各部分标题加粗。正文每段开头（包括前言、本论、结论三个部分）缩进 5 个空格。

5. 注释

对所创造的名词术语的解释或对引文出处的说明。

注释可以采用文中注、脚注和尾注三种方式。一般建议采用文中注加脚注或尾注的方式（指导教师可以根据情况改动）。尾注放在正文之后，参考书目之前。

三、毕业论文版式

1. 计算机排版

用微软 Word 软件排版，毕业论文一律用国际标准用 A4 纸（297 mm×210 mm）打印，文字从左至右横排。

2. 页面设置与用字

页边距为上 2.5 cm，下 2.5 cm，左 2.5 cm，右 2 cm。

装订线 0 cm。页眉边距为 1.5 cm。

页脚边距为 1.5 cm。

文字一律通栏编辑。使用规范的简化汉字。除非必要，不使用繁体字。忌用异体字、复合字及其他不规范的汉字。

3. 行间距与格式

正文间为 1.5 倍行距，一级标题之间、二级和三级标题之间空一行。标题顶格，正文各段首行行首空两格，左对齐。

4. 注释

正文中加注之处右上角加数码，形式为"①"或"(1)"，同时在本页留出适当行数，用横线与正文分开，空两格后写出相应的注号，再写注文。注号以页为单位排序，每个注文各占一段，用 5 号宋体。引用著作时，注文的顺序为：作者、书名、出版单位、出版时间、页码，中间用逗号分隔；引用文章时，注文的顺序为：作者、文章标题、刊物名、期数，中间用逗号分隔。

5. 印刷与装订

论文印刷份数要保证指导教师、同行评阅和答辩需要，并在学院存档 1 份（包括文字版本和电子版本）。

四、毕业论文文字排式（见下样式）

（一）论文目录

（二）论文正文

题目（居中）（小二号、宋体、加粗）

（空一行）

（顶格）摘要（小四号、宋体、加粗）：内容（200 字）小四号宋体

（顶格）关键词（小四号、宋体、加粗）：内容（3 ~ 5 个词）（小四号、宋体），中间用分号隔开。

（顶格）Abstract（小四号、Times New Roman、加粗）：内容（Times New Roman）

（顶格）Key words（小四号、Times New Roman、加粗）：内容（Times New Roman），中间用分号隔开

（另起一页）正文

××（题目小二号宋体、加粗）

（顶格）1 引言（四号、宋体/Times New Roman、加粗）

（空一行）

（顶格）2 一级标题（四号、宋体/Times New Roman、加粗）

（顶格）2.1 二级标题（四号、宋体、加粗）

（空两格）正文（内容小四号、宋体）

（空一行）

（顶格）2.1.1 三级标题（四号、宋体、加粗）

（空一行）

（顶格）正文（小四号、宋体）

（另起一页）

参考文献/Bibliography（居中，小三号、宋体、加粗）

参考文献内容小四号、宋体。

专著类：主要著作人．书名［M］．版本．出版地：出版社，出版年．

例：史志康．美国文学背景概观［M］．上海：外语教育出版社，2002.

期刊类：作者．题目名［J］．期刊名，在原文献中的位置（指年，卷［期］），页数或（年，月，日，版）

例：马知恩．西安交通大学教师教学发展中心工作取得初步进展［J］．中国大学教学，2012（6）：94－96.

网上资料：作者．题目名．网址．

例：董衡巽，德莱塞一位文笔拙劣的大作家．www. mgyj. com，2006.

五、书眉排式

"四川国际标榜职业学院毕业论文"用五号字居左排，论文题目用四号字居右排；书眉与正文之间用下划线分隔。

六、页码排式

目录用罗马字母，正文用五号阿拉伯数字，排在页脚居中。

附件1

北京地区高校信息素质能力指标体系

维度一

具备信息素质的学生能够了解信息及信息素质能力在现代社会中的作用、价值与力量。

指标：

1. 具备信息素质的学生具有强烈的信息意识。

指标描述：

①了解信息的基本知识；

②了解信息在学习、科研、工作、生活各方面产生的重要作用；

③认识到寻找信息是解决问题的重要途径之一。

2. 具备信息素质的学生了解信息素质的内涵。

指标描述：

①了解信息素质是一种综合能力（信息素质是个体知道何时需要信息，并能够有效地获取、评价、利用信息的综合能力）；

②了解这种能力是开展学术研究必备的基础能力；

③了解这种能力是成为终身学习者必备的能力。

维度二

具备信息素质的学生能够确定所需信息的性质与范围。

指标：

1. 具备信息素质的学生能够识别不同的信息源并了解其特点。

指标描述：

①了解信息是如何生产、组织与传递的；

②认识不同类型的信息源（例如：图书、期刊、数据库、视听资料等），了解它们各自的特点；

③认识不同层次的信息源（例如：零次、一次、二次和三次信息），了解它们各自的特点；

④认识到内容雷同的信息可以在不同的信息源中出现（例如：许多会议论文同时发表在学术期刊上）；

⑤熟悉所在学科领域的主要信息源。

2. 具备信息素质的学生能够明确地表达信息需求。

指标描述：

①分析信息需求，确定所需信息的学科范围、时间跨度等；

②在使用信息源的过程中增强对所需求信息的深入了解程度；

③通过与教师、图书馆员、合作者等人的讨论，进一步认识和了解信息的需求；

④用明确的语言表达信息需求，并能够归纳描述信息需求的关键词。

3. 具备信息素质的学生能够考虑到影响信息获取的因素。

指标描述：

①确定所需信息的可获得性与所需要的费用（例如：有的信息是保密的，无法获取；有的信息需要支付馆际互借的费用）；

②确定搜集所需要的信息需要付出的时间与精力；

③确定搜集所需要的信息和理解其内容是否需要应用新的语种和技能（例如：信息是以非中文/英文的语种表达信息内容的，要了解其内容，则需要先学习一门新的语言；或是理解信息内容需要应用到还未学过的学科知识）。

维度三

具备信息素质的学生能够有效地获取所需要的信息。

指标：

1. 具备信息素质的学生能够了解多种信息检索系统，并使用最恰当的信息检索系统进行信息检索。

指标描述：

①了解图书馆有哪些信息检索系统（例如：馆藏目录、电子期刊导航、跨库检索平台等），了解在每个信息检索系统中能够检索到哪些类型的信息（例如：检索到的信息是全文、文摘还是题录）；

②了解图书馆信息检索系统中常见的各种检索途径，并且能读懂信息检索系统显示的信息记录格式；

③理解索书号的含义，了解图书馆文献的排架是按照索书号顺序排列的；

④了解检索词中受控词（表）的基本知识与使用方法；

⑤能够在信息检索系统中找到"帮助"信息，并能有效地利用"帮助"；

⑥能够使用网络搜索引擎，掌握网络搜索引擎常用的检索技巧；

⑦了解网络搜索引擎的检索与图书馆提供的信息检索系统检索的共同点与差异；

⑧能够根据需求（查全或是查准）评价检索结果，确定检索是否要扩展到其他信息检索系统中。

2. 具备信息素质的学生能够组织与实施有效的检索策略。

指标描述：

①正确选择检索途径，确定检索标识（例如：索书号、作者等）；

②综合应用自然语言、受控语言及其词表，确定检索词（例如：主题词、关键词、同义词和相关术语）；

③选择适合的用户检索界面（例如：数据库的基本检索、高级检索、专业检索等）；

④正确使用所选择的信息检索系统提供的检索功能（例如：布尔算符、截词符等）；

⑤能够根据需求（查全或是查准）评价检索结果、检索策略，确定是否需要修改检索策略。

3. 具备信息素质的学生能够根据需要利用恰当的信息服务获取信息。

指标描述：

①了解图书馆能够提供的信息服务内容；

②能够利用图书馆的馆际互借、查新服务、虚拟咨询台、个性化服务（例如：MyLibrary）等；

③能够了解与利用其他信息服务机构（例如：CALIS）提供的信息服务。

4. 具备信息素质的学生能够关注常用的信息源与信息检索系统的变化。

指标描述：

①能够使用各种新知通报服务（alert/current awareness services）；

②能够订阅电子邮件服务和加入网络讨论组；

③习惯性关注常用的印刷型/电子型信息源。

维度四

具备信息素质的学生能够正确地评价信息及其信息源，并且把选择的信息融入自身的知识体系中，重构新的知识体系。

指标：

1. 具备信息素质的学生能够应用评价标准评价信息及其信息源。

指标描述：

①分析比较来自多个信息源的信息，评价其可信性、有效性、准确性、权威性、时效性；

②辨认信息中存在的偏见、欺诈与操纵；

③认识到信息中会隐含不同价值观与政治信仰（例如：不同价值观的作者对同一事件会有不同的描述）。

2. 具备信息素质的学生能够将选择的信息融入自身的知识体系中，重构新的知识体系。

指标描述：

①能够从所搜集的信息中提取、概括主要观点与思想；

②通过与教师、专家、合作者、图书馆员的讨论来充分理解与解释检索到的信息；

③比较同一主题所检索到的不同观点，确定接受与否。

④综合主要观点形成新的概念；

⑤应用、借鉴、参考他人的工作成果，形成自己的知识、观点或方法。

维度五

具备信息素质的学生能够有效地管理、组织与交流信息。

指标：

1. 具备信息素质的学生能够有效地管理、组织信息。

指标描述：

①能够认识参考文献中对不同信息源的描述规律；

②能够按照要求的格式（例如：文后参考文献著录规则等），正确书写参考文献与脚注；

③能够采用不同的方法保存信息（例如：打印、存档、发送到个人电子信箱等）；

④能够利用某种信息管理方法管理所需信息，并能利用某种电子信息管理系统（例如：Refworks）。

2. 具备信息素质的学生能够有效地与他人交流信息。

指标描述：

①选择最能支持交流目的的媒介、形式（例如：学术报告、小组讨论等），选择最适合的交流对象；

②能够利用多种信息技术手段和信息技术产品进行信息交流（例如：使用 PowerPoint 软件创建幻灯片、为研究项目建立网站、利用各种网络论坛等）；

③采用适合于交流对象的风格清楚地进行交流（例如：了解学术报告幻灯片的制作要点，了解如何撰写和发表印刷版或网络版的学术论文）；

④能够清楚、有条理地进行口头表述与交流。

维度六

具备信息素质的学生作为个人或群体的一员，能够有效地利用信息来完成一项具体的任务。

指标：

1. 具备信息素质的学生能够制订一个独立或与他人合作完成具体任务的计划；

2. 具备信息素质的学生能够确定完成任务所需要的信息；

3. 具备信息素质的学生能够通过讨论、交流等方式，将获得的信息应用到解决任务的过程中；

4. 具备信息素质的学生能够提供某种形式的信息产品（例如：综述报告、学术论文、项目申请、项目汇报等）。

维度七

具备信息素质的学生了解与信息检索、利用相关的法律、伦理和社会经济问题，能够合理、合法地检索和利用信息。

指标：

1. 具备信息素质的学生了解与信息相关的伦理、法律和社会经济问题。

指标描述：

①了解在电子信息环境下存在的隐私与安全问题；

②能够分辨网络信息的无偿服务与有偿服务；

③了解言论自由的限度；

④了解知识产权与版权的基本知识。

2. 具备信息素质的学生能够遵循在获得、存储、交流、利用信息过程中的涉及法律和道德规范。

指标描述：

尊重他人使用信息源的权利，不损害信息源（例如：保持所借阅图书的整洁）；

附件 2

高校大学生信息素质指标体系及信息素质教育知识点（讨论稿）

说明：

当前，如何培养学生有效合理地获取、利用各类信息已成为高校创新型人才培养不可或缺的内容，而对以学生为主体的读者进行信息素质教育也日益成为国内外大学图书馆的主要职责和功能。为更好地促进国内高校图书馆这一工作的开展与规范高校图书馆信息素质教育的要求，图工委信息素质教育工作组于 2008 年 4 月组织北京地区部分高校图书馆专家在北京高校信息素质教育研究会制定的《北京地区高校信息素质能力指标体系》基础上进行修改，提出《中国高校信息素质指标体系及信息素质教育知识点》，供图工委委员讨论，希望最终能形成图工委指导性文件向全国推广。

附：专家名单次工作的专家如下（按姓氏拼音排序）：

专家组成员

杜慰纯	北京航空航天大学图书馆
潘　薇	中国农业大学图书馆
乔占学	中国政法大学图书馆
宋姬芳	人民大学图书馆
苏玉华	北京大学图书馆
孙　平	清华大学图书馆
王梦丽	北京航空航天大学图书馆
谢志耘	北京大学医学院图书馆
熊　丽	首都师范大学图书馆
曾晓牧	清华大学图书馆
赵　飞	北京理工大学图书馆
钟　宇	首都师范大学图书馆

高校大学生信息素质指标体系（讨论稿）

一、具备信息素质的学生能够了解信息及信息素质能力在现代社会中的作用

1. 具有强烈的信息意识。
2. 了解信息素质的内涵。

二、具备信息素质的学生能够确定所需信息的性质与范围

1. 能够识别不同的信息源并了解其特点。
2. 能够明确地表达信息需求。
3. 能够考虑到影响信息获取的因素。

三、具备信息素质的学生能够有效地获取所需要的信息

1. 能够了解多种信息检索系统，并使用最恰当的信息检索系统进行信息检索。
2. 能够组织与实施有效的检索策略。
3. 能够根据需要利用恰当的信息服务获取信息。
4. 能够关注常用的信息源与信息检索系统的变化。

四、具备信息素质的学生能够正确地评价信息及其信息源，并能够有效利用

1. 能够应用评价标准评价信息及其信息源。
2. 能够将选择的信息融入自身的知识体系中，重构新的知识体系。

五、具备信息素质的学生能够有效地管理、组织与交流信息

1. 能够有效地管理、组织信息。
2. 能够有效地与他人交流信息。

六、具备信息素质的学生能够独立或是合作完成一项具体的信息检索和利用任务

1. 能够制定一个独立或与他人合作完成具体任务的计划；
2. 能够确定完成任务所需要的信息；
3. 能够通过讨论、交流等方式，将获得的信息应用到解决任务的过程中；
4. 能够提供某种形式的信息产品。

七、具备信息素质的学生能够合理、合法地检索和利用信息

1. 了解与信息相关的伦理、法律和社会经济问题。
2. 能够遵循在获得、存储、交流、利用信息过程中的法律和道德规范。

附件3

高校大学生信息素质教育知识点（讨论稿）

一、了解信息及信息素质能力在现代社会中的作用

知识点：

1. 信息的概念和内涵。
2. 信息素质的概念和内涵。
3. 信息和信息素质在现代社会中的重要作用。
*4. 信息、情报与知识的关系。
*5. 信息的产生、组织与传递。

二、确定所需信息的性质与范围

知识点：

1. 信息源的类型和特征。
2. 所在学科领域的主要信息源。
3. 信息需求分析。
①分析方法（确定所需信息的学科范围、时间跨度、类型等）。
*②潜在需求的挖掘。
4. 信息需求的表达。

三、有效地获取所需要的信息

知识点：

1. 信息检索的基本知识。
①信息检索的概念和内涵。
*②信息检索的沿革。
③信息检索的类型（文献检索、数据检索、事实检索、概念检索等）。
④信息检索的方法（间接检索法、回溯检索法等）。
⑤信息检索的基本步骤。
⑥信息检索技术（布尔检索、限制检索、截词和位置算符的应用、*文献向量、*文献聚类等）。
2. 信息检索语言。
①检索语言的概念、类型、作用。
*②受控词（表）的使用。
*③常用的词表、分类表。

3. 信息检索工具。

（1）图书馆的公共查询系统：

①馆藏公共查询目录

＊②电子期刊导航

＊③跨库检索平台

＊④联合目录系统

＊⑤学术资源导航

（2）图书馆的电子资源。

①常用电子资源的基本情况（文献类型、收录范围、更新频率等）。

②常用电子资源的使用（检索界面、检索功能、保存功能、特色功能等）。

③电子资源的"帮助"功能。

（3）因特网资源。

①常用网络搜索引擎及检索技巧。

②OA 期刊。

③因特网资源及其与图书馆资源的比较。

4. 组织实施有效的检索策略。

①信息检索工具的选择与综合利用。

②检索式的表达。

③检索效率评价指标：查全率和查准率。

＊④检索式的反馈调整。

5. 影响信息获取的因素。

①所需信息的可获得性与所需要的费用（有的信息是保密的，无法获取；有信息需要支付馆际互借等费用）。

＊②搜集所需要的信息需要付出的时间与精力。

＊③搜集所需要的信息和理解其内容是否需要应用新的语种、知识和技能。

6. 图书馆的信息服务。

①咨询台。

②馆际互借。

＊③查新服务。

＊④文献收录引用查证服务。

＊⑤学科服务。

＊⑥个性化服务（MyLibrary 等）。

＊7. 其他信息服务机构及相关服务（CALIS、NSTL、CASHL 等）。

＊①各种新知通报服务。

＊②订阅电子邮件服务和加入网络讨论组。

＊③关注常用的印刷型/电子型信息源。

四、正确地评价信息及其信息源，并能够有效利用

知识点：

1. 信息的分析。

①信息的分析方法。

②信息的分析步骤。

③信息分析工具应用。

2. 信息的鉴别与评价

①信息的鉴别。

②信息的评价方法。

③信息评价工具应用。

3. 信息源的评价标准。

4. 从搜集的信息中提取、概括主要观点与思想。

＊5. 利用信息，更新知识。

五、有效地管理、组织与交流信息

知识点：

1. 信息的保存（打印、存档、发送到个人电子信箱等）。

2. 信息的管理。

①信息管理方法。

＊②电子信息管理系统（Refworks、NoteExpress、EndNote 等）。

3. 信息的组织。

①参考文献的多种格式（文后参考文献著录规则、GB 标准格式、MLA 等）。

②参考文献中不同信息源的描述规律。

③参考文献的书写（文后、脚注、文中）。

4. 信息的交流：

①明确交流对象

②选择最能支持交流目的的交流形式（学术论文、学术报告、小组讨论等）。

③利用信息技术/产品更有效地进行交流（文档编辑软件、幻灯片编辑软件、网站制作软件、利用网络论坛等）。

④采用规范的格式进行交流（规范的学术论文写作格式、印刷版络版学术论文的发表途径、学术报告幻灯片的制作要点等）。

⑤清楚地、有条理地进行口头/书面的交流与表述。

六、独立或合作完成一项具体的信息检索和利用任务

知识点：

1. 拟定独立或与他人合作的任务计划书。

2. 确定任务实施的信息需求。

3. 应用信息完成任务。

4. 提供所需的信息产品。

①文摘；

②文献综述；

③研究报告；

④学术论文；

＊⑤项目申请；

＊⑥项目报告。

七、合理、合法地检索和利用信息

知识点：

1. 信息隐私与信息安全。

＊2. 信息的无偿服务与有偿服务。

3. 知识产权与版权的基本知识。

4. 信息法的基本知识。

5. 信息检索、利用过程中的行为规范。

①图书馆的规章制度。

②图书馆电子资源的合法使用。

6. 学术道德与知识创新的关系。

注：带＊内容为结合本校情况可选修内容。